보내지 않아도 떠나가는 봄꽃 세상

이수부 칼럼6집

보내지 않아도
떠나가는 봄꽃 세상

이수부 지음

베드로서원

머리말

역사가 E. H. 카아(Carr)는 "역사는 과거와 현재와의 끊임없는 대화"라고 했습니다. 과거 없는 현재가 없고, 오늘은 어제의 산물이라는 점에서 역사는 흘러가도 끊이지 않고 과거와 현재가 연결되는 것입니다.

지난 2000년부터 3년여간 코로나19 팬데믹이 온 세계를 뒤덮었으나, 엔데믹으로 바뀌어 잃어버린 일상이 정상적으로 회복되는가 했습니다. 그런데 2024년 12월 3일, 우리나라에 느닷없는 변고가 닥쳤습니다. 대통령의 계엄선포로 인한 국회의 탄핵소추와 헌정사상 최초 구속 기소로 온 나라가 혼란스럽습니다. 헌법재판소가 대통령 탄핵에 대해 어떤 결정을 내릴지 알 수 없으나, 기각이든 인용이든 우리나라가 평온한 정국을 되찾기까지 한동안 첨예한 정치적 갈등과 사회적 분열로 혼란이 계속될 것은 불 보듯 뻔합니다. 참, 세상사는 알다가도 모를 일입니다. 그러나 한 시대가 또 한 시대로 연 이어져, 그렇게 세상사는 한 방향을 향해 쉼 없이 흘러갈 것입니다. 누군가의 역사는 우연이 없다는 말마따나 어제 뿌려진 것이 원인이 되어 오늘이라는 결과를 거둡니다. 내일이 오늘이 되고 오늘이 어제가 되어 역사의 강이 흘러서 결국 필연으로 귀결됩니다. 그 필연에는 하나님의 역사 섭리와 뜻이 작용하는 것입니다.

한국교회의 역사를 보아도 그렇습니다. 이 시대는 탈종교시대입니다. 기독교도 예외가 아닙니다. 140년 한국교회 역사상 안팎의 도전과 위기를 만났습니다. 이는 사람의 힘으로 넘어설 수 없기에 하나님의 은혜를 구하며 엎드릴 뿐입니다. 바울 사도는 유대 민족의 구원에 대하여 큰 근심과 마음에 그치지 않는 고통 중에 하나님 앞에 아뢰었습니다. 그가 얻은 결론은 모든 것이 "토기장이"(롬 9:21)이신 하나님의 주권 아래 놓여있음입니다. 이 진리를 깨달은 바울은 결국 사람이 헤아릴 수도 찾을 수도 없는 깊고 풍성한 하나님의 지혜와 지식을 찬양합니다(롬 11:33). 또 만물이 주님에게서 나오고 주님으로 말미암고 주님께로 돌아가기에 하나님만이 세세에 영광을 받으실 뿐임을 고백함으로(롬 11:36) 그의 논지의 결말을 맺습니다. 만유의 주재이신 하나님의 주권과 섭리 앞에 겸손이 머리 숙일 따름입니다.

　졸저는 비록 필자 자신이 깨닫고 경험하고 배운 바를 옮긴 것이지만 개인과 교회와 시대 상황과 삶의 자리를 배경으로 한 것입니다. 지난 2021년 가을에 칼럼 5집을 출판한 지 3년여 만에 졸저를 발간합니다. 본서도 이전 책과 같이 우리 교회 주보 칼럼에 실었던 글들을 모아 엮은 것입니다. 그 내용은 특정한 장르에 속한 것이 아니라, 장르라고 할 것 없이, 여러 가지가 뒤섞인 잡탕의 자유 수필이요 단편들입니다. 곧 평소 교우들과 함께 나누고 싶은 강단에서 다 하지 못한 강단 옆 이야기(Pulpit-side story), 목사로서 들려주고 싶은 생각들을 주보 한 면 분량에 맞게 올린 것을 선별하여 정리한 것입니다. 그래서 그 내용이 무겁거나 심오하거나 특별한 것이 아닙니다.
　그 내용을 보면, 대체로 필자 개인의 수상이나 교회의 절기나 계절, 시대상에 따라 떠오른 단상이나 잡감을 정리한 글들로 엮어져 있습니다. 또 필자가 목회자로서 교회와 목양의 현장과 관련된 짧은 에세이나, 성도들이 성경을 읽을 때 도움이 될 만한 내용도 포함하고 있습니다. 특별히 정신 심리적으로 역기능적인 현상에 대한 글을 읽고 요약한 것과 이스라엘 성지순례 자유여행 중에 만난 사람 중 특별한 경우를 정리하여 엮었습니다. 졸저는 비슷한 주제를 엮어 5가지의 묶음으로 정리되어 있습니다. 그 다섯은 '보내지 않아도 떠나가는 봄꽃 세상', '그리스도인의 마음 챙김', '성경 66권의 형성과 번역의 과정', '착(着) 마스크 시대와 헤어질 결심', '열등감(낮은 자존감)을 어떻게 극복할 것인가?' 등입니다.

목사는 직무상으로 볼 때, 여러 가지 다중(多重)의 페르소나를 지닌 사람입니다. 다른 일은 차치물론하고 목사는 생각하고, 읽고, 쓰고, 말하는 업을 수행하는 직이기도 합니다. 필자가 담임목회를 한 지 30여 년이 지났으나 여전히 목회가 서툴고 부족합니다. 글도 딱히 내세울 것이 못 됩니다. 글을 쓰는 것도 어렵지만, 자신의 글을 누군가에게 보이는 것은 큰 용기가 필요한 것이라 쉽지 않습니다. 누군가의 말마따나 글을 내는 것은 자신의 치부를 드러내는 것처럼 느껴지기에 그렇습니다. 한편 산모가 아기를 잉태하고 일정한 기간이 지나면 출산하는 것이 당연하듯이, 글을 펴서 세상에 내놓은 것도 출산의 도리와(?) 같은 것이라고 자위해 봅니다. 졸저의 제목처럼 세월은 속절없이 흐르고 그에 따라 사람도 가고 세상도 바뀝니다. 졸저는 그 흐름 속에서 붙든 짧은 시간과 삶의 한 부분이요 발자취인 셈입니다. 부디 이를 통해 마치 밭이랑에 떨어진 이삭처럼, 줄 간에 이리저리 떨어진 필자의 소박한 내면과 사상을 함께 공유했으면 좋겠다는 바램을 가져봅니다.

졸저를 출판함에 있어 귀한 추천사를 써주신 존경하는 림형석 총회장님과 50년 지기 친우 김용관 목사님께 감사합니다. 이 글이 나오기까지 주보에 나온 글을 먼저 읽어주신 안산 평강교회 장로님들을 위시한 교우 여러분께 심심한 감사의 말씀을 드립니다. 지난해 "맥체인성경읽기 가이드" 상, 하권에 이어 정성을 다해 책을 만들어주신 베드로서원 출판 사의 방주석 장로님과 직원들에게도 감사드립니다.

2025년 2월 목양실에서

추천사

림형석 목사

(대한예수교장로회 증경총회장, 참목회연구원 원장)

6~7여 년 전, 제가 총회 일을 한 이후에 종종 만나며, 친근하게 지내온 이수부 목사님이 여섯 번째 목양 칼럼집 "보내지 않아도 떠나가는 봄꽃 세상"을 출간하시게 된 것을 축하드립니다.

이 목사님으로부터 추천사를 부탁받고, 저는 이 책에 나와 있는 칼럼들을 모두 정독했습니다. 그러면서 이 목사님이 어떤 목회자인지를 새삼 느꼈습니다.

이수부 목사님은 신실한 목회자입니다. 안산평강교회를 한결같은 마음으로 32년을 섬기시면서 매주 주보에 올렸던 목양 칼럼을 벌써 6번째 책으로 내시는 것 자체가 목사님이 얼마나 신실한 분인지를 알게 합니다. 분주한 목회 사역에서 매주 새로운 글을 올리는 것이 쉽지 않은 일이지만, 이 목사님은 이 칼럼을 통해서 항상 마음을 열고 성도들과 소통해 왔습니다. 목사님은 성도들이 매년 성경을 통독할 수 있도록 책(맥체인성경읽기 가이드)도 내셨습니다. 목사님의 박사학위 논문 제목이 "드라마 예배를 통한 회중의 주일저녁예배 참여 증진에 관한 연구"라는 것을 보고 반가웠습니다. 저 역시 목회하는 동안 드라마 팀을 만들어서 설교 보조 사역으로 활용한 적이 있었기에, 다양한 목회를 시도하신 이 목사님이 친근하게 느껴졌습니다.

이수부 목사님은 선한 목회자입니다. 성경에 착한 사람이라고 소개한 바나바처럼, 목사님은 인상부터 선한 모습입니다. 목사님의 글을 읽으면서, 가족과 성도들을 사랑하는 목사님의 다정한 마음이 그대로 느껴졌습니다. 저는 목사님과 거의 동년배인 목회자이기에 더 공감했는지 모르겠습니다. 돌아가신 어머니를 그리워하는 마음이나, 사랑하는 딸을 시집보내는 아빠의 마음이 너무나 공감되어서 저절로 눈물이 나왔습니다. 목사님 자신이 치료받고, 수술받을 때의 아픔을 성도들과 나눌 뿐아니라, 아픈 성도들을 생각하고, 또 성도들이 아프게 될까 봐 걱정하는 목회자의 심정도 느낄 수 있었습니다. 목사님의 글이 감동을 주는 것은 목사님의 작가적인 능력 때문이기도 하겠지만, 목사님의 선한 성품이 글을 통해 독자에게 전해지기 때문일 것입니다.

그리고 이수부 목사님은 진실하고 솔직한 분이라는 것도 느낄 수 있었습니다. 이 목사님은 칼럼에서 교회를 설립한 지 30년이 넘었으면, 목회 전문가가 되어야 함에도, 아직도 저는 목사가 되어가는 부족하고 모자란 작은 목사라고 말씀합니다. 이렇게 말할 수 있는 목회자가 얼마나 될까요? 이렇게 겸손하신 목사님과 함께 신앙생활을 하는 성도들은 가장 행복한 사람들일 것입니다. 이 목사님처럼 평생의 목회로 인정받는 목회자요, 누구보다 공부를 많이 하고, 노회와 총회와 신학교와 지역사회에서 귀한 일을 하는 사람이라도 하나님과 사람 앞에서는 이런 고백을 할 수밖에 없음을 저 자신 절감하면서, 목사님의 인품이 존경스럽습니다.

여기에 칼럼들은 코로나 사태 3년으로 예배 생활이 무너지고, 우울증과 외로움으로 힘들어하는 성도들을 위해 썼던 글들입니다. 저 역시 그시기에 목회하면서, 매주 만나지 못하는 성도들을 생각하며 평생 가장 힘들었던 기억이 납니다. 이 목사님 역시 그만큼 더 절실한 마음으로 매주 이 글을 올리셨을 것입니다. 그러기에 이 책을 읽는 독자들에게 주님을 사랑하고 성도들을 사랑하는 한 목회자의 진심이 전해질 것을 믿으며, 목회자와 성도들의 일독을 권합니다.

추천사

김용관 목사

(전 부산장신대학교 총장)

이수부 목사님의 칼럼 6집 「보내지 않아도 떠나가는 봄꽃 세상」의 출간을 축하합니다.

이수부 목사님과 저는 오랫동안 우정을 나눈 친우입니다. 우리가 고등학교를 갓 졸업하고 신학에 입문하였을 때는 유신 시대로 정치, 사회적으로 암울했습니다. 우리는 부산장신대학교를 다닐 때 글쓰기를 좋아해서 함께 책을 출간했었습니다. 당시 신학교는 대학 인가가 없는 학교여서 학교에 대한 불만이 있었고, 예비역 동기생들은 나이 어린 우리를 업신여겼습니다. 그래서 우리는 분노와 열등감에 대한 돌파구로 글을 썼습니다. 각자의 수필을 모아 '동인집'을 만들었고 부산진역 앞 어느 서점에 내놓기도 했습니다. 당시 우리는 학교 축제 행사 문학작품 공모전에 출품해서 상을 받기도 한 추억이 생생합니다.

저자는 글을 읽고 쓰기를 좋아합니다. 그동안 저자가 낸 책들이 이를 증명합니다. 저자는 목회하기도 바쁜 일상인데, 매주 주보에 칼럼을 쓴 것을 모아 여러 권의 칼럼 집을 내었습니다. 그 책들은 저자의 사유와 경험을 개인과 교회와 역사라는 상황과 삶의 자리를 배경으로 해서 쓴 글들입니다. 그 안에는 그의 학문과 목회와 사상이 고스란히 스미어 있습니다. 본 저서 안에는 잘 다려진 한약처럼 목회자로서의 영성은 물론이고 그의 지성과 작가적 감성이 한데 녹아들어 있습니다. 우리는 부산에서 신학을 졸업하고 젊은 시절, 봄날에 다시 공부하여 대학에 입학했습니다. 저자는 대학교에서 독일어와 독문학을 공부하고 신학을 계속했습니다. 이러한 학문적인 배경을 바탕으로 쓰인 여러 글이 그의 책 마다 들어있습니다. 특히 본서에 나오는 하이델베르크 요리문답, 성경으로 풀어쓰는 한자, 맥체인성경읽기, 역기능적인 정신 내면의 문제, 전도서의 인생론... 등은 읽는 독자들에게는 이론적인 설득력에 대한 공감을 넘어 감동을 주기에 충분합니다.

저자의 글에 그가 개척한 안산평강교회 예배당 옆 정원에 25년생인 산딸나무가 따사로운 햇볕을 받아 꽃이 만발했다가 이별을 고하는 모습을 보고서, 안타깝지만 봄날은 가야하고 꽃은 져야 한다고, 그래서 모든 것에는 때가 있다고 했습니다. 20대의 젊고 푸릇푸릇하게 만났던 우리는 이제 목회와 사역의 자리에서 내려와야 할 때가 가까워져 오고 있습니다. 봄날이 보내지 않아도 가듯 인생도 떠나갈 날이 있습니다. 저자는 저서 제목에 걸맞게 계절의 흐름과 변화와 관련하여, 삶과 죽음에 대한 사유와 통찰을 몇 가지 주제로 표현했습니다. 잘 사는 것은 잘 죽는 것이고 잘 죽는 것은 잘사는 것이라는 표현에 공감합니다. 삶과 죽음은 실존에서 늘 함께하기 때문입니다.

이 책을 읽는 독자는 짧지만 긴 여운을 남기는 저자의 글에 빠져 그의 사상에 깊이 공감하고 자신의 삶을 관조하는 유익을 얻게 될 것입니다. 바라기는 목회자뿐 아니라 목회를 준비하는 예비 목회자, 성경의 가르침대로 살아가려는 교인들에게 깨우침과 도움을 주는 책이기에 적극적으로 추천합니다.

목차

3부 성경 66권의 형성과 번역의 과정　　　　　　139

1부

보내지 않아도 떠나가는 봄꽃 세상

H 집사님께!

집사님! 그동안 평안하셨습니까?

집사님을 교회에서 만난 지 한참 세월이 지났네요. 코로나19가 창궐한지 2년째, 무상한 여류 세월이 흘러 어김없이 가을이 찾아오고 우리 교회가 늘 지키는 11월 첫 번째 주일 추수감사주일이 돌아왔네요. 온 세상이 코로나 역병에 유린당하여 많은 사람이 죽고 여전히 코로나19에 시달리고 있습니다. 그동안 세상은 코로나19와 피 흘리는 대전을 치르느라 많은 사상자를 내었습니다. 그럼에도 여전히 전쟁은 끝나지 않은 가운데 있습니다. 다행스럽게도 백신이 개발되고 우리나라가 백신을 접종한지 6개월여 만에 국민의 77%(11월 6일 현재) 육박하는 이들이 2차 접종까지 완료했다고 합니다. 지난 11월 1일부터 언필칭 '위드 코로나', 단계적 일상회복을 시작했습니다. "위드코로나"는 어차피 우리가 겪고 걸어가야 할 과정입니다. 거리두기시대에는 '사회적 방역'으로 코로나와 싸우는데 집중했다고 하면 이제 마스크와 백신 접종으로 '자율방역', 코로나와 공존하는 방식으로 코로나를 극복해 보자는 의미이겠지요. 그래서 잃어버린 일상을 되찾아가자는 솔루션이라 생각합니다.

그동안 '사회적 거리두기'로 예배와 교회 모임이 제약을 받아 2년 이전처럼 정상적인 예배를 드리지 못했습니다. 백신 접종이 원활해진 현재

30% 이상의 교우들이 주일예배에 빠지고 있습니다. 어떤 이는 불신 남편의 반발에 부딪혀, 어떤 이는 직장에서의 압력으로 인해, 노인 교우는 자녀들의 반대 때문에, 어떤 이는 스스로 불안하여, 어떤 이는 개인사업자로서 스스로의 안전을 지켜야 하므로, 어떤 이는 예배 참석에 대한 개념이 모자라서.... 저는 새벽에 기도할 때마다 그들의 이름을 부르며 하나님께 아룁니다. 당연히 집사님의 이름도 불렀습니다. ".... 한 생명도 떨어지지 않고 하나님 앞에 다시 나오게 해 주옵소서".

코로나 19는 우리를 불안하게 합니다. 답답함과 우울감에 빠지게도 합니다. 이런 이유로 정신적으로 문제가 된 이들도 많다고 합니다. 사회적인 방역 거리두기 백신 등을 통한 자율방역도 필요하지만, 항상 필요한 것은 심리적인 방역이라고 여겨집니다. 우리 그리스도인들에게도 저러한 심리적 정신적인 무장이 필요합니다. 하나님 주시는 평강과 소망을 얻고 사는 것입니다.

집사님! 지난 1일부터 "코로나와 함께" 사는 세상이 시작되며 교회 예배도 큰 자유를 얻게 되었습니다. 교우들이 그런 마음으로 예배 자리에 나오기만 하면 되는 것입니다. 그동안 여러 사정으로 예배에 나오지 못한 교우들 모두가 하나님 아버지 집에 와서 예배드리고 다시 함께 만나야 할 때가 된 것입니다. 이제 모두가 주저앉은 자리에서 떨치고 일어나 하나님 앞에 나와 예배드리고 무디어진 심령이 깨어나 하나님과 성도 간의 믿음과 사랑의 교제를 회복해야 하는 시점이 되었습니다. 집사님도 이제 자리를 떨치고 일어나 예배 자리에 나오셔야 할 때라고 생각합니다. 아버지 품을 떠난 둘째 아들이 아버지 집으로 돌아오기만을 학수고대하고 기다리는 아버지의 마음은 곧 하나님 우리 아버지의 마음입니다. 돌아오는 그 자리에 용납과 회복이 있습니다. 아들의 지위를 되찾는 아버지의 풍성한 사랑을 누리는 자리입니다. 곧 하나님의 자녀가 하나님 아버지 집에서 아버지가 예비하신 은혜와 복을 누리는 자리입니다.

사랑하는 집사님!

세상은 늘 어지럽고 시끄럽고 광야같이 삭막합니다. 코로나19도 당분간 지속될 것입니다. 미래학자들은 향후 10년 안에 또 다른 역병이 온 세상에 습격할 것으로 예측합니다. 문제없는 세상은 언제나 어느 곳이나 없습니다. 그러니 세상이 좋아져서 여하한 문제가 없어지고, 심지어 역병 사태가 끝나는 때가 되면, 무엇이든 잘하리라는 것은 잘못된 생각입니다. 지난 주간 새벽기도 시간에 나눈 에베소서 말씀에 지혜롭게 행하여 세월을 아끼라는(엡 5:15-16) 말씀을 읽었습니다. 때가 악하기 때문에 시간을 흘려보내지 말고 건져내어 지혜롭게 행하라는 교훈입니다. 그저 세월의 흐름에 우리 인생을 내어 맡기고 마땅히 해야 할 일을 하지 못하는 것은 어리석은 것입니다. 신앙생활도 마찬가지입니다. 지금이 중요합니다.

집사님 우리 교회는 11월 첫 주일 추수감사주일을 '전성도 출석주일'로 정하여 지킵니다. 부디 추수감사주일에 하나님 앞에 나와 예배를 드리고 예배 생활을 회복하는 새로운 출발의 날로 삼으시기 바랍니다. 집사님의 밝은 미소를 기대하며 만나기를 고대합니다.

주님의 평강을 빕니다. 2021. 10.30 평강교회 담임목사 이수부 드림.

---

* 필자 주) 윗글은 교회에 나오지 않는 모 성도를 생각하며 쓴, 보내지 않은 편지입니다.

2022년 늦가을 어느 날 Z 집사로부터 받은 편지

목사님 안녕하세요. Z 집사입니다.

오늘은 겨울을 재촉하는 가을비가 추적추적 뿌리고, 얼마 남지 않은 낙엽을 떨어뜨리는 바람마저 부는 을씨년스런 날씨네요. 느닷없이 목사님께 글을 쓰고 싶은 마음이 들었어요. 참 이상하죠? 교회에서 목사와 성도와의 관계는 그리 가깝지도 않고 그렇다고 멀지도 않은, 뭐라고나 할까, 애매한 관계가 아닐까 싶어요. 어쩌면 목사님보다 성도들 간이 더 가까운 것이 아닌가?.... 목사님이 비록 설교자요 성경교사요 양의 영혼을 돌보는 목자이시지만 일정한 거리가 있다는 점은 숨길 수 없거든요. 한 교회에서 신앙 생활하다가 교회를 떠나면 목사와는 하루아침에 냉정하게도(?) 남남 사이가 되는 것 같더라구요. 교회를 떠나도 성도들과는 서로 연락을 주고받지만, 목사님과는 그렇지 않다고 들었거든요. 그게 목사님의 숙명(?!).

손꼽아보니 저가 교회에 안 나간 지가 벌써 2년이 다 되었네요. 년 초에 목자를 통해 전해 받은 2022년 교회요람 책자를 보니 서리집사 명단에 제 이름이 있더라구요. 아직도 저를 집사로 붙여주니 고맙긴 합니다만, 교회를 나가든 안 나가든 거의 대부분 집사라 불러주긴 하죠. 지난번 대통령 선거 기간 중에 모 후보는 분당 어느 교회에 다닌다고 했지만, 그 교회는 그가 교회를 나오지 않기에 교적에서 재명(참 '재'가 아니고 '제'입니다ㅋㅋ)했다고 합니다. 아마 저 같은 경우는 코로나19 때문에 교회 안 나가도 교회에 나올 줄 알고, 이름을 빼지 않고 그대로 넣어둔 것이 아닐까 생각됩니다. 하여간…

코로나19가 지난 2월부터 오미크론(ο)바이러스가 우세종이 되어 확진자가 10만을 넘기도 했지요. 대부분이 경중환자였지만 그래도 좀 무서웠어요. 또 스텔스인가? 그게 나타나 우리를 긴장시켰지만 오미크론 동종의 약한 놈이었지요. 다행히 피(π)바이러스 같은 변종이 등장하지 않고, 그러다가 여름이 끝나기가 무섭게 코로나19가 엔데믹이 되어 '코로나22 독감'이라 불린다니 세상사 참 모를 일입니다. 지난 9월 말에 WHO에서 코로나19 팬데믹의 종말을 선언했다고 들었어요. 드디어 코로나의 긴 터널을 빠져나왔나 싶네요. 만사 다 때가 있나 봅니다. 언제 또 대 유행병이 닥칠지 모른다고 말들 하지만 코로나19에서 해방되었다니 얼마나 다행인지 모르겠네요.

목사님! 코로나가 창궐할 당시에 목자를 통해 전해주신 열 번이 넘는 목회 서신을 읽었습니다. 가끔씩 전화를 주셨지만 제가 받지 않았지요. 문자도 받긴 했는데, 그만 씹고(?) 말았어요. 교회 나오라고 하시는데, 못 가는 내 입장을 구구하게 얘기하기가 싫었던 거지요. 목사님은 원래 성도들로부터 바람맞는 일은 다반사 아닙니까?(ㅎㅎㅎ). 작년에는 백신 접종을 두 번 맞고 올해 초에 또 맞았어요. 작년 가을만 해도 교회에 나가야 할 텐데, 하는 마음을 먹었어요. 그런데 교회를 쉰 지 1년이 훨씬 지나고 보니 교회에 나가고 싶은 마음이 잘 생기지 않아요. 가끔씩 나 자신이 '예수쟁이'일까? 하는 생각도 나고 뭔가 서먹서먹하고, 교회에 나가는 데 장애가 없어졌는데도, 교회에 안 나가게 되네요. 저는 집사가 아니고 잡사(?)가 다 되었는가 봅니다.

목사님 저 같은 성도가 제법 있지요? 목사님은 교회 나오라고 하고 성도들은 이런저런 사정으로 안 나가고 못나겠다니 줄다리기 게임 같아요. 코로나19로 처음에 교회에 못 나가다가, 나중에는 안 나가게 되니 교회에 나오라고 하는 것이 제게는 부담스러워요. 또 교회에 나갈 맘이 선뜻 생기지 않으니 참 문제죠. 내 영혼이 둔감해졌고, 이전처럼 교회에 안 가면 뭔가 꺼림칙했는데 이제 그런 마음이 전혀 없으니 연약한 신앙마저 험악한 세월에 다 빼앗겨버렸네요. 세월 핑계하는 저가 모순이지요?

목사님, 지금 와서 가끔씩 생각해보니 아무리 코로나가 창궐해도 교회에 열심히 나가는 성도들처럼 저도 나가야 했었는데, 코로나 핑계, 주위 사람 이유로 안 나간 것이 후회가 되네요. 이렇게 교회 나갈 마음조차 잘 안 생기니 제가 참 딱하네요. 이러다가 저가 명목상 교인으로 전락할까, 하는 우려도 있습니다. 우리 교회에 남편이 안 믿지만, L 집사, K 집사, J 집사처럼 장애를 무릅쓰고 교회에 나갔어야 하는데… 그렇게 하지 못한 제가 밉네요. 어떻게 하면 교회에 다시 나갈 수 있을지? 목사님 저를 위해 기도해주세요. 교회 나갈 마음이 생기도록 말입니다. 하나님께서 저를 불쌍히 여기셔서 교회 다시 나가게 해주실 것이라는 생각도 있어요. 참, 목사님의 전화도 여러 차례 씹고 문자도 몇 번이나 무시해버린 것 용서해주세요. 다시 교회에 나가서 목사님을 뵐 날이 속히 오기를 기대합니다. 안녕히 계세요. 주님의 평안을 빕니다. Z 집사 드림.

필자 주) 이 글은 2022년 가을에 가상 집사로부터 받은 가상의 편지를 가정하여 쓴 글임을 밝혀둔다.

죽음을 준비하고 사십니까?

　지난 18일 이점례 집사의 장례식이 있었습니다. 17일 주일 아침 이 집사의 별세 부고 문자를 받았습니다. 이 집사의 사위가 글을 보낸 것입니다. 16일 밤에 별세하여 18일 날 장례를 치른다는 소식이었습니다. 두 눈을 의심했습니다. 어쩜 이럴 수가... 10일 주일에 예배드리고 평소와 달리 몸 상태가 좋지 않다며 오후예배를 드리지 못하겠으니 다음 주일에 교회에서 만나자고 하고 먼저 집으로 갔습니다. 그날 만남이 이 땅에서의 마지막 만남이 될 줄을 누가 알았겠습니까? 사람이 내일 일을 알지 못하는 법입니다. 언제 어떻게 죽을지 아무도 모를 일입니다. 분명한 것은 누구나 죽게 되어 있다는 것입니다. 그 죽음이 어떤 모습일지도 모릅니다. 오늘 죽을지 내일 죽을지도 모릅니다. 어떻게 죽는 것이 잘 죽는 것일까요? 어떤 말을 남기고 죽을까요? 사람은 산대로 죽게 되어 있고 그 삶의 모습이 죽음의 모습입니다. 우리가 죽기 전에 꼭 확실히 해야 할 것이 있습니다. 누가복음 12장에 나오는 한 어리석은 부자는 아무 준비도 없이 창졸간에 죽음을 맞았습니다. 하나님께서 그의 영혼을 불러 가셨습니다. 그는 오로지 자신의 물질을 쌓는 것에만 관심이 있었지, 그의 안중에는 영혼도 이웃도 구원도 없었습니다. 하나님도 내세도 없었습니다. 그는 '나', '내' '내 것' 밖에 몰랐습니다. 그는 아무것도 남기지 못하고 죽고 말았습니다. 어리석은 자의 불쌍한 죽음!

우리는 무엇을 남기고 갈 것인가? 두말할 나위 없이 우리가 죽기 전까지 살아온 수많은 말과 일과 삶이 나의 유산이요 유언입니다. 나는 무엇을 남기고 갈까? 나의 최후는 어떨까? 아무도 모릅니다. 물론 품위 있게 가족들에게 유언도 남기고 작별 인사도 나누며, 준비된 죽음을 죽기가 쉽지 않습니다. 그러니 평소의 나의 삶이 나의 작별 인사요 유언이라 여기고 살아야 합니다. 가장 귀한 것 중의 하나는 천국 가는 것을 보여주고 알려주고 가면 얼마나 귀할까요? 프랑스의 무신론 철학자 볼테르(Voltaire)는 100년 후에는 성경이 다 없어진다고 호언장담하며 무신론의 책자를 많이 출판했습니다. 그는 죽어갈 때, "나는 하나님과 사람에게 버림을 당하였구나! 의사여 나를 6개월만 더 살게 해주십시오. 그리하면 내 보물의 절반을 주겠소"라고 말했습니다. 그때 의사는 "당신은 6주간도 못 살겠소"라고 말해주었습니다. 그가 병중에서 죽음이 임박하자 극도로 고민하여 흉하게 떨어서, 돌보던 의사가 정신을 못 차렸다고 합니다. 그는 최후에 "나는 지옥에 가노라"고 스스로 말하며 죽었습니다. 한 30년 전, 불교의 최고의 승려인 종정 성철 스님(1912-1993)이 남긴 열반송이 지금도 인구에 회자되고 있습니다. 내용인즉슨, "일생 동안 남녀의 무리를 속여서/ 하늘을 넘치는 죄업은 수미산을 지나치네/ 산채로 아비지옥에 떨어져 그 한이 만 갈래나 되나니/ 둥근 수레바퀴 붉음을 내뿜으며 푸른 산에 걸렸도다."(1993년 11월 5일 조선일보). 그의 8년간의 장좌불와의 수행 자세와 정진은 타의 추종을 불허합니다. 그렇지만 그의 외면은 완벽을 추구하는 고도의 수양이었을지 모르지만 내면은 죄책감을 떨칠 수 없었던 모양입니다.

이화여대 호스피스 책임자였던 최화숙 교수의《아름다운 죽음을 위한 안내서》란 책에서 임종 환자들의 공통점이 있는데 대부분의 환자가 임종할 때 어떤 대상이나 존재를 보고 있었다는 것입니다(천사 또는 저승사자, 빛, 어둠 등등). 17세 골수암으로 떠난 이 모 군은 무엇이 보인다며 하늘을 쳐다보면서 웃고 놀라곤 했다고 합니다. 하늘에 베드로도 보이고 빛나는 분도 계신다면서 "나 먼저 갈 테니 엄마는 나중에 오세요"라고 했다고 합니다. 폐암 말기 환자였던 김OO 씨는 49세에 임종하기 3주 전부터 검은 옷을 입은 세 사람이 와서 가자고 했다고 합니다. 너무 무서워서 부들부들 떨었는데 그 후에 목사님을 통해 예수님을 믿고 천사가 보인다면서 편히 세상을 떠났다고 합니다. 내세를 알고 예수 믿고 구원받은 사람의 마지막과 그렇지 못한 자의 최후는 다른 법입니다. 물론 죽음의 형식은 다양합니다. 유언을 남길 수도 있고 남기지 못하고 절명할 수도 있습니다. 그렇지만 준비된 죽음을 죽는 자는 죽는 모습도 남기는 말도 다를 것입니다. 이화여대 초대 총장인 김활란 박사는 그가 죽을 때 장례식 대신 '천국 환송식'을 치러 달라고 당부했다고 합니다. 그리고 흔하디흔한 장송곡도 부르지 말고 할렐루야를 소리 높여 찬양해달라고 했습니다. "나는 예수 믿고 구원받았으니 이제 천국에 간다. 이 땅에서 부디 예수 잘 믿고 나중에 천국에서 만나자." 이 얼마나 멋있는 유언입니까? 예수를 믿고 구원 얻은 자, 내세를 믿고 내세 소망을 갖고 죽음을 죽는 자와 그렇지 못한 자와의 죽음은 차원이 다릅니다. 나는 어떻게 죽어야 할까요?

나는 죽음을 준비하고 있는가? 나는 어떤 죽음을 죽을 것인가? 어떻게 죽음을 맞을까? 잘 살아야 잘 죽는 법입니다. "메멘토모리"라(죽음을 기억하라)고 했던가요. 죽음을 늘 기억하고 준비해야 합니다. "우리에게 우리 날 계수함을 가르치사 지혜로운 마음을 얻게 하소서"(시 90:12).

목사님 우리 마음 좀 알아주세요

우리의 칼럼 주제는 필자가 한 20년 전에 번역한 책의 제목이나, 책의 내용과는 무관한 글입니다. 원저의 제목은 "What church members Wish Ministers Knew"로서 미국 렉싱턴 신학교에서 목회학을 가르치고 있는 Jan G. Linn 교수가 "What Ministers Wish church members Knew"(성도님, 제 심정 좀 알아주세요 이순임 옮김) 후속으로 쓴 책입니다. 필자가 2000년 여름 뉴저지에 있는 드류(Drew)대학에서 목회학박사 코스 (course work) 집중 수업을 받을 당시 교내 서점에서 이 책을 접했습니다. 이 책은 일종의 목회자들이 알아야 할 목회 실천서에 가깝다고 하겠습니다. 본서는 목사가 목회현장에서 마땅히 알고 있어야 할 36가지 주제를 따라 짤막짤막하게 써놓은 글입니다. 과연 성도들이 목사로 하여금 목사들이 목양현장에서 갖추었으면 하는 기본소양을 기술한 책입니다. 이 책 안에는 교인들에 대한 이해, 리더십, 목회자의 영성, 행정, 심방, 설교, 교인과의 인간관계, 목회자의 자기관리 등의 내용이 간략 간략하게 총망라되어 있습니다. 지난주 중에 필자의 서재에 꽂인 이 책을 꺼내어 목록을 읽어보았습니다. 교인들이 목사를 주님의 종으로 존중하지만, 목회자에게 거는 기대도 크다는 것을 새삼 깨달았습니다.

필자가 우리 교회를 설립한 지 올해로 30년째입니다. '서당 개 3년에

풍월 읊는다'는 말마따나 목회 전문가(?)가 될 때입니다. 그래서 영성이 충만하여 설교도 잘하고 사랑이 넘쳐 성도들과 인간관계도 잘할뿐더러 합당한 리더십을 발휘하여 교회를 부흥 발전시키는 목회 달인이어야 할 연 조인데 여전히 필자는 부족합니다. 설교도, 리더십도, 영성도, 성도를 대하는 목회자로서의 자세와 태도... 어느 무엇 하나 제대로 갖추어진 것이 없다고 여기는 것은 필자가 그런 체하며 하는 말이 아닙니다. 목사는 칠 목(牧)자와 스승 사(師)의 결합입니다. 치는 스승이라는 의미입니다. 목사는 양으로 하여금 구원의 길로 인도하고 치는 목자입니다. 목사는 성경교사요 전도자요 설교자입니다. 그런가 하면 영적지도자요, 성례를 집행하는 제사장이요 하나님을 대신하여 축복을 비는 하나님의 종입니다. 또 신앙과 삶의 본을 보여 따라오게 하는 자입니다. 그것뿐이겠습니까? 과연 목사가 해야 할 역할을 참으로 다양합니다. 이런 역할을 올바르게 수행해야 하는 목사에 대한 성도의 기대와 바람이 크고 중한 것은 당연합니다. 인격과 덕과 영성과 실력 나아가 언제나 보아도 지겹지 않게 호감을 주는 얼굴까지.....

사실 목사는 불완전합니다. 또한, 성도들도 목사를 대하는 생각이 개인마다 다를 수 있습니다. 어느 교회성장학자가 말하기를 한 교회의 성도가 170~200명 정도 되는 교회 목회가 가장 어렵다고 합니다. 그런 교회에서 어떤 성도는 목사가 카리스마가 넘치는 목회자이기를 기대하고 어떤 이는 자상하고 사근사근한 형의 목사 상을 원한다고 합니다. 한편 어떤 성도는 목사가 대외적으로 왕성하게 활동하여 교회의 이름을 빛내주기를 기대하는가 하면, 어떤 성도는 목사로 하여금 외부 활동 없이 교회 내에서 역할만 해주기 원한다는 것입니다. 그래서 목사는 그 틈 사이에서 목양하기가 어렵다는 것입니다. 실제로 교회 안에는 출신 배경 신앙과 생활에 있어서 여러 상이한 계층이 함께 모여 있습니다. 그래서 다양한 사람들이 여러 생각으로 '목회자는 이러이러해야 한다.'라고 요구할 것입니다. "목사님, 우리 마음 좀 알아주세요". 어떻게 성도들의 마음을 다 헤아려 그들의 청을 다 만족하게 할 수 있겠습니까?

어느 날 역사상 최고의 설교자로 알려진 영국의 찰스 스펄전 목사(Charles H. Spurgeon, 1834-1892)에게 한 교회의 성도들이 찾아왔습니다. 목사님을 청빙하려고 하니 알맞은 분을 소개해달라는 것이었습니다. 그들은 자신들이 원하는 조건을 늘어놓았습니다. 첫째, 훌륭하고 탁월하며 스펄전 같은 목회자일 것. 둘째, 성경을 탁월하게 가르칠 수 있을 것. 셋째, 영혼을 뜨겁게 사랑할 것. 넷째, 자비로운 마음으로 상처를 싸매줄 수 있을 것. 다섯째, 솔로몬같이 지혜로울 것. 여섯째, 명철하고 활기차며 적극적인 성격일 것. 일곱째, 미남일 것. 여덟째, 좋은 인간관계를 맺는 분일 것. 아홉째, 행정 능력이 탁월할 것. 열째, 창조적인 상업가적 두뇌가 있을 것. 스펄전 목사는 다 듣고 나서 좋은 대상이 있다고 대답했습니다. 성도들은 기뻐서 누구냐고 물었습니다. "예 천사를 초청하시면 됩니다." 세상에 그런 목사가 어디 있겠습니까? 목사는 사람이요, 연약한 인간에 불과합니다.

그런데 성도들에게 비친 나는 어떤 목사일까? 다양한 평가항목을 따라 점수를 내리면 어떤 평점이 나올까? 두렵고 떨릴 따름입니다. 필자는 여전히 부족하고 모자란 목사입니다. 마침 스승의 날에 나는 어떤 목사인가, 자문해봅니다. 아무튼, 저는 성도 여러분의 지지와 위로와 기도가 필요한, 어쩌면 지금도 목사가 되어가는 과정 중에 있는 한 작은 목사에 불과합니다.

성도님, 제 심정 좀 알아주세요

우리의 주제는 "What Ministers Wish church members Knew"(성도님, 제 심정 좀 알아주세요이순임 옮김)라는 책의 제목을 따랐으나 내용과 무관하다. 목사는 설교자요 성경 선생이요, 교회를 치리하는 행정가다. 목사는 성찬을 집례하고 교인을 축복한다. 목사(牧師)는 양을 치는 인도자다. 교인의 영적이고 정신적인 요구(need)를 충족시켜 주어야 하는 사명이 목사에게 있다. 종교사회학적으로 볼 때 교인들은 교회에 나와 일정한 돈을(?) 내고 영적인 니드(need)를 산다. 목사는 교인들에게 영적인 서비스를 제공할 의무가 있다. 목사는 예수께 부름을 받아 일정한 교회에 파송을 받은 사역자이지만, 한 조직에 고용된 근로자요 주님의 종이기도 하다. 목사는 마땅히 영적이어야 하고 도덕적이어야 한다. 교인이 목사에게 상당한 기대를 갖는 것은 당연하다.

목사는 다양한 특성과 생각을 가진 교인을 대상으로 목회하기 때문에 상호 간에 보이지 않는 긴장과 갈등이 조성될 수 있다. 그런 긴장과 갈등은, 교회가 크거나 작거나, 모든 목사에게 상존한다. 그 갈등이 목사 개인에게 번 아웃(burn out) 현상을 가져와 교인과의 갈등을 증폭시키거나 육체적 정신적 병리적 결과로 나타나기도 한다. 특별히 한해의 마지막과 새로운 시작을 앞두고 목사의 마음은 요란하고 분주하다. 이때가 정신적으로 육신적으로 취약한 시점이다. 교회마다 사정이 다르겠지만 많은 교회가 위기에 직면해 있다. 오늘날 교회의 위기를 3B로 표현한다. 즉 Body(교인), Budget(예산), Building(건물)이다. 요컨대 교인 수의 감소로 예산이 부족하여 건물 유지가 어렵다는 것이다. 이런 위기는 목회자들의 약화와 위기를 불러오게 한다. 목사의 위기는 교회의 위기를 가져오게 만든다.

목사가 영적, 정신적으로 건강해야 한다. 당연히 육적인 건강을 유지해야 교회도 건강하다. 목사는 하나의 사람이다. 항상 기쁘고 행복하고 즐거운 것이 아니다. 완전한 목사를 기대하기 전에 목사의 연약함을 인정하고 위하여 기도해야 한다. 인간적으로 연약함은 교인과 다를 바가 없다. 믿음의 달음질에서 목사의 힘이 특별한 것이 아니다. 교인들과 큰 차이가 없다. 성령님 인도를 따르지 않으면 교인보다 못할 수도 있다. 목회자에게 단점과 약점이 있음을 인정하고 감싸주고 위로하고 격려해 줄 필요가 있다. 목사가 교인을 섬겨야 하지만 교인도 목사를 섬겨야 한다. 목사라고 사랑과 믿음이 충만한 것이 아니다. 목사의 짐은 헌신이고 충성이지만 힘에 부칠 때가 있다. 행정에 대한 부담도 그렇지만 저절로 은혜 충만한 설교가 나오는 것이 아니다. 설교는 늘 짐이다. 설교에 영감이 떠오르지 않아 고민할 때도 많다. 목사에게 늘 해산하는 수고가 있다(갈 4:19). 교인은 목사가 성장하도록 도와야 한다.

완벽한 사람이 없듯이 완벽한 목사도 없다. 때로 겸손과 사랑의 마음으로 목사에게 충고하는 것이 목사를 위하는 것이다. 애정 어린 충고는 목사에게 큰 힘이 된다. 목사에게도 위로와 격려가 필요하다. 목사의 건강, 가정, 심방, 설교, 행정을 위해 기도해야 한다. "목사님을 위해 늘 기도하고 있습니다"라는 말은 목사의 마음을 시원하게 한다. 교우들끼리

서로 섬기고 사랑하면 목사에게 힘이요 행복이다(빌 2:2-4). 교인들이 목사를 통해 위로와 힘을 공급받아야 하지만 목사도 교인들과의 교제 가운데서 위로와 힘을 얻을 필요가 있다. 그런 힘과 위로와 격려가 없으면 목사는 누구나 탈진하게 된다. 그러니 피차 힘을 공급해주어야 한다. 목사의 목회 방침을 이해하고 따라야 한다. 마귀는 교인으로 하여금 목사에게 반발심을 갖고 목회에 걸림돌이 되게 만드는 전략을 쓴다. 교인은 자신이 목사를 가까이하고 있는가를 살펴보아야 한다. "나는 얼마나 목사와 가까이하고 있는가?" 생각해보시라. 목사와 거리가 가까워야 신앙이 산다. 목사를 잘 섬기면 목사는 힘과 용기, 희망을 얻을 것이다. 그러면 교인 자신에게 용기와 힘과 희망이 돌아온다.

성도여 목사의 마음을 좀 알아주시라. 하나님은 교회를 통해 역사하시고 목사를 통해 역사하신다. 교회가 구원의 통로라고 하면 목사가 예수를 만나게 하고, 하나님의 복을 전달하는 통로다. 하나님은 사람을 통해 역사하신다. 특별히 교회의 담임목사를 통해 역사하신다. 하나님은 질서의 하나님이시다. 교인은 교회와 가까이해야 한다. 특별히 목사와 가까이해야 한다. 교회에서 계획하는 일에 능동적으로 참여해야 한다. 교회 치리에 복종하는 것이 교인의 의무요 그것이 신앙이 잘 되는 길이다. 그러면 반드시 하나님의 새로운 역사와 더 큰 은혜를 체험하게 될 것이다.

"너희를 인도하는 자들에게 순종하고 복종하라 그들은 너희 영혼을 위하여 경성하기를 자신들이 청산할 자인 것같이 하느니라 그들로 하여금 즐거움으로 이것을 하게하고 근심으로 하게 하지 말라 그렇지 않으면 너희에게 유익이 없느니라"(히 13:17).

보내지 않아도 떠나가는 봄꽃 세상

지난 주간은 초여름 날씨였습니다. 봄이 왔다고 생각했는데 소리 소문도 없이 떠나려 합니다. 5월의 봄을 느껴보는가 했지만, 우리 곁에서 멀어지는 것 같습니다. 눈을 들어 산야, 길가를 살피기라도 하면 5월 말, 6월 초의 꽃들이 만발하게 피었다가 따가운 햇볕에 하루가 다르게 지곤 합니다. 누군가 봄은 노란색으로 찾아와 흰색으로 마무리한다고 했습니다. 날로 짙푸르러 가는 산야에 핀 흰색 꽃들의 향연. 이런 흰 꽃의 계절마저도 지나가는 계절, 5월의 끝자락입니다.

도로가에 무성하게 피어 바람에 넘실거리는 조팝나무, 부처의 머리같이 곱슬곱슬하게 생겼다고 이름 붙인 불두화, 쌀밥 같은 꽃을 매단 채 한참이나 버티어 선 이팝나무의 하얀 꽃도 분분히 떨어지고, 아카시아가 진 팔곡산 언덕배기에 다소곳이 나지막하게 피운 진노랑 꽃술 하얀 찔레꽃도 며칠 사이에 몇몇만이 남아 이별을 준비하는 듯합니다. 우리 교회 예배당 옆 정원 한편에 있는 25년생, 산딸나무도 따사로운 햇볕을 받아 한참 꽃을 만발하게 피웠는데 벌써 이별을 고하고 있습니다. 양지바른 쪽, 먼저 핀 꽃은 벌써 길에 밟히는가 하면 응달 편에 핀 것은 피날레를 노래하는듯합니다. 아무리 그래도 봄이지 여름이라고 할 것도 아닙니다. 꽃피는 계절 5월은 다 가도 시절 따라 이 꽃 저 꽃이 제자리를 차지하고 있으니 짧디 짧은 봄이라, 언제 생각지 않게 여름이 벌써 왔느니 할 것도 아닌듯합니다. 봄날은 가야하고 꽃은 져야 합니다. 모든 것에는 때가 있는 법입니다.

이전에 누군가가 기약 없이 떠나가는 무심한 봄을 이렇게 읊었습니다. "봄이 간다커늘 술 싣고 전송가니/ 낙화 쌓인 곳에 간 곳을 모르노니/ 유막(柳幕)에 꾀꼬리 이르기를 어제/ 갔다 하더라"《봄이 간다커늘》무명씨). 병와가곡집(甁窩歌曲集)에 나오는 시조입니다. "봄이 간다고 해서 술을 싣고 전송을 갔다. 낙화는 수북한 데 봄이 어디로 갔는지 찾을 길 없다. 버드나무가 울울히 막처럼 드리워진 곳에서 꾀꼬리 울음만 들린다. 그 새가 이르기를 봄은 바로 어제 갔다고 하네."라는 의미입니다. 떨어지는 저 꽃. "....낙환들 꽃이 아니랴 쓸어 무삼 하리요"《간밤에 부던 바람》선우협 (1588-1653). 이 시조에는 피어있을 때는 우러러보지만, 꽃이 지는 것에 대한 무상함과 연민이 묻어나 있습니다. 5월을 보내며, 가는 봄을 아쉬워하는 시인의 안타까움이 흠씬 배어있습니다.

꽃은 제각기 때가 있습니다. 필 때도 있고 질 때도 있습니다. 지지 않고 피어있기만 한 꽃이 어디 있던가요? 꽃은 지려고 피는 법입니다. 어떤 꽃이든 시절 따라 때를 맞추어 피고 집니다. 세상 모든 것이 피고 지고 피웠다가 떨어집니다(벧전 1:24). 꽃은 반드시 져야 합니다. 세상 모든 것이 하나님의 카이로스(Kairos)에 따라 피고 지는 하나님의 이야기, 히스토리입니다(His story). 굳이 계절을 따질 것 없이 때가 되면 세상도 함께 지나가는 법입니다. 그러니 어찌 꽃이 피고 만발한 세상만 있겠습니까? "삶의 나라에 어찌 꽃피는 봄날만이 있으랴"(이승신)라는 시어는 응당한 진리입니다. 무릇 산하뿐 아니라 모든 자연 인간 세상에 벌어지는 일체의 피고 떨어지는 이치, 나고 죽는 것, 생겼다가 사라짐, 만나고 헤어짐의 인연, 모두가 같은 도리입니다. 전도서 기자는 그래서 "범사에 기한이 있고, 천하만사가 다 때가 있나니"라고 했습니다.

무릇 말없이 몰래 가버리는 봄, 꽃이 져야 잎이 나고 꽃이 떨어져 나가야 열매가 맺으니 가는 봄, 지는 꽃에 아쉬워할 일이 아닌듯합니다. 도리어 꽃이 지고, 꽃이 떨어지는 사연을 알아야 할 일입니다. 떨어지고 질 것을 아는 것이 지혜입니다. 피는 것보다 지는 것에 더 큰 의미를 부여하는 것이 지혜입니다. 전도자는 역설적인 진리를 깨달았습니다. "...죽는 날이 출생하는 날보다 나으며, 초상집에 가는 것이 잔칫집에 가는 것보다 나으니..."(전 7:1-2).

봄날이 다 지나갑니다. 이맘때면 생각나는 시가 있습니다. "...실없는 그 기약에 봄날은 간다... 얄궂은 그 노래에 봄날은 간다."(손로원). 목하 5월의 끝자락입니다. 꽃의 계절이 갑니다. 봄은 가야 합니다. 봄이 지나감이 실없는 일, 얄궂은 일로 여기는 한탄조의 노래가 아니라 하나님이 내게 주신 살라고 하는 명령, 생명(生命)과 나의 날의 귀중함을 다시 한번 새겨 봄이 어떨지요? 내 삶은, 지나간 어제도 아직 오지 않은 미지의 내일도 아닌, 바로 지금입니다. 꽃이 피나 지나 어떤 계절과 상관없이 지금 바로 이 시간입니다.

여름을 재촉하는 이 시기에, 무엇보다 시간의 주인, 인생의 주권자이신 하나님의 섭리를 깊이 깨달았으면 좋겠습니다. 꽃은 지더라도 잎을 키우시고 열매를 맺게 하시는 하나님의 섭리에 감사!

병원 주사실에서의 단상(斷想)

지난 7일 오전 나는 H 재활의학과 의원에서 두 번째 "꼬리뼈주사"를 맞았습니다. 처음 맞고 나서 일주일 만입니다. 지난 일 주일여 별 호전이 없었습니다. 의사는 적절한 주사 부위를 찾는듯하더니 꼬리뼈 주위에 몇 차례의 바늘을 찔러 약을 주입하는 것 같았습니다. 잠깐 동안의 통증과 신경이 당기는 불편함이 있고 난 뒤에야 상황이 끝이 났습니다. 의사는 반듯하게 한 20분 누워 안정을 취하라고 합니다. 병원 물리치료실 겸 주사실에는, 사방을 커튼으로 가린, 한 명이 빠듯하게 누울 정도의 1인용 침대가 여럿이 놓여있습니다. 얼굴은 볼 수 없어도 물리치료사와 대화하는 것을 들으니 그들의 병소, 나이, 통증 강도를 짐작할 수 있었습니다. 목, 허리, 무릎, 어깨... 그 참, 아픈 사람 여기 다 모였네! 말해 뭣해, 본인도 그중 하나.

필자가 이토록 심각한 주사를 맞아야 하는 것은 "허리 척추관 협착증"이라는 진단이 있었기 때문입니다. 필자의 4, 5번 척추 사이가 협착되어 좌골신경통이 왔다고 합니다. 필자는 문제의 병으로 신경이 눌려 오른쪽 다리에 통증이 발생한 것입니다. 그 때문에 허벅지가 묵직하고 우측 무릎의 오른쪽 부위 오금이 당기는 증상이 나타났습니다. 그래서 오른쪽 바지통에 다리를 넣기 불편한 것은 물론 다리를 자유자재로 움직이지 못해 걷기가 불편했습니다. 지난주일 예배를 인도하러 2층 본당을 오르기가 불편하여 오른 다리를 조금 절뚝거렸습니다. 교우들에게 건강하고 활기차고 행복한 모습을 보여주는 것도 "종교적 서비스" 중의 하나인데 그러지 못했습니다. 내가 아프고 보니 허리 협착을 앓고 계신 분의 심정을 이제 알 수 있습니다. 우리 교우 H 씨는 허리협착증이 심각하여 발바닥 신경까지 찌릿찌릿한 증세 때문에 며칠 후에 고대병원에서 수술받기로 되어 있고, 홍 장로님을 위시한 여러 어르신이 허리 협착으로 고생하고 있는 이야기, 또 디스크 문제로 시술이나 수술받고 아파하는 여러분들 사정을 들을 때마다 안타까움과 연민을 가졌을 뿐인데, 비로소 동감(同感)의 정(情)을 갖게 됩니다.

필자가 그렇게 심한 증세를 보이고 큰(?) 주사를 맞게 될 줄이야 어찌 알았겠습니까? 이렇게 안 좋아지기 시작한 것은 서너 주간 남짓 전입니다. 처음엔 무릎이 조금 당기는 정도, 그래도 아침마다 헬스장 트레이드밀에서 빠르게 걷기 또 다리 근력운동, 특히 다리 벌려 허벅지 안쪽과 바깥 강화 운동에 충실해 왔습니다. 가끔 아내에게 오른쪽 종아리를 내어 맡겨 안마를 부탁하는 정도였는데, 결국 무릎 우측 신경이 당겨 걷기가 불편하여 처음으로 6월 25일에 교회에서 가까운 한방병원을 찾았습니다. 한방의사는 운동 자세 때문의 근육에 문제가 생긴듯하다고 여러 개의 침을 놓고 전자자극 물리치료까지 해주었습니다. 효과가 나타나지 않자, 우리 집 근처 그 의원을 찾았습니다. 또 두 차례 침술과 물리치료, 처방대로 약을 먹었으나 호전되지 않았습니다. 세 번째 내원한 6월 30일 비로소 X레이를 찍어본 결과, 탈이 난 병소를 알게 되고 문제의 주사를 맞기에 이르렀습니다. 생각해보면, 허리 병에 대한 전조도 증세도 없었는데. 이런 협착증이 필자에게 느닷없이 닥친 셈입니다. 아니! 그동안 허리 병을 키워왔고 그래서 협착에 이르게 된 것이지요. 생각해보면 필자의 앉는 자세에 문제가 된 듯합니다. 책상머리에 한 자세로 오래 앉아 있는 습관, 소파에 비스듬히 누운 듯이 앉아 뉴스를 시청, 탁자에 양반다리 구부정한 허리로 성경 쓰기에 집중... 굳이 문제를 찾을라치면 그렇습니다. 이제 그런 나쁜 자세는 그만두렵니다. 어느 날 종아리를 만져주던 아내의 한마디 일침, "그러니 있을 때 잘해야 하지요." 있을 때라는 말은 '평소에', '문제없을 때', '건강할 때'라는 의미겠지요.

요즘 유튜브 방송과 환자 상담, 치료로 요통 치료에 신드롬을 일으키고 있는 S대 병원의 J 교수에 따르면 80%의 사람들이 한평생 요통을 앓는다고 합니다. 또 허리 병의 60%는 유전이라고 하네요. 서대원 집사가 올린 J 교수의 유튜브 방송에 따르면 허리에 해로운 자세와 운동을 금하고 허리 병에 이로운 동작, 자세, 체조로 허리 병을 고칠 수 있다고 하네요.

그날 침상에서 안정을 취하면서 뼈 주사 성분, 효과와 부작용 이야기 등을 스마트 폰을 통해 알아보았습니다. 너무 정보가 많아 요점과 정확한 지식을 얻기에 헷갈릴 정도입니다. 요즘 TMI(too much information, 과다정보) 시대여서 의사보다 환자가 병과 치료 정보를 과하게 더 많이 알고 있는 묘한 세상입니다. 그래도 방사통의 의미, 뼈 주사액이 스테로이드 성분이란 것, 좌골신경통은 좌측 좌(左)가 아닌 것도 알았습니다. 이런저런 생각에 시간이 흘러 물리치료사가 들어와 허리에 테이핑함으로 뒤처리가 끝이 났습니다.

사랑하는 벗님네들! 어쨌거나 빨리 완쾌하여 정상적인 걸음을 보여드리겠습니다. 기도를 부탁합니다. 仰 銘心(앙 명심)! "자나 깨나 허리 조심 안 아프다 방심 말고, 괜찮아도 살펴보시라 그대의 허리 상태"

울 엄마와 미숫가루

　지난주 중에 어머니의 납골당 하늘공원에 다녀왔다. 아내가 한 달여 전에 어머니 뵈러 한 번 가자고 조화를 준비해 놓고서 차일피일 미루는 중 필자가 어디엔가 다녀오는 길에 불현듯 어머니가 생각이 나서 그곳을 찾았다. 어머니 납골함 앞에는 어느 해 추석 명절에 강릉 바닷가를 찾아 찍은 다섯 가족의 사진이 붙어 있다. "그리운 엄마 보고 또 보고 싶어요. 그동안 너무너무 고마웠어요..."라는 글귀 위 다섯 가족사진 속 중앙의 붉은색 점퍼를 받쳐 입고서 앙다문 입 때문에 빠진 이가 드러나 보이지 않는, 꼬불꼬불 파마머리를 한 어머니의 얼굴을 물끄러미 내려다보았다. "우리 엄마가 키도 크고 늘씬한 미인이셨지..." 부슬비에 물기가 젖은 사진 속 어머니의 얼굴을 손으로 문지르며 속으로 "울 엄마... 하늘나라에 잘 계시겠지요..."라며 속으로 중얼거렸다. 오래전 멀리 떠나있는 아들에 대한 그리움의 모정이 담긴 편지를 보낸 어머니의 유일한 글이 생각났다. 내가 군대에 갔을 때 보낸 편지다. "수부야 니가 보고 싶어 엄마는 속 눈물이 난다." 아들에 대한 그리움이 솜솜 배 있는 한마디 글귀다. 잠시 동안 어머니의 모습에 집중하여 바라보는 중에 어머니에 대한 추억이 내 안에 사무쳐 코끝이 찡했다.

　어머니 세상 떠난 지 2년여 가끔은 어머니 생각이 났지만 지난 한 주간 여 계속해서 어머니 생각이 그치지 않았다. 나훈아는 "생각이 난다 홍시가 열리면 울 엄마가…"라고 읊었지만, 필자가 이렇게 사모곡(思母曲)을 읊는 것은 미숫가루 때문이다. 어머니는 살아생전 평소에 시원하게 들이키는 식혜를 좋아하셨고, 여름에는 가족들을 위해 미숫가루를 빠뜨리지 않고 준비하여 가족들과 함께 나누는 것을 즐거움으로 여기셨다. 여름이 되면 맹물에 미숫가루를 듬뿍 넣고 설탕을 한 수저 정도 넣고 휘저어 내밀던 엄마의 미숫가루 추억이 지금도 생생하다. 이전 한여름에 시장바닥에서 우뭇가사리를 잘라 넣고 얼음을 띄운 냉 콩국과 함께 한더위를 풀어주는 최고의 간식이었다. 내가 밖에서 돌아오면 엄마는 미숫가루를 타서 이것 "후룩후룩 마시삐라"라며 필자에게 건네주곤 했다. 필자의 집에 와 사실 때는 요리의 주권이 며느리에게 있는지라 아내가 대신 만들어준 가루 물을 함께 마셨는데 이제 다시는 함께할 수 없다. 엄마는 여름이 되면 당신이 그런 미숫가루 한 컵을 들이키는 것에 대한 미련뿐 아니라, 아들에게도 그런 대접을 하고 싶은 마음이 간절한 듯했다. 얼마 전 어떤 교우가 그 미숫가루 몇 봉을 선사했다. 어머니 대신 아내가 타준 미숫가루 한 컵, "바로 그 맛이야"라고 할 수는 없지만, 떠난 우리 어머니의 생각이 사무쳤다. 구수하고 영양도 푸짐한 미숫가루, 울 엄마와 함께 한 잔 마시고 싶지만 울 엄마는 곁에 안 계시다.

박인로(1561-1642)의 조홍시가(早紅柿歌)에 "반중(盤中) 조홍(早紅)감이 고와도 보이나다/…품어가 반길 이 없을새 글로 설워하노라"라는 글이 있다. 노계(蘆溪)가 이덕형을 찾았을 때 내어놓은 홍시를 보고 이미 돌아가시고 안 계신 어버이를 그리워하며 다하지 못한 효성이 불현듯 생각나서 쓴 시조라고 알려진다. 홍시를 품에 안고 가서 어버이를 대접하고 싶지만 이미 떠나버린 어버이에 대한 사무침이다. 어머니 살아계시면 그

좋아하는 타박 고구마, 삶은 밤, 치킨, 식혜 또 미숫가루 함께 실컷 먹어 보고 싶은데 어머니 계시지 않다.

부슬비가 내리던 그 날 어머니 납골당 옆 벽면 곁에 중절모를 쓰고 우산도 받치지 않은 점잖은 한 노인이 추모 시설에 와서 서성대고 있었다. 손에 든 오디오 기기에서 찬송가가 흘러나오고 있었다. "강물같이 흐르는 기쁨…" 필자가 자리를 뜨려는데 그때까지도 서성대고 있어 말을 걸었다. "어르신 누구 추모하러 오셨어요? 찬송 소리 나는 것 보니 아마 교회 다니시는 모양인데… 저는 교회 목사이고 어머니를 추모하러 왔습니다." 그분은 팔곡동에 사는, 90세 난 D 교회 J 장로이고 3년 전 12월에 떠난 아내 L 권사 생각이 나서 추모 목적으로 왔다고 했다. 3년 전 아내가 87세에 돌아가셨고 슬하에 5남매를 두었단다. 고인을 잊지 못해 자주 찾는다며 울먹이듯 말을 이었다. "네… 두 분이 의좋게 해로하셨네요… 고인이 천국 가셨고, 장로님도 천국 소망이 있으시고 믿음이 있으시니 너무 마음에 두거나 슬퍼하지 마셔요." 필자의 말에 울먹이듯 "네 목사님…"이라고 대답했다. 만나면 헤어져야 할 일인데도, 막상 닥친 이별은 우리를 슬프고 아프게 한다.

그래, 살아생전, 언젠가 헤어질 줄 알고서 잘하는 것이야(!). 차를 타고 오는 내내 어머니 그리움에 가슴이 먹먹하고 마음이 우울했다. 이번 추석에는 아내가 준비한 꽃을 가지고 가족과 함께 다시 공원을 찾아야겠다. 그때 미숫가루 한 잔 만들어 와서 엄마가 보는 데서 마시며 엄마 생각 다시 쪼끔만 해봐야지. 공원에서 돌아오는 내내 엄마 생각에 사모곡 한 곡조가 내 맘속에 젖어 들었다. 그날 차창 밖에는 부슬비가 보슬보슬 내렸다.

그 토요일 아침의 잡감(雜感)

필자는 토요일 아침을 좋아한다. 릴렉스하기 참 좋은 시간이기 때문이다. 새벽기도회가 없어 일찍 깨지 않아도 되어 7시가 넘어 잠이 깨면 다시 자리에 누워 잠을 청할 때가 많다. 필자에게 평일 아침마다 헬스장으로 가야 하는 과업이 있지만, 토요일은 쉬는 날이다. 토요일에는 10시에 문을 열기 때문이다. 헬스장에 결석해도 되니 출석에 대한 마음에 부담이 없으니 좋다. 헬스장에 가야 한다는 의무에서 자유로운 것이다. 평일 아침에 새벽기도를 다녀오면 기운이 많이 떨어진지라 한참을 쉬다가 시설에 간다. 사실 가끔 -아니 자주자주- 억지로 갈 때가 많다. 자리에서 일어나 운동하러 가기까지 드러누운 채 EBS 영어 방송을 틀어놓고 조간신문을 뒤적인다. 체력이 떨어진 터라 꼼꼼하게 읽어볼 필요가 있는 오피니언 페이지는 남겨두었다가 읽을 때가 많다. 그러다가 자리를 털고 헬스장으로 향한다. "오늘 헬스 숙제를 수행하게 되었으니 장하다 나여!"

토요일 아침은 드러누워 뭉그적거리기에 안성맞춤이다. 그날 아침 눈을 뜨니 8시가량이 되었다. 그런데 몸이 천근만근 무거워 눈을 뜨기조차 힘들었다. 속으로 "내가 어젯밤에 잠을 잔 거야 만 거야?" 중얼거렸다. 금요일 밤은 다른 날보다 조금 늦게 잠자리에 드는 습관이 있다. 우리 부부의 최애 프로 중에 하나 "세나개"(세상에 나쁜 개는…), 반려견 행동

치료 프로그램이다. 그 프로를 보다가 성경쓰기, '써! 바이블' 과제를 하다 보면 12시를 넘기기 일쑤다. 그런데 그날 잠을 청했지만, 도무지 잠이 들지 않았다. 무슨 이유인지 피곤하여 잠을 자야겠다는 마음은 있는데 요즘 필자의 허리 협착으로부터 온 방사통으로 허벅지와 대퇴부 뼈가 불편한 것까지 겹쳐 잠을 이룰 수 없었다. 마음은 원이로되 육신이 약하여 그런가? 전날 금요일 저녁 퇴근길 한 시간을 달려 시흥 하우고개 넘어 부천 낙원교회에서 열린 노회 임직 후보자 대상 훈련원 강의를 8시 30에 마치고 급히 교회로 돌아와 심야기도에 참석하느라 체력에 문제가 있었기 때문인가. 내 몸도 마음도 그 실상을 모를 터. 그 전날 밤, 잠 같지도 않은 잠이 된 것은 중간에 너덧 번이나 잠에서 깼기 때문이기도 하다. 몇 년 전부터 필자에게 따라다니는 전립선 질환이 원인이다. 60~70대 남성에게 흔히 있는 노인성 질환 중에 하나라 할까? 약을 먹지만 잠자다 서너 차례 깨어 화장실 가는 것은 여전하다. 그러니 잠을 잤다고도 할 수 없으리만치 피곤한 것이 당연할 터다. "잠이 보약"이라고 했거늘 보약은커녕 근처에도 가지 못하는 나의 수면의 질.

그래도 토요일 아침마다 새벽마다 배달되는 조간을 넘기는 루틴을 즐긴다. 아내의 베개를 끌어와 두 개에 머리를 받치고 누우면 신문을 들척이기에 쉽다. 신문읽기는 내게 각종 지식습득과 글쟁이들의 글짓기를 감상하는 즐거움을 준다. 내가 보는 토요신문은 토, 일 연합 판이다. 다른 평일의 한 배 반 정도가 될 정도로 지면이 훨씬 많다. 그 안에는 정치 경제, 사회 문화 등의 정보뿐 아니라 다양한 종류의 글들이 망라되어 있다. 인문, 역사, 문화, 철학, 경제, 문학 등을 주제 삼아 전문가들이 쓴 엣세이와 아티클(article)들이 페이지 페이지마다 펼쳐진다. 깨알같이 작은 글들 속의 내용을 하나하나 씹어 먹듯 충실히 읽고 싶지만, 체력이 뒷받침되지 않을 때는 나중으로 미루고 뷔페 음식 먹듯 급히 읽고 싶은 글들만 읽는다. 내 몸이 말을 듣지 않을 때가 많은 토요일 아침이다. 아! 일신이 천근이라. 요즘 들어 나 자신의 체력이 조금은 불만이다.

그날 자리에 드러누워 신문을 넘기는 중에 자연 세계에서 펼쳐지는 현상을 인문학적으로 풀어놓은《자연에서 배우는 생존 이치》(서광원)라는 글이 눈에 들어왔다. '물푸레나무'를 도입부에 소개하면서 물에 넣으면 푸르게 변하기에 그런 이름을 붙여주었다고 한다. 자연의 풀이나 나무나 이름을 붙여주어야 존재가 되고, 불러줄 때 존재를 인정하는 것이 된다면서 사람도 이름을 불러줄 때, 존재감을 느끼고 능력을 발휘할 수 있다는 글 내용이다. 서광원은 그러면서 김춘수의 시 "꽃"이라는 시구를 인용해 놓았다. '내가 그의 이름을 불러주었을 때/ 그는 나에게로 와서/ 꽃이 되었다....' 그 글이 눈에 확 들어왔다. 그래 '하나님께서 나의 이름을 불러주셨어. 나는 이수부다! 누가 뭐래도 이수부.' 미처 젖히지 않은 나의 방 커튼을 척하고 젖히니 따사로운 햇볕이 창으로 훤히 비쳐왔다. 나의 얼굴에 내려 않으며 나의 이름을 부른다. '이수부...' 그래 나는 이수부. 그날 나의 창으로 비친 해는 나만을 위한 햇빛이었다. 잠을 어떻게 잤던, 체력이 어떻든 나는 나다. '저 태양이 뜨니 하루가 시작되고, 태양에 따라 나는 살아 숨 쉬고, 나의 하루 오늘의 생명을 살게 되었으니 오늘 하루는 내 것이야 오늘 해야 할 나의 일이 중요해.' '나를 필요로 하는 사람들이 있지, 나는 주일을 준비해야 하고 오후에는 노회 교육부장으로서 중고등부 찬양 집회 행사에 설교하러 가야 하거든, 기운을 차려 중고등학생들을 만나야지. 그래 나는 살아있어.'

"하나님 내게 새로운 날을 주시고 나를 위해 태양을 비춰주시니 감사합니다." 오늘도 밝은 빛 일광(日光)을 주신 하나님을 찬양!

그리운 사람, 그리움이 남몰래 찾아드는 계절

지난 토요일 오후 60이 넘었을까 한 부부가 필자의 방을 찾아왔습니다. 부인의 말에 따르면 10여 년 전에 우리 교회에 얼마간 다녔다는 것입니다. K모라고 소개한 그녀는 필자를 알아보았지만, 마스크를 착용해서 그런지, 도무지 기억나지 않았습니다. 이름은 어렴풋이 기억이 났지만, 얼굴과 전혀 연관을 지을 수 없어 마스크를 열도록 부탁하여 얼굴을 보니 기억이 날 듯했습니다. 당시 K 성도는 남양주에서 이사 와서 교회를 나가리라 생각하던 차에 집 앞 도로가에 서 있는 우리 교회 승합차를 타고서 교회에 나오게 되었다고 했습니다. 얼마간 우리 교회를 다니다가 직장생활로 바빠지면서 교회를 나오지 않았고 이후에 D 교회를 다녔다는 것입니다. 그러다가 수년 동안 교회를 나가지 않고, 코로나19가 오면서 지금까지 교회를 쉬고 있었다고 했습니다. 그날 우리 교회에 온 것은 안산에 처음 와서 다닌 교회를 찾아가야 하겠다는 마음이 들었기 때문이라는 것입니다. 필자는 그녀가 겪고 있는 절절한 통증 이야기를 듣고 간절하게 기도해 드렸습니다. K 성도는 주일날 예배에 나올 것을 약속하고 자리에서 일어섰습니다.

그 부부가 나간 뒤에 우리 교회 교인등록 카드를 찾아보았습니다. K 성도는 2005년 5월 5일에 우리 교회에 등록했습니다. 그리고 2007년까지 우리 교회 요람에 그녀의 이름이 등재되어 있었습니다. 당시 4 여전도회 소속이고 35개 목장 가운데 31 목장에 소속이었습니다. 우리 부부는 수요일 오후에 약속 시간을 정하여 K 성도 가정에 심방을 갔습니다. 그동안 살아온 이야기, 가정 이야기, 통증 이야기 등을 늘어놓았습니다. K 성도는 한 2년여 정신 통증과 원인 모를 육적 고통이 함께 찾아와서 큰 아픔을 겪는 중에 음식을 제대로 먹지 못하고 잠도 제대로 자지 못해 체중이 10kg이 빠졌다고 합니다. 우리는 함께 찬송하고 말씀을 읽은 뒤에 간절하게 기도했습니다. "그가 채찍에 맞음으로 우리가 나음을 얻었나니"(사 53:5), "인자가 온 것을 잃어버린 자를 찾아 구원하려 함이라"(눅 19:10). 그녀가 우리 교회에 다닌 것이 15년여 이전이니 세월이 제법 지나갔습니다. 지난날 함께 했던 교우들이 지금은 어디서 어떻게 살고 있을까? 불현듯 옛 생각, 옛 얼굴들이 떠올랐습니다. 사념(思念)이라던가요? 가을에 남몰래 맛보기 딱 좋은!

우리 교회 30년이 거의 다 되어 가는 역사에 많은 이들이 우리 교회에 나왔다가 떠나갔습니다. 그중에는 이름만 잠깐 걸었다가 바람처럼 스쳐 지나간 이들도 있거니와 헌신적으로 교회를 섬기고 봉사하다가 떠난 이들도 있습니다. 병으로 세상을 별세한 이, 이사로 인해 교회를 떠난 분 등 이러 저러한 사정으로 교회를 떠났을 것입니다. 신앙생활 가운데 시험이 들어서, 믿음이 연약해서 신앙생활을 중단했거나, 신앙생활에 회의가 들어 명목상의 교인으로 남은 이들도 있을 것입니다. 더구나 성도나 목사에게 상처를 받았거나 섭섭한 마음이 들어서 교회에 발을 끊은 이도 있을 것이고 목사의 설교가 마음에 차지 않아서 타 교회로 옮긴이도 있을 것이고 담임목사가 덕이 부족한 소치로 교회를 벗어난 이들... 우리 교회를 떠난 이들 중에 얼굴도 이름도 기억나지 않는 이들도 많습니다. 기억장치에서 지워진 경우인 셈입니다. 그렇지만 교회를 잘 섬겼던 이들이나, 직분을 맡았던 이들, 특히 목사로 인해 교회를 떠난 이들은 생생하게 이름과 얼굴이 기억납니다. 당시 필자의 부족함과 교만과 용렬함이 회한으로 남기도 합니다. 그리움의 계절이 가을에 특히 그들이 그립습니다. 소월의 시처럼 "그립다// 말을 할까 하니// 그리워..."(가는 길), 그런 셈이겠지요. 모두 신앙생활은 잘하고 있을까? 그들의 삶은 어떠할까? 건강하게 잘살고 있을지? 그리움이 밀려옵니다.

 K 성도처럼 떠난 이들이 교회에 다시 나오지는 못하더라도 지나가는 길이면 한 번쯤 만나나 보고 싶은데 어찌 쉬운 일인가요? 교회를 떠나면 마치 이혼한 부부, 돌아누운 남남처럼 되는 것인데, 다시 와서 서로 인사라며 주고받을 수 있을까요? 그래도 그리워함은 자유! 도종환은 《그리움이 오면》이라는 시에서 "바람이 오면/ 오는 대로 두었다가 가게 하세요// 그리움이 오면/ 오는 대로 두었다가 가게 하세요//...세월도 그렇게 왔다가 갈 거예요/ 가도록 그냥 두세요"라고 읊었습니다. 그리움 그것, 오면 잠깐 머물게 했다가 보내면 될 것 아니겠습니까?

 요즘같이 눈이 시리게 청명한 날에는 옛사람, 옛일이 불현듯 떠오릅니다. 그것이 그리움인지는 모르지만, 누군가 가을은 남자의 계절이라고 하던가? 일없이 지난날이 떠오르는 센치멘탈한 감상에 젖는 것은 나이가 들어간다는 증거인가? 겉으로 표가 나지 않아 아무도 모르는 그리움에 젖는, 더없이 푸르고 높디높은 하늘풍경, 가을이 한창인데.

 서정주의 시에 송창식이 곡을 붙인 노래가 자주 기억나는 요즈음입니다. "눈이 부시게 푸르른 날은 그리운 사람을 그리워하자/ 저기 저 가을 꽃자리 초록이 지쳐 단풍 드는데…"(《푸르른 날》)

30여 년 살아있는 한 인연

지난주일 찬양예배 시간에 추수감사주일 찬양 잔치가 있었습니다. 기관별 찬양발표회 중에 마지막으로 무대에 나온 팀은 5 여전도회였습니다. 회원들이 "교회"라는 제목의 찬양을 들려줄 때 우리 교회의 지난 역사를 보여주는 사진을 스크린에 띄워주었습니다. 1993년 1월 우리 교회가 처음 예배드리는 장면과 예배처소인 유니 피아노 교실, 구 예배당 부지에 함께 선 가족 등, 초창기의 장면을 위시하여 20년, 10년 이전의 우리 교회 성도들의 모습들이 한 장씩 열리고 접히기를 반복했습니다. 그날 스크린에 나타났다가 사라지는 사진들과 함께 옛 생각이 몽글몽글 되살아났습니다. 우리 교회 두 달이 모자란 30년 역사 가운데 많은 인연을 만났습니다. 그 인연 중에 끊기고 없어지고 별세로 떠나기도 했습니다. 지금껏 살아있는 인연은 그리 많지 않습니다. 그중에 한 인연은 30년이 넘어 지금까지 이어지고 있습니다. 살아있는 인연인 셈입니다. 우리 교회 창립 첫해에 찬양대가 조직되었을 때 대원으로 성가대석에 앉아 환하게 웃고 있는 젊은 시절이 눈에 띄었습니다. 그때 그 시절 홍심경 집사!

내가 인연을 처음 만난 것은 한 32년여 전 과천교회 부목사 때였습니다. 당시 의왕시에 살면서 50세가량 된 부군과 초등학교 2학년이 되었을까 한 딸과 함께 교회에 나왔습니다. 당시 필자가 맡은 교구는 아니지만 새신자 성경공부 겸 세례준비반 공부를 지도하고 있었기에 인연을 갖게 되었습니다. 필자가 부목사로 있는 동안 인연의 부군인 K 성도는 세례를 받았습니다. 그 이듬해에 큰아들 강 집사가 K 대학 생물학과에 합격하였다고 기뻐했습니다. 그 이후에 알게 된 사실이지만, 안산으로 이사를 왔고 부군이 암으로 몇 해를 고생하다가 세상을 떠나는 큰 슬픔을 당했답니다. 2남 1여와 홀로 남은 외로움과 아픔을 안고 있던 중, 1993년에 가을, 소문을 듣고 우리 교회에 나오기 시작했습니다. 그날 이후부터 공예배, 새벽예배에 참석하며 신앙생활에 최선을 다해왔습니다. 그러던 중 운영하던 레스토랑을 폐업하고 교회 가까운 곳으로 이사를 오게 되었습니다. 그 많던 가재도구 다 처분하고 조그마한 집으로 이사했고, 가계를 위해 보험회사 등 경제활동을 하지 않으면 안 되었습니다. 그런 가운데서도 교회에 나와서 유치부 교사, 찬양대원, 구역장 등으로 교회를 위해 헌신하며 다른 교우들을 이끌어주고 세워주는 주요한 일꾼이 되었습니다. 그러던 중 1997년 3월 우리 교회가 새 성전을 건축하고 입당할 때 권사의 임직을 받았습니다. 우리 교회가 성전 부지를 매입하고 건축하는 동안 최선을 다해 헌신했습니다. 1998년도에 미국 뉴욕에 취업 이민을 가서 맨해튼에 있는 네일아트 샵에서 일하던 중에 수입의 십일조 헌금을 봉투에 넣어 보내기까지 할 정도로 헌신 된 일꾼이었습니다. 결국, 하나님께 인정을 받고 교우들에게 신임을 얻어 2005년에 장로로 장립했습니다. 이후 17년의 세월이 흘렀습니다. 미국 이민 기간 이외의 우리 교회 역사의 산증인으로 필자의 목회의 동역자로 최고의 직분자로 함께 해왔습니다. 홍 장로님의 그동안 개인과 가정, 자녀들의 사정을 들어보면 모두가 그 크신 하나님의 은혜라!

우리 교회의 지난 역사를 소환해 돌이켜 보면 기쁘고 즐겁고 행복한 일이 많았습니다. 그런가 하면 지난 5~6년 어간에 마음 아픈 일도 많았습니다. 여러 인연이 우리 곁을 떠났습니다. 별세한 이들도 많습니다. 스스로 주님이 주신 인연을 팽개친 이들도 있습니다. 그럼에도 그녀는 늘 내 곁에서 격려와 힘이 되어 주셨습니다. 공중예배는 한 번도 결석하지 않습니다. 설사 찬양예배에 빠질 사정이 생기면 꼭 제게 먼저 이야기를 해줍니다. 필자를 위해 늘 기도하고 시시때때로 변함없이 물질과 정성으로 섬겨주십니다. 필자가 부탁하는 것은 어떤 무엇이든지 한 번도 거절하지 않았습니다. 비록 건강이 여의치 못하지만, 새벽마다 변함없이 늘 그 자리에서 교회와 성도와 가정 자녀들을 위해서 뿐 아니라 필자를 위해서도 늘 기도합니다.

추수감사절을 보내면서 목자들이 감사의 간증을 나누는 시간에 "내가 이 자리에 앉아있는 모든 것이 하나님의 은혜입니다"라고 이야기했습니다. 이전에 75세까지만 살면 되겠다고 생각했는데, 80세가 된 지금, 하나님께서 언제 불러 가셔도 '아멘'이라고 합니다. 무릎과 허리 척추가 좋지 않고 불면증 증세가 있어 운신하기가 심히 불편한 가운데서도 새벽예배 한번 거르지 않는, 나의 분신과 같은 인연을 존경하고 감사합니다. 필자의 은퇴로, 아니면 누구든 먼저 하나님께서 불러 가심으로 우리의 인연이 끝날지 아무도 모를 일입니다.

얼마 안 되는 나의 목회의 최고의 인연, 저의 오른팔 같은 충성된 동역자시요. 신실하고 믿음직스럽고, 경우 바르고 리더십 있는 일꾼 나의 최측근 홍심경 장로님! 사랑합니다. 부디 건강 잘 지키셔서 5년 이상 그 인연의 자리를 변함없이 지켜주시기를 앙망합니다.

다시 부르는 나의 사부곡(思父曲)

　나의 아버지 이삼도 장로님은(1927~2007) 2007년 11월 17일에 별세하셨다. 그해 7월 5일 저녁 9시 뉴스를 보시는 중 화장실에 가시다가 그만 주저앉으셨다. 그날은 내가 안식월 휴가를 받아 아버지 댁을 찾았을 때이다. 그날 이후 입원 치료 중 상태가 다소 호전되어 친구가 경영하는 요양병원으로 모셨는데 약 한 달 반여 돌봄을 받으시다가 11월 17일 한밤중에 가족이 지켜보는 가운데 천국으로 이주하셨다. 아버지의 유골을 부산 영락동산에 모셨다. 이후 아버지는 나의 꿈속에라도 한 번도 나타나지 않으시다가 2011년 6월 28일 필자가 신장암으로 입원하여 오른쪽 신장을 수술받고 고통 중에 병상에 누워있을 때 찾아오셨다. 아버지는 필자에게 "수부야 이놈아 얼마나 아프냐 이 아부지는 더 아프다…" 깜빡 잠들었을 때 꿈에 나를 찾아오셨던 것이다. 현실 이상으로 생생했다. 필자는 코끝이 시큰거리며 눈에 눈물이 맺혔다. "그래 아버지가 나를 지극히 사랑하셨구나, 용렬한 날 위해 참 많이도 기도하셨지…" 한참 동안 아버지와 함께했던 추억 생각에 눈시울이 붉어졌다. 생각해보면 필자는 아버지의 신앙의 카리스마 아래서 언필칭 '교회오빠' 범생이로 자라났다. 우리 가족은 1965년 필자가 초등학교 3학년 9살 때 시골에서 부산으로 이주했다. 아버지와 우리 가족은 부산에 이사를 오자마자 이웃의 인도로 역사가 오래된, 주기철 목사가 시무했던 초량교회에 다녔다. 우리 가족은 그곳에서 2년 남짓 살다가 수정동으로 이사하여 2년여 살다 범일동 산복도로 위에 집을 지어 이사했다.

1968년 6학년, 중학교 입학시험을 친 후 겨울방학에 들어갈 때였다. 당시에 학생들에게 적금통장을 만들어 졸업 때에 적금을 찾아가게 하는 제도가 있었다. 마지막 방학 날 그동안 들어놓은 적금을 헐어 이자와 함께 집으로 가져간다. 그 당시 돈으로 이자를 합하여 몇천 원이 되었을까. 그런데 돈을 받아 들고서 친구들과 함께 문방구점에서 오 원 정도?, 그 돈을 과자를 사 먹는데 써버렸다. 그날 저녁 아버지에게 흠씬 매를 맞았다. 비록 몇 푼 안 되는 돈이지만 '아버지에게 먼저 이야기하고 써야 할 돈을 먼저 쓴 나쁜 놈'이라는 죄목으로 얼마나 혼이 났는지 모른다. 아버지는 나에게 '진실하라, 거짓말하지 마라, 성실하라'라고 가르쳐 주셨다.

아버지는 앉아있을 때마다 기도하기를 좋아하셨다. 아버지 손은 약손이었다. 체기가 있으면 배 위에다 십자가를 긋고 배를 만지며 기도하다가 아버지가 트림이 나면 체기가 나았다는 증거였다. 한번은 필자가 고등학교 1학년 여름에 어느 기도원에 학생부 수련회를 다녀온 후로 사타구니에 피부 발진 증세가 있었다. 옻이 오른 것인지 습진인지 알지 못하지만, 가려움증이 심해 주일예배를 빠질 정도였다. 주일 오후 아버지께서 필자에게 바지를 내려 가려운 증세가 있는 곳에 십자가를 그으면서 기도해주셨다. 그날 이후 피부병에서 빨리 나은 기억이 지금도 생생하다. 필자가 고등학교 2학년 말경에, 교회에 부흥회가 열렸다. 그때 용하다는(?) 부흥강사가 우리 가정을 위해 특별 기도를 하는데 아들 중에 큰아들에게 사명이 있다는 것이다. 우리는 그분에 말에 온 신경이 집중되었다. '과연 수부가 목사가 될 재목인가, 하나님께서 수부를 목사로 부르시는 걸까?' 이 물음이 떠나지 않았다. 이에 대한 응답을 받기 위해 아버지와 필자는 한 달을 작정하고 철야기도에 들어갔다. 한 달이 되기 전에 응답이 떨어졌다. 아버지는 출애굽기 말씀으로 응답받았다. 아론과 그 아들들에게 성의를 입혀 제사장으로 세우는 내용을 받은 것이다. 필자는 당시 필자가 다니던 교회의 담임전도사님이 꿈에서 사도행전 3:15의 말씀을 읽어보라고 했다. "생명의 주를... 그러나 하나님이 죽은 자 가운데서 살리셨으니 우리가 이 일에 증인이로라." 그렇게 소명을 받아 신학을 하고 목사가 되어 지금에 이르렀다.

아버지는 신앙생활을 시작한 이후 한 번도 교회를 떠난 적이 없고 주일예배를 빠뜨린 적이 없는 듯하다. 하루하루 날 일을 하면서도 새벽기도 하기를 즐겨하고 특별한 일이 있을 때마다 교회에서 잠을 자는 철야기도를 하셨다. 소위 은혜파였다. 필자가 입대한 후 첫 번째 휴가 때 아버지의 이야기를 들었다. "네가 군대에 간 후 너를 위해 한 달 동안 철야기도를 했단다." 아버지는 얼른 아들이 군대 생활을 제대로 할지 걱정하셨다. 아버지는 늘 기도하는 분이었고, 손에는 책, 신문이나 국한문 성경이 들려있었다. 아버지는 교회를 섬기고 봉사하는 일에 앞장서셨다. 목사의 길을 가는 아들을 위해 얼마나 많은 관심과 사랑으로 기도하셨을까? 목사인 아들에게 충고하는 목회자의 자세에 관해 쓴 편지글이 아직도 나의 서랍에 들어있다. 앞으로 내 아들놈이 목사가 되면 물려주어야 하겠다. 생각해보면 나는 아버지가 눈물로 뿌린 기도의 씨앗의 열매다. 아버지 있으매 내가 있다. 어김없이 찾아온 어버이날을 보내면서 필자는 아버지 생각, 사부곡 한 절을 불러본다. "아버지 고맙습니다. 사랑합니다. 후일에 다시 만납시다."

대구 청라언덕을 가보셨나요?

　지난주 초 신학교 입학 동무들의 모임인 "75동무회" 정기 모임이 대구에서 있었다. 3년 만에 만난 친구들은 너나들이 하는 막역한 사이로 6쌍의 부부가 만나 오랜만에 회포를 풀었다. 이번 만남에서 찾은 특별한 장소는 "청라언덕"이다. 그 동산은 대구의 근대화와 대구 선교의 유적을 고스란히 간직하고 있는 주요한 명소다.

　청라언덕은 "동무 생각"이라는 가곡에 나오는데 푸를 청(青), 담쟁이 라(蘿)자를 써서 '푸른 담쟁이덩굴'이란 뜻이다. 작곡자 박태준(1901~1986)이 다니던 대구 계성학교의 선교관, 언덕배기 동산의료원, 선교사 사택들이 푸른 담쟁이덩굴로 휘감겨 있는 모습에서 비롯된 이름이다. 그 노래는 박태준 선생이 계성학교 시절 신명여학교로 통학하는 소녀를 짝사랑한 적이 있는데, 마산 창신학교 교사 동료인 시인 이은상이 그 이야기를 듣고 노랫말을 쓰고 1922년에 작곡하였다. "청라언덕에 백합화 같은 내 동무야"라는 가사에 나오는 백합화는 박태준이 흠모하던 여학생이라고 한다. 그 언덕에 노래비가 세워져 있다.

　무엇보다 청라언덕은 1890년대 선교사들이 대구에 들어왔을 때 그 동산의 땅을 매입하고 서양식과 한옥을 겸한 살아갈 집을 짓고 동산병원의 구관 제중원을 세우고 계성학교 등을 지어 선교와 의료, 교육으로 대구 근대화의 초석이 된 곳으로 유명하다. 그 당시 동산에 지은 선교사들의 주택 건물 세 채가 대구 무형문화재로 각각 보존되어 있다. 지붕을 기와로 이은 스윗즈 주택은 마르타 스윗즈(Marta Switzer) 선교사가 지은 사택으로 현재 선교박물관으로 사용하고 있다. 블래어 주택은 블래어(Blair) 목사가 살았던 사택으로 현재 교육, 역사박물관으로 사용하고 있다. 챔니스 주택은 챔니스(O. Vaughan Chamness) 목사의 집으로 몇몇 선교사와 동산병원을 크게 발전시킨 마펫 병원장이 거주했다. 현재 동산병원 의료박물관으로 사용하고 있다. 19세기 말 조선 땅에 와서 민족을 일깨우고 혼신을 다해 복음을 전한 선교사들의 숨결이 고스란히 그 동산에 배어있다.

그 언덕 위에 1931년 제2대 동산병원장 플레처가 신축한 동산병원의 구관(제중관)의 중앙 입구 현관을 세워 "Since 1899 계명대학교 동산의료원"이라고 이름을 붙여놓았다. 이 현관도 대구시 등록 문화재로 지정되어 있다. 스위츠 주택 앞 정원에는 대구 최초의 사과나무의 3세 자손목이 자라고 있다. 1899년 동산의료원 초대 원장인 존슨 선교사가 미국에서 3개 품종의 사과나무 72그루를 들여와 사택 뜰에 심어 키우기 시작했는데 그것이 대구 사과나무의 효시로 알려져 있다. 스위츠 주택의 정원 아래에 "은혜의 정원"이라는 이름의 동산의료원 외국인 묘지가 있다. 먼 이국땅에서 복음을 들고 와서 병원을 세우고 인술을 베풀다가 잠든 선교사와 가족들의 안식처다. 그 정원에는 설립자 아담스 목사의 부인 넬리의 묘비를 비롯해 14개의 묘석이 있다. 전면에 Moffett(마펫)이라는 큰 글자와 그 좌우에 하워드 마펫(Howard F. Moffett 1917-2013)과 부인 마가렛(Margaret D. Moffett 1915-2010)이 새겨진 비석이 눈에 띈다. 하워드는 한국 초대 선교사요 평양 최초의 장로회신학대학교 전신, "대한예수교 장로회신학교"(1901년 개교)의 초대 교장 사무엘 마펫(Samuel A. Moffett)의 4남이다. 그는 1948년 한국 의료선교사로 파송되어 45년간 동산병원 원장, 계명기독대학 이사장, 계명대학교 동산의료원 원장 등을 지냈다.

이 언덕을 넘자마자 좌측에 웅장한 대리석을 입힌 고딕식 예배당이 나온다. 대구제일교회다. 대구제일교회는 대구 기독교의 효시다. 미국 북 장로교 파송 선교사인 베어드(William M. Baird) 목사가 1893년에 대구에 와서 교회의 초석을 다졌고 이후 1896년 아담스 선교사가 남성로에 교회를 세우고 1933년에 붉은 벽돌조의 예배당을 세웠다. 이후 교회의 부흥과 더불어 대구 선교기지였던 그 땅을 매입하여 1994년에 현재의 예배당을 세웠다. 예배당 마당에 전날 이상근 목사를 기념하는 신학 세미나가 열렸음을 알려준다. 오늘의 제일교회의 역사의 중심에 이상근 목사가 있다. 그는 한국교회의 거목이다. 제일교회는 경북과 대구 기독교 교계의 큰 영향을 끼쳤다. 제일교회는 130년 역사를 통해 수많은 영혼이 구원받고 함께 모여 예배하는 큰 숲을 이루었다. 그 교회를 거친 영혼들이 각처에서 누룩이 되어 하나님의 나라를 세우고 확장하는 귀한 사역을 수행하고 있다. 우리 일행은 동산에서 한 시간여 머물다가 제일교회 앞에서 인증사진을 찍은 후에 대구제일교회 구 예배당을 찾았다. 그곳은 현재 제일교회의 역사박물관으로 사용하고 있다. 한 층에 전시된 130년 역사 유물과 유품 사진 등은 교회의 믿음의 선조들의 복음에 대한 헌신과 열정을 말해준다.

청라언덕은 130년 전에 선교사들이 이 땅에 들어와 복음의 씨를 심고 하나님의 나라를 건설하고 확장한 발자취가 젖어 있는 곳이다. 사람은 가도 흔적과 자취는 남는 것(!). 새삼 선교사들의 헌신과 수고에 고개 숙여진다. 한국교회는 그들에게 빚을 졌다. 청라언덕은 선교사들의 열정을 기리도록 우리의 마음을 두드리는 근대 선교 역사의 기념동산이다.

피고 지는 저 꽃 하나하나에 붙은 이름들

꽃 피고 지는 봄날이 한창입니다. 이미 피었다가 진 꽃들. 진달래, 매화, 개나리, 벚꽃에 이어 핀 목련까지 언제 피었는지도 모르게 모두 떨어져 버렸습니다. 엊그제 내린 비바람에 몇 개 남지 않은 꽃잎마저 길바닥에 밟히고 있습니다. 이제 뒤를 이어 겹 벚꽃, 영산홍, 철쭉, 찔레, 배꽃, 사과꽃, 불두화, 수국, 장미, 아카시아 등등의 꽃이 뒤이어 피어날 것입니다. 꽃이 피고 지는 저마다의 순서에 따라서 꽃이 지고 또 피는 것입니다. 봄에는 춘삼월을 거쳐 계절의 여왕 5월에 이어서까지 꽃이 피고 지는 것을 봅니다. 과연 봄은 '꽃을 본다'고 해서 '봄'인가 싶습니다. 조영관은 "...때 이른 매화꽃/ 기다리고 있네// 봄은 이미 왔는데/ 너무 늦게 봄(〈늦게 봄〉)이라고 읊었습니다. 그는 '본다'는 동사의 제일 명사형으로서 계절의 '봄'과 '눈으로 본다'는 의미의 '봄', 두 언어를 유희하여 중의적인 개념을 도입하고 있습니다. 꽃은 사람들에게 자신을 보라고 얼굴을 내밀고 있으니 사람이 보아야 비로소 꽃입니다. 그래서 봄은 봄으로써 비로소 알고 느끼고 새기게 되는 것입니다. 그런즉 먼저 핀 꽃이 지는 것에 아쉬워할 것 없이 현재 핀, 그 꽃을 봄으로 봄을 즐길 일입니다. 모름지기 꽃은 보라고 있는 것입니다.

눈을 들어보면 꽃마다 형형색색 빛깔과 모양새와 향기도, 피고 지는 때도 제각각입니다. 그 꽃 하나하나 개성이 있고 특징이 있습니다. 사람들은 수천수만 꽃마다 이름을 붙이고 꽃말, 의미를 달았습니다. 희망, 기대, 고결, 결백, 절제, 사랑, 정열, 첫사랑 등의 이름 뜻이 있습니다. 사람들은 그 꽃을 보고 느끼며 스스로 의미를 찾기도 합니다. 꽃은 누군가에게 설렘과 아쉬움과 아픔과 기쁨과 환희, 웃음의 감정까지 담고 있고, 꽃 모양을 따라 화려함과 우아함, 순결과 성숙미 등의 느낌을 자아내게 하는 사연을 갖고 있습니다. 꽃은 바라보는 사람들의 삶의 자리가 각각이라 꽃을 대하는 마음도 의미도 다를 수 있는 것입니다. 이해인은 어느 날 장미를 보고 가진 느낌을 시로 읊었습니다. "…가시에 찔려 더욱 향기로웠던/ 나의 삶이/ 암호처럼 찍혀 있는/ 아름다운 장미 한 송이// '살아야 해, 살아야 해'// 오늘도 내 마음에// 불을 붙이네"〈장미를 생각하며〉. 그가 암 투병으로 고통 중에 있을 때 쓴 시(?!). 이해인은 당시의 가시가 난 장미에 자신의 감정을 이입하여 스스로 의미를 붙였습니다. 아무리 정열의 이름을 가진 장미라도 보는 사람의 감정과 삶의 자리와 기분에 따라 한 송이가 다르게 보이는 것입니다.

　어느 철학자가 존재는 이름이라고 했듯이 수천수만 가지 꽃들이 있는데 이름 없는 것이 없습니다. 누군가 먼저 이름을 붙여주었기에 존재가 된 것입니다. 이전에 어느 문학도가 시를 습작하는 중에 시를 지어 유명한 시인에게 가져갔다가 혼쭐이 났다는 이야기를 들었습니다. 이유인즉슨. 그 시어에 "이름 모를 꽃"이라는 표현을 썼기 때문이라는 것입니다. 이름 모를 꽃이라는 표현을 마뜩잖게 여긴 시인이 꽃의 이름을 분명히 밝혀 다시 시를 쓰게 했다는 것입니다. 이름을 불러주어야 비로소 의미가 된다는 것입니다. 이름을 불러준다는 것은 그의 존재를 알아준다는 의미입니다. 그러면서 소월이 "진달래"라는 이름을 붙이지 않고 "이름

모를 꽃"이라고 했다면 결코 유명한 시가 되지 않았을 것이라는 이야기를 해주었습니다. 과연 이름을 불러주어야 비로소 나에게 꽃이 됩니다.

하나님께서는 성도 개개인을 창세 전에(엡 1:4) 예정하사 택하여 불러주셨습니다. 마치 한 사람 한 사람을 꽃으로 보아주시고 불러서 이름을 주셨습니다. 저마다 색깔과 모양이 다르고 위치나 역할이 다르고 꽃말들이 제각각이듯 우리도 저마다 가진 인생 이야기가 있습니다. 우리가 존귀한 것은 하나님이 불러주시고 하나님의 자녀로 인을 쳐주셨기 때문입니다. 모름지기 우리는 하나님께서 비로소 이름을 불러주셨기에 하나의 꽃이 되었습니다. 사람을 꽃으로 보아준다니(!), 이보다 더 복되고 영광스러운 일이 어디 있습니까? 시인 김춘수는 저 유명한 〈꽃〉이라는 시에서 꽃 이름을 불러주고 말을 걸어주어 비로소 꽃이 되고 의미가 된다고 읊었습니다. "내가 그의 이름을 불러주기 전에는/ 그는 다만/ 하나의 몸짓에 지나지 않았다// 내가 그의 이름을 불러주었을 때/ 그는 나에게로 와서/ 꽃이 되었다…."

꽃 피고 지는 사연이 가득한 이 봄에 하나님께서 성도들 개개인을 예정하시고 이름을 불러주신 것, 예수님께서 십자가에서 나의 이름을 부르시며 피 흘려 돌아가시고 나를 구원하신 것을 곱씹어 봅니다. 나는 주님이 이름을 불러주시어 꽃이 된 하나의 꽃입니다.

입원실 병상에서의 잡감(雜感)

나는 지난주 며칠간 서울 강남의 모 병원에서 수술, 입 퇴원 치료와 재진의 시간을 보내었습니다. 나는 여러 해 전부터 문제의 질환을 앓던 중 한 2년 전 7, 8개월여 치료를 하다 중단했는데 결국 심하여져서 수술하지 않으면 안 되었습니다. 그 질환은 60세 이상의 남성에게 흔하게 찾아오는 전립선 비대증입니다. 병원을 찾은 필자는 여러 가지의 기초 검사 후에 방광과 전립선의 상태를 진찰한 결과를 보니 전립선이 크게 비대해지다 못해 방광 일부까지 영향을 주어 수술을 필요로 하는 상태였습니다.

결국, 수술방 침상에 누워 나의 전신을 집도 의사에게 내맡겼습니다. 의사는 마취를 통해 필자를 재우고 한 30분여 동안 '아쿠아블레이션'이라는 이름의 수술을 하였습니다. 어느 수술이든 그렇지만 수술 후에 치료와 회복이 문제입니다. 어쩌면 수술 전보다 수술 후의 치료 단계가 더 어려울 수 있습니다. 우리 몸 어느 부위를 막론하고 각종 병 질환이나 손상을 입으면 고통스럽지 않은 것이 없습니다. 이전에 일신천금(一身千金)이라 했듯이 몸이 너무나 귀하고 소중한 것입니다. 다른 것은 몰라도, 몸 하나만은 누가 대신할 수 없는 것입니다. 오롯이 몸은 타인의 것이 될 수 없는, 오직 한 사람, 개인(individual)의 것입니다. 그래서 사람은 자기의 몸 하나에만은 이기적일 수밖에 없습니다. 네 이웃을 네 몸과 같이 사랑하라는(마 19:19) 계명은 지고의 윤리입니다. 사람이 자기의 몸을 천금으로 여기고 대하듯이 이웃을 그렇게 사랑할 수만 있다면 그보다 지고한 것은 없습니다.

그날 나는 수술 받고 입원실에 옮겨져 오후 한 3시부터 이튿날 오전 주치의의 회진 후에 퇴원하기까지 간호사의 보살핌을 받았습니다. 그 방에는 4명 정도가 누운듯한데 침대별로 커튼을 쳐서 옆자리에 누가 있는지 전혀 알지 못하고 서로 이야기도 할 수 없습니다. 누군가와 전화 통화하는 소리를 듣는 정도. 입원 환자는 누구나 수술을 받고 몸에다 소변 줄을 연결하고 몇 개의 링거 수액을 맞아야 하기에 옴짝달싹할 수 없습니다. 오후 6시에 나온 저녁을 먹고서 적막한 가운데서 하룻밤을 새우게 되었습니다. 한두 시간에 한 번씩 당직 직원이 링거를 확인하고 혈압을 점검하거나, 소변 주머니를 처리하기 위해 찾아올 뿐입니다. 모든 환자가 그렇듯이 수술 후의 고적함과 불편한 마음은 오직 환자 자신만이 겪어야 하는 것입니다. 비록 몸이 건강하고 편안한 것과 마음의 평안과 안식과 정비례하는 것은 아니라 하더라도, 몸이 편치 않으면 마음의 안락함은 한계가 있을 수밖에 없습니다. 사람이 몸과 마음의 모두 문제 없이 안정하면 얼마나 좋겠습니까만 이 세상에 100% 몸의 건강과 마음의 건강이 어디 있겠습니까? 더구나 가만히 있는 일신천금의 몸에 이 물질이 들어와서 피를 흘리게 하고 상처를 내었으니 마음이 편할 리 만무합니다. 문제는 단순히 수술로 끝나는 것이 아니라 치료와 회복이 필요한 것입니다.

저녁을 먹고 나니 입원실은 적막강산이었습니다. 불편한 몸을 반듯이 드러누워 깜빡 잠이 들었다가 일어나 보니 10시 정도가 되었을까, 또 선

잠이 들었다가 다시 깨어보니 자정이 되었습니다. 옆자리에 누운 60이 조금 지났을까(커튼 사이로 살짝 보니...) 한 남성의 쌔근쌔근 숨소리만 크게 들릴 뿐입니다. 자신은 잠들지 못하고 옆 동료의 숨소리만 확인하고 있는 것입니다. 그는 아마도 전날 저녁에 직원에게 부탁하여 탈의실에서 가지고 온 자신이 평소에 먹는 우울증약을 먹은 때문에 숙면에 빠졌는가 하는 생각이 들었습니다. 몸이 불편하면 마음이 덩달아 불편하고, 울적한 기분이 드는 것은 어쩔 수 없나 봅니다. 잠을 이루지 못하고 날이 밝기를 기다리며 애꿎은 시간만 확인하는데 새벽 2시, 또 깜빡 잠들었다, 깨니 4시... 잠을 잔 듯 만 듯 그렇게 밤이 지나고 새날이 찾아왔습니다. 8시가 되니 다시 아침 죽이 나와 최대한 천천히 그릇을 비웠습니다. 한 사람의 생명이 얼마나 소중한지는 굳이 말할 필요 없지만, 그 생명을 건강하게 지켜내기 위해 치러야 할 대가는 얼마나 큰지를 새삼 헤아려 봅니다. 사람은 누구나 물리적인 세계와 환경의 영향을 고스란히 받을 수밖에 없습니다. 그래서 모든 이에게 뜻 모를 질환과 병이 찾아올 수밖에 없는 것이 숙명이라 해도 과언이 아닙니다.

사랑하는 벗님 여러분! 교우들이 여러 가지 병과 질환으로 고생하는 것에 비하면 필자의 문제는 별것이 아닙니다. 하나님께서 주신 생명, 건강을 지키는 것은 누구나 자신의 몫입니다. 사람들은 건강을 최고로 여깁니다. 당연합니다. 우리는 몸뿐 아니라 마음도 살펴야 합니다. 교회 앞에 서는 목사는 영혼뿐 아니라 몸과 마음 모두 건강을 유지하여 최고의 컨디션을 보여드리는 것이 당연한 서비스입니다. 앞으로 건강을 잘 지키도록 노력하겠습니다. 부디 필자뿐 아니라 성도 여러분 모두 몸도 건강하고 마음도 튼튼하고 영혼도 잘 되기를 기도합니다.

목사를 위해 기도를 부탁드립니다

    지난 화요일 이른 아침, 필자는 목자 카톡 방을 통해 목자들에게 문자를 보냈습니다. 그 내용의 요지는 저의 병 치료를 위한 긴급 중보기도 요청입니다. "...금요일 소변 줄(Foley Catheter) 제거 후에 소변 기능이 정상화하여 일상을 회복하게 하소서..."입니다. 필자는 전번 주간 화요일에 전립선 비대증 수술을 받고 정상적인 치료 회복 프로세스로는 지난 주일에 주일 업무를 정상적으로 수행해야 하나 사정이 생기고 말았습니다. 수술 이튿날 퇴원하여 이틀 후, 금요일에 수술 병원에 가서 소변 줄을 제거했습니다. 그날 내내 소변 처리가 불편했습니다. 자정 너머 토요일 이른 새벽에 요의를 느껴 화장실로 갔으나 소변을 볼 수가 없는 급성 요폐 현상이 일어나 어찌할 줄 모르는 지경에 빠졌습니다. 결국, 119구급차를 불렀습니다. 함께 탄 응급 간호사가 여러 병원에 전화하여 응급실 가동 여부를 확인한 후에 비로소 한도병원으로 달려갔습니다. 급히 응급의사를 통해 요폐를 처리하고 방광에까지 연결된 소변 줄을 차고 돌아왔습니다. 그날 이른 아침 급히 수술한 병원에 가서 방광세척을 하고 소변 줄을 다시 찼습니다. 그리고 월요일에 병원에 가서 줄을 제거하고 물을 마신 후에 소변을 시도했으나 토요일 새벽과 같은 소변불통 현상이 일어났습니다. 급히 소변 줄을 다시 착용하고 집으로 돌아왔습니다. 어쩔 수 없이 주일 강단을 급히 강 목사께 맡겼습니다.

그날 의사는 방광을 쉬게 했다가 금요일(7.19) 소변 줄을 제거해 보자고 하면서 그래도 안 되면, 필자가 알아들을 수 없는 어떤 치료를 시도해 보자고 했습니다. 그 이야기를 듣고 돌아오는 열차 안에서 필자의 마음이 편치 않았습니다. 더구나 필자는 두 차례 소변의 불통을 겪은지라 불안마저 음습하였습니다. 지난 토요일 새벽에 겪은 일을 또 겪는 것이 아닌가 하는 생각이 덜컥 난 것입니다. 필자는 한 주간 수술 치료를 통해 일상으로 회복하면 교우들에게 좋지도 않은 일을 굳이 알릴 필요 없으리라 생각했습니다. 그렇지만 일이 어긋나 주일 강단에 서지 못하게 된 사유를 밝히지 않을 수 없었습니다. 목사는 모름지기 성도들의 형편을 살펴야 하기에 목사의 개인사로 인해 과도하게 기뻐할 수도 없고, 지나치게 슬퍼할 수도 없는 것이 목사의 위치입니다. 그래서 선배들은 목사는 있어도 없는 척 없어도 있는 척, 알아도 모르는 척 몰라도 아는 척하는 것, 즉 허허실실이 때로는 미덕이라 했나 봅니다.

결국, 성도들이 모르도록 치료를 조용히(?) 진행하려고 했는데 그렇게 되지 못한 셈입니다. 그래서 목사의 치료를 위해 성도들의 중보기도가 필요한 것으로 깨닫고, 화요일 아침에 목자들에게 기도를 부탁하는 글을 올린 것입니다. 몇몇 목자들이 조속한 치료를 기원하며 격려하는 답글을 올렸습니다. 목사가 성도를 위해 기도하고 성도들이 목사를 위해 기도하는 것은 당연한 일인데도 목사의 사사로운 일로 성도들에게 걱정을 끼치기 싫어 지나치려 했으나, 나는 이번 일로 긴급 기도를 부탁하는 것이 마땅하다고 생각했습니다. 집사 한 분은 개인 문자를 보내어 필자를 격려해주었습니다. 그 내용인즉슨, "네 알겠습니다. 목사님을 위한 기도는 성도들의 몫이라 생각합니다. 기도할게요." 필자가 평강교회를 목회한 지 지금까지 필자를 향한 성도들의 기도가 있었고 지금도 그렇게 하고 있을 것입니다. 필자도 일반 사람인지라 몸과 마음이 약하기 쉽고 상하기 쉬운 연약한 존재입니다. 영적으로도 그렇습니다. 목사는 성도들의 기도로 목회 사역을 수행할 수 있지 혼자서 불가능한 일입니다. 필자는 지난 화요일 오후에 S모 여 목사의 간증집을 통해 그녀가 목회하는 중에 여러 병자를 위해 기도하며 고친 일, 고침을 받고 은혜받은 이들이 간증한 내용을 읽으며 필자 자신의 치료를 위해 하나님께 간절한 기도를 드렸습니다. 이번 일로 우리가 기도의 사명을 다시 한 번 자각하여 기도에 더욱 힘쓰는 계기가 되기를 기대합니다.

베드로가 헤롯 왕에 의해 옥에 갇혔을 때 예루살렘 교회는 그를 위하여 간절히 하나님께 기도했습니다(행 12:5). 바울 사도는 서신서에서 여러 차례 기도를 부탁하였습니다(롬 15:30, 고후 1:11하, 빌 1:19, 살전5:25, 살후 3:1상, 엡 6:19, 골 4:3, 몬 22, 히 13:18). 가장 귀한 선물은 기도요, 가장 귀한 교제입니다. 가장 귀한 투자는 기도입니다. 기도는 기도하는 사람이나 기도 받는 사람에게 함께 유익합니다.

사랑하는 벗님 여러분! 저를 위해 간절히 기도해 주세요. 목사가 성도를 위하여 기도하는 것은 당연한 본분이지만, 모 집사가 보낸 문자 말마따나, 목사를 위한 성도들의 기도는 성도들의 몫입니다. "모든 기도와 간구를 하되 항상 성령 안에서 기도하고 이를 위하여 깨어 구하기를 항상 힘쓰며 여러 성도를 위하여 구하라 또 나를 위한 구할 것은..."(엡 6:18-20상).

이제 비로소 딸을 시집보내면서

나의 딸 다인이가 작년 9월 21일에 결혼을 했습니다. 흔히들 딸을 시집보낼 때 아버지가 식장에서 눈물을 흘린다는 말들을 합니다. 아마도 늘 함께 있던 사랑하는 딸이 떠나는 것에 대한 서운함이나 딸이 결혼해서 잘 살기를 바라는 간절함 때문이겠지요. 그런데 그날 나는 울 짬이 없었습니다. 결혼식 순서가 급하게 진행되기도 했고, 또 딸이 참여하고 있는 헤리티지 매스콰이어가 "오 해피 데이"라는 찬양을 흥겹게 하는 바람에 울고 말고 할 것도 없었습니다. 그런데 결혼식 다음 날부터 딸의 빈자리가 현실이 되고 보니 허전한 마음은 어쩔 수 없었습니다. 매일 저녁 퇴근하여 문을 열고 들어올 때마다 "다녀 왔습다~"라는 딸의 인사는 이제는 더는 들을 수 없습니다. 한동안 딸의 방이 빈 줄 알고도, 습관적으로 무심코, 딸의 방문을 열 때마다 딸의 출가가 현실임을 느꼈습니다. 그래도 주일마다 교회에서 딸을 만날 수 있기에 딸을 온전히 출가시킨 것이 아닌지 모를 일입니다.

주일이면 딸 부부는 각자 따로 사위는 사위대로 딸은 딸대로 각각 아버지가 시무하는 교회에서 예배를 드렸습니다. 언젠가는 그들이 같이 예배드리도록 딸을 사위 쪽으로 놓아줘야 한다는 생각을 늘 가지고 있었습니다. 마음이 어떠하든, 그날이 현실로 찾아왔습니다. 연말이 되면서 우리 부부와 딸 모두, 마음이 내키지 않아도 헤어질 결심을 했습니다. 연말마다 교적을 정리할 때가 되면 목사에게 유행병처럼 찾아드는 허전함이 있는 차에, 분신 같은 딸을 떼어 놓아야 하는 일로 마음이 무거웠습니다. 그래서 딸에게 몇 자 글을 썼습니다. "사랑하는 딸 다인아"라는 제목으로.

"착하고 여리고 속마음 깊은 딸아 2024년 올해는 너에게 특별한 해이구나. 하나님께서 짝지어 주신 너의 반려, 신랑을 만나 새로운 가정을 이룬 것이 참 복되구나. 결혼식 날 또 만날 때마다 행복한 너희들의 모습을 보니 아빠도 참 기뻤구나. 경건한 아들딸로 자라나서 믿음의 가정을 이루었으니 아빠는 하나님께 감사하고 너희들에게도 고맙게 생각해. 앞날에 즐겁고 기쁜 날만 있지는 않을 터이지만 그래도 누구 못지 않게 행복한 부부, 복된 가정이 될 것을 확신해. 사랑하는 딸아 결혼은 부모로부터 독립이기에 당연히 봄도 마음도 아빠에게서 떼어놓아 야 하는 것 알면서도 막상 너를 떼어놓는다는 것이 얼마나 마음이 서운하고 무거운지 모른다. 결혼식 날 딸을 보내며 아빠들이 다 운다고 하는데. 결혼식 다음 주일 낮 설교 중에 네가 드린 감사헌금 봉투에 쓴 글을 읽으며 그 내용에 너무 감동이 되어 눈시울을 붉혔지(이제야 비밀을 밝히는구나, 교우들에게 칠칠맞은 목사가 되어버렸지). 철없는 딸 같지만 성숙하고 대견한 네가 너무 고맙기 짝이 없었지. 이제 너를 우리 교회에서 놓아줘야 할 때가 된 것 같아. 아빠는 너를 놓아주고 싶지 않지만, 너도 우리 교회에서 떨어지기 싫지만 불꽃교회로 가야 하는 숙명이구나. (중략) 사랑하는 처니야! 이제 내년부터 그쪽 교회에 가면, 지금껏 우리 교회에 익숙했지만, 너의 시아버지의 설교나 목회나 그 교회 사정대로 전적으로 긍정적으로 받아들이고, 그 교회 교우들과 잘 적응하고 행복하게 신앙생활 잘 하길 기도하마. (중략) 지금까지 잘 자라 주어서 고맙고 아빠 목회와 인생에 힘이 되어 고맙고, 행복한 가정을 이루어 행복하게 사는 모습을 보니 고맙고… 사랑하는 다인아! 사랑하고 축복한다. 주 안에서 길이길이 행복하려무나. 아빠가 몇 자 적는다."

글을 쓰는 내내 나의 마음이 먹먹하여 눈가가 촉촉이 젖었습니다. 딸은 아빠가 보낸 글을 읽고서 밤새 울었다고 합니다. 딸은 내게 장문의 글을 써 보냈습니다. 저가 그쪽 교회에 선교사로 간다고 생각하라고 하네요. 아비 보기에 늘 철부지 같은 딸인 것 같지만 구구절절 철든 신앙과 속이 꽉 찬 딸의 마음을 읽을 수 있었습니다.

결혼은 무릇 부모로부터의 독립인데 비로소 딸을 출가시키는 것 같습니다. 집사 명단에서도 찬양대원 명단에서도 지웠습니다. 주일 2부 예배 때마다 찬양대 자리에서 알토 파트 찬양을 했는데 그 자리를 비우니 말입니다. 그리고 17-8년 동안 7시 30분, 1부 예배 시간에 반주를 했지만, 주보 반주자 명단에서 그 이름도 뺐습니다. 아무리 생각해도 딸은 목사 아빠 만난 팔자로(?) 그동안 우리 교회에서 묵묵히 큰 역할을 해냈습니다. 회사에 제출하는 연말정산 기부금 서류에서 딸이 작년에 우리 교회에 드린 헌금이 1천만 원이 넘었음을 보고 적잖이 놀랐습니다. 장한 딸이여! 딸은 하나님께 부요하고, 교회 재정에 크게 기여한 셈입니다. 무엇보다 딸이 그렇게 할 수 있음이 복입니다. 어찌 하나님께서 딸과 그의 가정을 축복해 주지 않으시겠습니까?

부디 딸과 사위, 새 가정에 축복 있으라!

기본으로 돌아가고 근본을 회복하기를....

1. 나는 요즘 'PT'를 받고 있다. 말 그대로 개인 교습이다. 수년 여 동네 피트니스 클럽을 충실하게 다녔지만, 전문가로부터 헬스 지도를 받기는 난생처음이다. 한 달여 전 클럽 주인이 바뀌면서 헬스장을 새롭게 단장하고 몇몇 트레이너를 채용하여 회원들에게 PT를 적극적으로 권하고 있다. 그동안 필자는 헬스장에 다니기만 했지 근본 없는 운동을 해왔다. 기본을 익힐 필요가 있음을 늘 생각하던 중에 기회를 얻었다. 나의 트레이너는 24살의 미스터 박이다. 박 군은 필자의 연령에 맞춰 친절하게 지도해 준다. 필자는 전문 트레이너의 지도로 헬스의 기본을 익히고 있다. 그동안 내가 한 근력운동은 기본도 모르고 근본도 없는 것이었다. 올바른 자세, 숨 마시고 내뱉기, 힘을 불어넣어야 하는 근육에 집중하기, 힘을 풀 때도 긴장을 유지하기... 등이 기본이다. 나는 근력운동의 교본 그 자체인 미스터 박의 지도하에 기본이 안 되어 있음을 반성하며 기본기를 익히고 있다. 올바른 자세를 취하니 해당되는 근육에 힘이 들어가기 시작했다. 일부 근육이 뻐근하다. 자세가 먹히고 있는 모양이다. 그래도 제대로 익히기에는 아직 한참 멀었다. 기본이 중요하다. 기본을 익히는데 돈도 들고 힘도 노력도 들어가야 한다. 이제라도 알았으니 제대로 습득하여 올바르게 운동을 해야 하겠다고 마음먹는 요즘이다.

2. 2002년 한일 월드컵의 4강 신화를 이룬 이는 누가 뭐래도 히딩크 감독이다. 그가 우리나라에 와서 제일 먼저 한 것은 "한국축구의 전력분석"이었다. 히딩크의 분석에 따르면 한국축구는 기본에 충실하지 않았다는 사실을 지적하고 그가 처음에 한국축구 선수들에게 주문했던 것은 "기본에 충실하라"고 하는 것이었다. 많은 감독이 한국축구를 분석하면서 한국축구는 체력은 강한데 문전처리 미숙, 골 결정력이 문제라고 분석해 왔다. 그러나 히딩크는 그렇게 하지 않았다. 한국축구는 '기본기에 약하다'라고 분석을 하고 선수들에게 기본기 훈련을 다시 시켰다. 체력 훈련이다. 많은 사람이 한국 선수들이 체력이 강하다고 했지만, 히딩크 감독은 기본 중의 기본인 체력이 약하다고 진단하고 혹독한 훈련으로 선수들을 다그쳤다. 그것이 주효해서 결국은 월드컵 4강까지 갔다.

3. 세계적인 커피전문점, 스타벅스 이야기다. 전 세계 스타벅스 매장 수는 2021년 1분기 기준으로 32,938곳이며 우리나라에는 1,533곳의 매장이 있다. 스타벅스의 2020년 순수익은 약 191억 6천만 달러, 2020년 스타벅스의 상표 가치는 178억 달러로 평가받으며 전 세계의 커피 체인 중 독보적인 위치에 있다. 그런데 2006년까지 최고의 전성기를 구가했으나 2007년 방문 고객 증가율이 사상 최저치로 떨어진다. 주가가 42%나 하락하는 등, 총체적 위기에 빠진다. 그러자 경영 일선에서 물러났던 창업자 하워드 슐츠는, 2008년 CEO로 전격 복귀해 혁신 프로젝트를 가동하기 시작한다. 경영에 복귀한 슐츠는, 문제의 핵심이 '최고의 커피를 제공한다'는 스타벅스의 기본 철학에 충실하지 못한 데 있다고 진단한다. 그는 엄청난 비용들 들여 바리스타들을 모아, 최고의 커피 맛을 위한 기본교육을 실시한다. 교육을 통해 핵심 가치를 재점검한 것이다. 그의 혁신은 기본으로 돌아가자는, 강력한 메시지와 함께 시작되었다.

4. 본래 기본으로 돌아가자는 말은 라틴어로 '아드 폰테스(Ad Fontes)'이다. 르네상스 시대 인문주의자들이 아드 폰테스를 말하기 시작했는데, 시간이 지나면서 그리스 사상이 변질되었기에 과거의 원전으로 돌아가자는 뜻이었다. 마르틴 루터도 종교개혁 당시 성경으로 돌아가자고 외쳤다. 진리로 돌아가자는 것이다. 만사에 기본이 있고 근본이 있다.

5. 우리는 나의 방식에 익숙해져서 현실에 안주하려는 관성이 있다. 기본기를 제대로 배우지 않으면 실력향상이 어렵다. 한계가 있다. 필자는 군대 행정반에 근무하면서 타자기를 쓰기 시작했다. 필요에 의해 기본기 없이 치기만 할 뿐. 어렸을 적에 친구들과 바닷가에 놀러 가서 생존 수영을 익혔다. 언필칭 '개헤엄'이다. 기본이 없으면 어느 정도 수준이 지나면 실력이 더 이상 늘지 않는다. 사람들은 기본으로 돌아가야 한다는 것을 알면서도 기본을 익히려 하지 않는다. 그것이 문제다.

신앙생활도 그렇다. 기본기가 중요하다. 늦었다고 해도 괜찮다. 어려울수록, 안될수록 기본으로 돌아가야 한다. 그리스도인의 근본은 예수님이다. 기본은 성경이요 교회요 믿음이다. 그리고 헌신이다. 엄중한 시대, 기본에서 멀어지기 십상이다. 근본을 잃기 쉽다. 많은 이들이 잃은 채로 살아간다. 돌아와야 한다. 돌아가기 위해 희생이 따른다. 힘쓰고 애써야 한다. 무릇 근본으로 돌아가라. 대저 기본을 회복할진저!

인공지능의 시대, 공감 능력과 창조적 상상력 (1)

필자는 코로나가 한창 성행할 때 8인의 후배 목사들과 함께 독서회를 만들었다. 한 달에 책 한 권을 선택하여 함께 읽은 후 몇몇 회원의 독서 보고를 듣고 토론하는 모임이다. 올해 들어 시작한 이 모임을 통해 최종원의 초대교회사 다시 읽기, 중세교회사 다시 읽기 등 기독교교회사 책을 위시하여 트랜드코리아 2021 등의 일반 도서까지 함께 읽고 나누는 시간을 가졌다. 10월에 우리가 읽을 도서는 "이지성, 에이트(차이정원, 2020)"라는 책이다. 책의 부제는 "인공지능에게 대체되지 않는 나를 만드는 법"이다. 저자는 자기계발, 인문학, 교육 등 다양한 분야에서 서른 권이 넘는 책을 출간한 이 시대를 대표하는 작가다. 신실한 그리스도인 이기도 한 그의 대표 저서로《리딩으로 리더하라》,《생각하는 인문학》이 있다. 아래 글은 그 책에 대한 독서보고서이다.

이 책은 총 3부로 구성되어 있다. 1부에서는 단 한 번도 경험하지 못한 시대가 오고 있다는 주제로 인간이 기계에 대체될 수밖에 없는 이유를 다루고 있다. 저자는 인류의 미래 문명은 인공지능이 될 것을 역설한다. 2부에서는 향후 10년 뒤, 대부분의 일자리가 인공지능으로 대체되고 사람은 인공지능에게 지시받는 세상이 될 것이라고 주장한다. 3부에서는 인공지능에게 대체되지 않고 인공지능의 주인이 되는 나를 만드는 법 8가지를 -에이트(eight)하라- 다루고 있다.

1부를 보자. 인류의 미래 문명은 인공지능이 될 것이라고 한다. 인공지능이 없으면 아무것도 할 수 없는 세상이 이미 20년에 도래했고 인간의 지능을 능가했다. 지금처럼 기계처럼 일하는 사람들은 앞으로 더 나은 기계인 '인공지능'에게 대체 될 것이다. 저자는 현재의 강의 시대는 더 설 자리가 없게 된다고 주장한다. 강의 위주의 교육을 받은 사람은 인공지능 시대에 1순위로 인공지능에게 대체되거나 지배되기 때문이다. 세계 최고의 대학에서는 10억 명에게 영향을 끼칠 "인공지능의 주인이 되는 강의"를 시도하고 있다. 인공지능에게 대체되지 않는 인공지능의 주인이 되는 교육을 받은 사람이 인공지능의 주인이 될 수 있다는 것이다. 그 한 교육 방법이 국제 바칼로레아(International Baccalaureate)를 도입하는 것이다. 이 교육은 스위스에서 시작된 교육 과정으로 책을 읽고 토론하고 글을 쓰는 것을 핵심으로 삼고 있다. 본래 이 교육은 강의도 없고 노트도 필기도 없고 시험도 없는 철학, 역사, 문학, 과학, 예술 분야 위주로 읽고 토론하고 소논문을 쓰는 방식이다. 일본이 2013년부터 이 교육방식을 시도하고 있다. 인공지능이 인류를 초월하고, 지식 정보 기술 분야에서 인류를 압도한다. 그러나 공감 능력 창조적 상상력을 가진 사람들은 인공지능보다 우위에 있게 될 것이다. 독서, 사색, 성찰이 중요한 시대가 되었다.

2부에서 저자는 향후 10년 뒤에는 현재 지식을 통해 가진 일자리 대부분이 사라질 것이라고 예상하고 있다. 인공지능 켄쇼가 15명이 한 달간 매달려 할 수 있는 일을 단 5분 만에 처리한다. 3차 혁명 시대까지의 전문기술은 아주 쓸모없는 것이 될 것이다. 4차 산업혁명은 기존 산업혁명 시대의 기존 일자리를 다 삼켜버리게 될 것이다. 의사, 약사와 변호사, 검사, 판사 등 법률가, 회계사, 금융회사가 사라지고 교사도 인공지능교사로 대치될 것이다. 나아가 세무사, 관세사, 변리사, 감정평가사, 보험계리사, 재무 분석사들도 인공지능으로 대치된다. 시티그룹은 2018년 발간한 보고서 "은행의 미래"를 통해 인공지능으로 인해 2025년에 전 세계 은행지점의 50% 이상이 사라지고 은행원도 50% 이상이 실직할 것으로 예측했다. 미래학자이자 런던 비즈니스 스쿨 교수인 그램 코드링턴은 "인공지능의 발달로 인해 지금 우리가 선망하는 좋은 직업들은 2025년이면 모두 사라진다"고 했다. 2017년 한국고용정보원의 보고에 따르면 2025년에 국내 일자리의 60% 이상이 인공지능에 의해 대체된다고 했고, 2030년이 되면 국내 398개 직업이 요구하는 역량 중 84.7%는 인공지능이 인간보다 낮거나 같아진다고 했다.

그러나 인공지능은 절대 가질 수 없는 인간 고유의 능력이 있다. 그것은 공감 능력과 창조적 상상력이다. 인공지능은 최고의 지식과 기술을 발휘할 수 있으나 인간이 가진 고유의 능력인 이타적인 공감 능력과 창조적인 상상력은 발휘할 수 없다. 인간만이 '선한 사마리아인'처럼, 이타주의적인 공감 능력을 발휘할 수 있다. 사람만이 타인을 이해하고 사람과 소통하는 창조적인 상상력을 기를 수 있다. 또한, 실천할 수 있다. 그것이 어떻게 가능할까?

인공지능의 시대, 공감 능력과 창조적 상상력 (2)

저자는 3부에서 이러한 공감 능력과 창조적 상상력을 가진 자가 인공지능의 주인이 될 수 있음을 역설하며 8가지의 방안을 제시한다. 에이트 1은 "디지털을 차단하라"이다. 한마디로 스마트 폰을 쓰지 말라는 것이다. 실리콘 밸리 가정과 기업에는 IT 기기가 없다고 한다. 그 기업들은 임직원들의 공감 능력과 창조적 상상력을 위해 디지털을 차단하고 아날로그를 추구하는 문화를 가지고 있다. 실리콘 밸리 사람들이 내린 결론이다. "IT 기기를 차단하는 능력을 갖추지 못한 사람들은 결국 IT 기기에 중독된다. 중독은 종속을 의미한다. 그들은 인공지능 시대가 열리자마자 인공지능의 노예로 전락할 것이다. 반면 IT 기기를 차단할 줄 아는 사람들은 IT 기기를 접촉할 시간에 독서와 사색을 하고 예술과 자연을 접하고 다른 사람들과 진실하게 교유하면서 자기 안의 인간성과 창조성을 발견하고 강화해 나갈 것이다..." 스마트 폰을 끄고 독서하고 사색하고 성찰하는 시간을 갖는 것이다. 스마트 폰 대신 자연과 만나고 사람과 소통하는 것이다. 공감 능력과 창조적 상상력을 위해서이다.

에이트 2는 "나만의 평생 유치원을 설립하라"이다. 저자는 인공지능 시대의 리더를 기르는 교육으로 몬테소리 교육을 소개한다. 그 몬테소리 교육의 창시자인 마리아 몬테소리 교육의 철학의 핵심은 자유, 몰입,

성취 등으로, 이 가치를 내면화하고 실천하는 아이가 창조적 인재가 된다는 것을 강조한다. 나아가《칼 비테 교육법》을 소개한다. 이 교육 방법을 통해 나 자신 안의 어린아이를 다시 발견하여 공감 능력과 창조적 상상력을 회복할 것을 제시한다.

에이트 3은 "'노잉'(knowing)을 버려라, '비잉'(being)하고 '두잉'(doing)하라"이다. 한마디로 지식 위주의 공부법을 버리고 생각하고 실천하는 공부를 하라는 것이다. 창조적 공감 능력과 창조적 상상력을 기르라는 것이다. 저자는 천재 2인의 생각 공부법을 소개한다. 공통적인 내용은 생각하고 사색하고 읽고 토론하고 표현하고 실천하는 것이다.

에이트 4는 "생각의 전환, '디자인 씽킹'(thinking)하라"이다. 즉 생각을 디자인하는 것이다. 스텐포드 대 D스쿨의 디자인 씽킹은 다섯 단계로 구성되어 있다. 1단계. 공감하기-관찰, 대화, 체험 등을 통해서 상대방의 마음을 이해하고 깨닫는 행위 2단계. 문제를 새롭게 정의하기-공감하기를 통해 이해하고 깨달은 것을 상대방의 관점에서 문제를 새롭게 바라보고 정의하는 행위 3단계. 문제 해결을 위한 아이디어 내기-문제 해결을 아이디어 도출하기 4단계 시제품 만들기-직접 테스트 제품으로 만들어 보기 5단계. 시험하고 검증하기-테스트 제품을 시험하고 검증해서 완벽한 제품으로 만드는 것-등이다.

에이트 5는 "인간 고유의 능력을 일깨우는 무기, 철학 하라"이다. 실리콘 밸리의 천재들이 철학에 빠졌다. 철학은 진리의 세계를 인식하는 노에시스($\nu o \eta \sigma \iota s$)이다. 이 철학적 사고능력은 세 가지 길(트리비움)을 통해 기를 수 있다. 즉 문법학, 논리학, 수사학을 의미한다. 철학서를 읽고 내용을 이해하는 것, 터득한 철학자의 사고법을 도구 삼아 내 생각을 하는 것, 즉 내 논리를 만드는 것, 또한 내 생각을 글로 쓰고 나누는 것, 즉 다른 사람들의 공감을 얻는 것이라고 보겠다. 이로 인해 생각 논리 즉, 창조적 상상력과 표현, 공감 즉 공감 능력을 기를 수 있다.

에이트 6은 "바라보고, 나누고, 융합하라"이다. 인공지능에는 윤리 도덕적 문제를 판단하고 해결하는 능력이 없다. 그것은 인간의 것이다. 윤리 도적적 문제를 판단하고 해결하는 능력을 기르고 싶다면 철학 특히 윤리, 도덕학과 문학의 융합을 추구하라, 요컨대 철학과 문학의 융합이다.

에이트 7은 "문화인류학적 여행을 경험하라"이다. 2014년 개교한 미네르바스쿨은 미국의 최고의 대학보다 더 들어가기 어려운 대학이다. 이 대학이 이토록 강렬한 존재감을 드러내고 있는 것은 교육 과정이 철저하게 인공지능 시대의 리더를 기르는 데 맞춰져 있기 때문이라고 한다. 문화인류학적인 여행을 하되 여행자가 아닌 생활인으로 이방인이 아닌 현지인으로 여행하여 경험을 쌓는 것이다. 이웃을 위한 사랑과 소통과 공감을 실천하는, 가장 인간답게 만들어주는 여행을 말한다.

에이트 8은 "'나'에서 '너'로, '우리'를 보라"이다. 인간을 인간답게 만드는 봉사를 권한다. 그 봉사는 공감과 창의성이 결합된, 인간다움을 실천하는 봉사다. 요컨대 이지성의에이트는 인공지능 시대에 인공지능의 종이 되지 않고 주인이 될 수 있는 길과 인간다움의 삶, 공감 능력과 창의적인 상상력을 실천하도록 안내하는 명저이다.

2부

그리스도인의 마음 챙김

떠나는 이의 시간, 떠나보내는 이들의 시간

지난주 월요일에 고 한성자 집사님의 장례가 있었습니다. 우리는 그날 이른 아침 수원 연화장으로 가서 고인의 주검을 처리한 후에 안산 하늘공원에 봉안하였습니다. 연화장에는 경기도 각처에서 온 장례 행렬이 줄을 이었습니다. 그날 연화장의 바깥 하늘은 맑고 날씨는 쾌청했지만, 떠나는 이를 보내는 송별식장은 먹구름처럼 무겁고도 낮게 내려앉아 있었습니다. 검은 예복을 입은 이들이 군데군데 모여 이야기를 나눕니다. 어느 누구 하나 화사한 미소를 짓거나 밝은 얼굴을 띤 모습은 찾아볼 수 없었습니다. 여기저기서 구슬픈 울음소리가 들리는가 하면 찬송 소리, 기도하는 소리도 들립니다. 한 동판에 노무현 대통령을 장례한 곳이라고 새겨져 있습니다. 지위 신분 고하를 막론하고 빈부귀천 남녀 노유(男女老幼)를 불문하고, 그것이 어떤 형태의 죽음이든지 모두가 그 길을 가야 합니다. 마땅히 떠나야 하고 어쩔 수 없이 보내야 합니다. "나 하늘로 돌아가리라..."라는 시어처럼 고 한성자 집사는 이생의 생을 마감하고 귀천(《歸天》천상병)하셨습니다.

우리는 차례에 따라 이생을 떠나는 고인의 관을 창밖 건너 화로 앞으로 보내고 지정된 3평 남짓한 8호 방에 모였습니다. 그곳에서 우리는 내세 소망의 찬송과 죽지 않고 사는 진리의 말씀으로 기도회를 열고, 남은 이들을 위해 기도한 후에 가족과 위로의 악수를 나누었습니다. 보내는 이들의 방 유리창 너머로 떠나는 이를 모시는 화로가 보입니다. 최종 환송기도회가 끝나기가 무섭게 고인의 주검을 모신 관이 화로 안쪽으로 들어갔습니다. 식장의 안내방송에 따라 창 위로 올려놓은 버티컬 가림막이 내려와 창을 가립니다. 이제는 관마저도 볼 수 없으니 영영 이별입니다.

두어 시간가량이 지난 오후 2시 30분경에 집사님의 분골함을 봉안하기 위해 안산 하늘공원을 찾았습니다. 납골묘원에는 지금도 장례 발길이 끊임없이 이어지고 있었습니다. 정사각의 25cm 남짓한 개인별 봉안함이 마치 아파트처럼 빼곡히 차 있었습니다. 봉안함마다 고인의 이름이 있고 생졸년월일이 표기되어 있습니다. 사람이 이 땅에 온 순서는 정해 있을지 몰라도 떠나는 순서는 없음은 진리입니다. 꽃이 채 피기 전에 눈을 감은 이도 있고, 한참 때 세상을 떠난 이도 있습니다. 6년 전 세월호 사고에 희생된 아이들의 납골당이 하늘공원에 조성되어 있습니다. 어떤 이는 갑작스러운 사고로, 또 병으로 세상을 떠났을 것이고 장수한 이도 있을 것입니다. 그곳에 잠든 고인들 모두 모두 저마다 제각기 삶과 죽음의 사연이 있을 것입니다. 단 1회뿐인 인생을 짧게 또는 길게 살다가 그렇게 떠난 것입니다. 안타깝지 않은 죽음, 슬프지 않은 죽음이 세상 어디에 있겠습니까? 한 집사님과 조금 떨어진 곳에 나의 모친의 봉안함을 찾아 물끄러미 바라보았습니다. 2000년 6월 28일, 꼭 1년 세월이 지났습니다. 가신 이는 시간과 상관없는 새로운 시간의 내세에 들어갔지만, 이생의 인생은 유수같이 흐르는 세월 속에서 유한한 시간을 삽니다. 누구나 한번 왔다가 아무도 모르는 때에 떠나가게 되어 있습니다. 한 번 죽는 것은 정해진 것(히 9:27), 하나님께서 돌아가라고 하셨으니(창

3:19) 순명(順命)할 수밖에 없습니다.

죽음을 '돌아가셨다', 영어로 'Passed away'이라고 합니다. 죽어서 왔던 곳 본향 하나님께로 돌아갑니다(전 3:20-21, 12:7). 죽으면 끝이 아닙니다. 죽음 후에는 내세가 있습니다. 어떤 이는 천국으로, 어떤 이는 지옥으로 가게 되어 있습니다. 그러니 죽음을 준비하고 살아야 합니다. 죽음을 준비한다는 것은 내가 언제든지 죽는다는 것을 아는 것이요 내세에 대한 확신을 갖고 종말론적 의식을 갖고 사는 것입니다. 우리는 언제 어떻게 어디서 '패스트 어웨이' 할지 모릅니다. 그러니 죽음을 대비해야 합니다. 우리는 구원과 영생 천국 확신을 갖고 준비하고 있어야 합니다. 하나님께서 믿는 자를 위해 천국을 예비해 놓으셨습니다(고후 5:1). "산대로 죽는다"라는 말이 있습니다. 잘 살아야 잘 죽습니다. 대비하고 살아야 합니다. 느닷없이 들이닥치는 죽음 앞에서 대비한 사람은 잘 죽습니다. 누가복음 12장에 나오는 한 부자는 세상에서 잘 먹고 돈 많이 벌고 편안하게 잘 사는 것에만 최고의 관심을 두고 살다가 어느 날 밤에 하나님께서 그 영혼을 불러가셨습니다. 어리석은 부자의 죽음입니다.

'memento mori', '죽는다는 것을 기억하라'라는 말입니다. 죽음을 생각하면 진실합니다. 남을 용서합니다. 남에게 베풉니다. 사랑합니다. 하루하루가 소중하여 한 날을 귀하게 보냅니다. 주님 부르실 그 날을 대비하며 영혼을 아름답게 가꿉니다. 'carpe diem' 즉 '현재(이 시간)에 충실하라'입니다. 잘 산 사람이 잘 죽는 법입니다. "죽음은 마침표가 아닙니다/ 죽음은 영원한 쉼표/ 남은 자들에겐/ 끝없는 물음표/ 그리고 의미 하나/ 땅 위에 떨어집니다/ 어떻게 사느냐는/ 따옴표 하나/ 이제 내게 남겨진 일이란/ 부끄러움 없이 당신을 해후할/ 느낌표만 남았습니다(《죽음은 마침표가 아닙니다》김소엽).

나는 예수 팬인가? 예수 제자인가? (1)

유명 연예인이나 스포츠 스타를 중심으로 많은 팬이 몰려든다. 스타를 쫓는 팬들의 무리가 '팬덤'이다. 팬들은 연예인이나 유명 스타를 향해 소리 지르고 열광한다. 우리나라에 70년대부터 팬덤이 있어 왔다. 언필 칭 오빠부대, 아줌마부대, 아저씨부대, 10~20대의 팬덤 등을 형성해 왔다. 세계적인 K-팝스타 BTS는 작년 '다이나마이트'(Dynamite)에 이어 올해 '버터'(Butter)를 히트시키면서 미국의 빌보드 차트 1위 자리에 랭크하고 있다. BTS는 전 세계에 수많은 팬을 확보했고 강력한 팬덤인 아미 (ARMY)가 있다.

2000년 전 예수님 공생애 당시에 많은 무리가 예수님을 따랐다. 예수님에게 많은 팬이 있었고 팬덤을 형성했다. 그런데 수만의 팬들이 예수님 주위에 몰려들었지만, 제자는 극소수였다. 예수님께서 보리떡 5개 물고기 2마리로 5,000명을 먹이신 사건이 4 복음서에 나온다. 이 일이 있은 후 무리는 예수님을 임금 삼으려고 했다. 그들은 예수의 열광적인 팬일 수는 있었을지 몰라도 제자는 아니었다. 예수 곁을 맴돌아 떠나간 이들은 팬덤에 불과했다. 예수와 함께 다니지 않는 이는 무리에 불과하다(요 6:66). "나는 예수 팬인가? 아니면 예수 제자인가?" 얼마 전 "팬인가, 제자인가"(원저《not a fan》, 카일 아이들먼 저, 정성묵 옮김, 두란노)를 읽고 자신이 과연 예수 제자인가를 자문해보았다. 그 자문에 선뜻 "예"하기 어렵다. 팬과 제자는 확연히 다르다. 예수님 당시 예수 주위를 맴돌다 예수를 떠난 수만만의 무리는 예수와 무관하다. 그들은 자기만족과 자신의 뜻을 이루기 위해 예수께 몰려왔다가 떠났다. 그러나 예수 제자는 예수와 동행했다. 우리는 스스로 제자라고 착각하지만, 실상은 팬에 불과할 수도 있다. 단순한 열광자인가 아니면 진정한 헌신자인가? 팬과 제자, 무엇이 다른가?

위의 책에서 첫째, 나를 따르라 둘째, 자기를 부인하라. 셋째, 와서 죽으라 등 세 파트로 글을 엮고 있다. 이를 살펴보기로 하자. 팬과 제자는 따르는 것에서부터 차이가 난다. 팬은 예수님을 믿는다고 말로만 고백하는 이요, 제자는 예수님을 실제로 따르는 자이다. 진짜 믿음은 말로만 믿는 것이 아니다. 예수를 입으로 믿는다고 고백하는 것으로 끝나지 않고 행동이 뒷받침되는 것이다. 복음서에 예수님께서 "나를 믿으라"라는 말씀을 네 번 하셨다. 그렇지만 "나를 따르라"는 말씀은 자그마치 스무 번 정도다. 필자는 성도들에게 믿음만을 강조할 뿐 제자의 길을 제대로 가르치고 있는가? 팬으로 활동하면 잃을 게 없지만, 제자의 길에는 비싼 가격표가 붙어 있다. 제자는 예수를 위하여 대가를 치른다. 밤중에 몰래 예수님을 찾아왔던 니고데모는 팬에 불과했지만, 나중에는 예수님의 장례를 준비한 제자요 헌신자가 되었다. 팬은 하나님에 관해 아는 정도다. 예수님에 대한 지식은 갖고 있다. 그러나 제자는 하나님을 진정으로 안다. 하나님과 친밀하다. 지식과 친밀함의 차이다. 그 친밀함은 마치 아담이 그의 아내 하와와 동침하매(창 4:1)라는 말씀처럼 깊은 차원의 앎(아다)이다. 남편과 아내의 성적연합을 지칭하는 표현이 하나님과 우리 사이의 앎에 대해서도 똑같이 사용된다. 경험적 친밀함, 앎이다. 바리새인 시몬이 예수님을 아는 것과 향유를 예수님 발에 부어드린 여인과(눅 7:37) 사이의 앎은 차원이 다르다. 향유를 부어드린 여인(눅 7:44-46)이 제자다. 팬은 댓가를 제대로 모르고 좋아한다. 누가복음 14장에 예수 제자가 되기를 원하는 이들이 있었다. 막연히 예수를 따르고자 하는 무리, 열의가 남다른 팬을 향해 주님을 따르는 데 있어 희생을 각오하라고(눅 14:25-26) 하셨다. 제자는 예수님보다 가족을 더 사랑해서 안 된다. 오직 주님을 사랑하는 자가 제자다. '예수님은 여러 애인 중 한 명인가? 아니면 하나뿐인 애인인가'로 판가름 난다. 오직 예수를 위해 돈을 쓴다(마 6:20). 제자는 예수로 위로를 얻는다. 나는 무엇으로 인해 과도한 열과 성을 터뜨리는가? 무엇으로, 누구로 인해 가장 신이 나는가? 오직 예수만 따르고 그분을 우선시하는 것이 제자다. 예수께 전부를 거는 자이다.

나아가서 '종교 활동을 잘한다고 될 일이 아니다.' 바리새인과 사두개인들은 예수님이 아닌 종교적인 규칙을 따르고 있다. 팬인가 제자인가를 진단하는 데 있어, '안보다 밖에 신경을 쓰고 있는가'를 살펴볼 일이다. 즉 율법적인가 은혜적인가, 하는 문제다. 율법주의자들은 행위, 외면에 더욱 관심을 둔 자들이다. 예수님께서 이를 꼬집으셨다(마 23:1-3, 13, 27-28). 나는 교회(율법적인 종교 활동) 안에 있는가 아니면 그리스도 안에(신앙의 정신) 있는가? 예수님을 진정으로 따르는 자는 마음에서 우러나와 하나님께 순종한다.

나는 예수 팬인가? 예수 제자인가? (2)

　팬과 제자의 차이는 '자신의 힘을 믿느냐 성령충만이냐'의 차이다. 예수를 따를 때 자신의 힘을 의지하면 여지없이 깨진다. 성령의 능력 없이 예수님을 따르려고 하면 오래지 않아 그 증상이 나타난다. 실패하고 좌절한다. 지치고 분이 나기도 한다. 성령충만해야 예수제자 될 수가 있다. 행 1:8-9를 보라. 팬은 자기 힘으로 예수님을 따르려고 하지만 제자는 성령의 능력을 의지한다. 우리는 매일 성령으로 충만하지 않고서 예수님을 따르려고 애써봐야 매번 실패하고 얼마 가지 않아 힘이 빠져 녹초가 된다. 예수 제자는 자신의 약함을 솔직히 인정하고 삶의 주도권을 예수님께 넘겨드리고 성령충만 받아 제자 놀음한다. 팬은 의무로 일하지만, 제자는 관계를 중요시한다. 제자는 예수님과 가슴과 가슴이 통하는 자이다. 예수 따르는 길은 좁은 길이다(마 7:13-14). 주님의 뜻을 앞세우고 그 뜻을 행하는 자가 예수님의 제자다(마 7:21-23). 제자는 행함 있는 믿음을 가진 자이다(약 2:14-16,17). 나는 예수님과 어떤 관계인가? 결국, 제자는 예수님이 알아주시는 자이다(마 7:23).

　저자는 두 번째 파트에서 예수 제자는 자기를 부인하는 자여야 함을 역설한다. 예수님의 제자가 되는 것은 예수님의 일방적인 부르심 때문이다. 예수님은 따르라고 하신다. 특별한 자격을 갖춘 자에게 말씀하시는 것이 아니다. 우리가 제자로 자원한 것이 아니라 예수님께서 우리 모두를 향한 초대다. 그리스도인은 예수님을 믿음과(요 3:16) 예수님을 따름이(눅 9:23) 중요하다. 예수님은 자격을 보지 않고 제자로 부르시지만 대가를 계산하고 따라오라 하신다. 따를 때 불같은 사랑으로 예수님을 따른다. 자기를 부인하고 날마다 제 십자가를 지고 따를 것이라(눅 9:23)고 하셨다. 예수님의 제자는 죽도록, 예수님을 따를 때 전부를 거는 자이다. 밭에서 값진 진주를 만난 자가 자기 소유를 다 팔아 그 밭을 샀다(마 13:44). 팬은 희생 없이 즐기기만 하는 자이지만, 제자는 자기를 희생한다. 예수님에 대한 사랑을 고백한다. 열정으로 사랑한다(계 2:4-5). 진정한 예수의 제자가 되려면 인생의 근사한 기회를 포기한다. 자기를 부인하고 예수를 선택하는 삶이다. 예수를 따르는 일을 선택할 때 전부를 잃는다 해도 그 결심은 변함이 없다. 자기의 물질을 다 포기하고(마 19:) 권리를 포기한다. 그는 날마다 헌신한다. 죽고 죽는 자이다. 그리스도의 제자의 슬로건은 "와서 죽어라"(come and die)이다. 편안하게 십자가를 질 방법은 없다. 예수님을 따르기로 결심하는 것은 때로는 참을 수 없으리만치 고통스러운 십자가를 감내하기로 결심하는 것이다. 고난 없이 십자가를 질 수 없다. 고통과 불편을 감수하는 것이다. 예수님의 제자는 날마다 십자가를 지고 자신을 죽인다. 예수 제자의 길이다.

세 번째 파트는 가장 충격적인 부르심으로 '와서 죽어라'는 것이다. 제자는 예수님이 지시하시면 어디든지 따라나선다. '따르라'는 것은 명령이다. 어디든지 만사를 제쳐놓고 먼저 어디(서)든지 주님을 따른다. 어디든지 라고? 팬들은 일터로 들어가는 순간, 제자의 옷을 벗어 던진다. 팬은 '야망'이라 부르며 정당화한다. 팬은 정직하지 못한 거래를 '사업수완'이라 부른다. 팬은 직장에서 그리스도인의 티를 절대 내지 않으면서

'배려'라고 말한다. 요나는 다시스로 도망하려(욘 1:3) 했다. 예수님은 자신을 따르는 길을 위험하고 불확실한 여행으로 묘사하셨다. 모든 것이 미지수였다. 예수 제자가 되기 위해서는 나를 포기해야 한다(눅 9:57-58). 언제든지 예수 제자가 된다. 제자는 '지금'은 안 된다고(눅9:59-60) 말하지 않는다. 예수님의 초대장(따르라)의 유효기간은 바로 오늘이다. '곧'이다(마 4:20, 22). 팬들은 '지금 당장은 따르지 않는다고 예수님을 거부하는 건 아니다. 단지 조금만 미룰 뿐이라'는 식으로 미지근한 신앙을 정당화한다. 팬들은 내일만을 이야기한다. 예수님이 따라오라고 하실 때는 당장 따라오라는 말씀이다. 바로 오늘이다. 히 13:15을 보라. 때는 지금이다. 저자의 결론은 '전부를 드리지 않으면 드리지 않는 것이다'이다. 예수님을 따르는 것을 미루고 뒤를 돌아보는 이에게 예수님은 '하나님의 나라에 합당하지 않다'고 꾸짖으셨다(눅 9:62). 예수님을 따른 데 전부를 걸기를 원하신다. 예수님이 원하시는 헌신의 수준은 '전부'다. 예수님의 제자로 따르는 데 문제가 되는 것이 종교적인 평판(니고데모)이나 물질(부자 청년)이나 가족(무명의 구도자)이 될 수 있다. 예수님 앞에 전부를 내려놓고 오직 그분만을 따라야 마침내 진정한 기쁨과 만족이 찾아온다. 예수님을 따라가면서 뒤에 있는 무언가를 돌아보고 있다면 바로 그것이 우상이다. 그 한 가지를 포기할 때 마침내 오랫동안 손에 잡힐 듯 잡히지 않던 만족이 찾아온다. 다시 자문해본다. "나는 팬인가 제자인가?" 제자(disciple)는 태어나는 것이 아니다. 훈련(discipline)되어 진다.

위기의 교회학교의 해결점은 가정에 있다

지난 목요일에 대전제일교회에서 대한예수교장로회총회 교육자원부 정책협의회가 열렸다. 그 모임은 신년도를 앞두고 106회 총회 주제에 따른 교육정책을 전달하는 자리다. 근 2년간 코로나19를 겪은 한국교회는 장년부는 물론이거니와 모든 교회학교가 상당한 침해를 입었다. 그것은 통계 숫자가 말해준다. 우선 한국갤럽에서《한국인의 종교 1984-2021》을 발표한 결과에 따르면, 2004년도에 종교인구가 54%였으나 2021년에는 40%로 줄었다. 이 40% 안에는 모든 종교가 다 포함되어 있다. 성별로는 남성종교인구가 급감하고 있고, 나이별로는 젊을수록 종교인구의 비율이 낮게 나타나고 있는데, 19~29세의 가장 젊은 연령대는 22%만이 종교인인 것으로 드러나고 있다. 특히 비종교인이 호감을 느끼는 종교는 불교 20%, 천주교 13%, 개신교 6% 순으로 나타나고 있는데, 비종교인의 94%가 개신교에 호감을 느끼고 있지 않다는 것이 문제다.

한국교회 교회학교 학생 수 통계를 보면, 우리 교단의 전 부서가 현저히 감소한 것으로 나타났다. 소년부의 경우 지난 10년 사이에 43.0%나 감소하였고, 유년부 33.7%, 초등부 36.6%로 전체 초등학생의 경우 38.33%가 감소했다. 중고등부는 39.1% 감소한 것으로 나타났다. 이 기간에 초등학교의 학령인구가 12.7% 감소했는데 교회에 다니는 초등학생은 25.6% 정도가 더 감소한 것이다. 교회학교 교회별 학생 수를 보면 20명 이하가 70.5%이고 21~50명 이하 11.8%, 51-100명 이하가 8.9%이고 101~200명 이하가 5.7%이고 201~500명 이하가 2.0%, 501명 이상은 1.1%에 불과했다. 교회학교를 운영하는 여부를 보면 35%가 교회학교가 없고 65% 정도가 교회학교가 있는 것으로 나타났다. 그마저 학교 학년에 맞춰 세분화하여 운영하는 교회는 7.3%, 한 개 부서로 통합한 경우는 8.6%, 유치부, 초등부 또는 유년부, 소년부 등으로 세분하여 운영하는 교회학교가 19.8%에 불과하고, 20.8%는 아동부, 청소년부로 통합하여 운영하고 있다고 한다. 특히 코로나19 시대에 현장예배를 드린 교회가 23.9%, 동영상을 이용한 온라인예배와 현장예배를 함께 드린 교회가 35.1%였고, 그 외에 13.1%는 예배를 드리지 않았으며, 동영상 온라인예배를 드린 경우 11.3%의 통계를 보여주었다. 현장 공과공부를 진행한 교회학교가 40.2%, 예배만 드린 교회는 25.6%였다는 것이다. 코로나19는 학생들이 교회에 나오지 않게 했을 뿐 아니라 정상적인 예배가 시행되지 못하였음을 보여주는 통계다. 교사 자원이 많은 500명 이상의 중대형교회를 제외하고 많은 교회가 교회학교 교육을 제대로 시행하지 못하고 있는 것으로 나타났다. 응답교회의 72.3%가 주일예배 참석인원이 줄었고, 26.5%만이 변화가 없다고 답하였다.

지난 2년, 코로나 팬데믹은 사회 전반은 물론이고 교회, 특히 교회학교에 큰 충격을 가져다주었다. 코로나19가 언제 종식될지 예측불허다. 신년도에도 코로나19가 이어질 것이다. 우리의 소망은 코로나19가 종식되고 모든 세상사가 정상화되는 것이고, 교회 특히 다음 세대, 자녀들을 세우는 교회학교가 정상화되는 것이다. 한국교회 초미의 관심은 다음 세대, 교회학교에 있다고 해도 과언이 아니다. 교회학교 교육체제가 어떤 변화를 가져와야 할 것인가? 코로나19 이후의 교회학교를 전망하는 물음에서 '가정, 부모와 교회, 목회자, 교사의 협력'을 1순위로 꼽은 응답자가 67.3%로서 가장 많았고, 그다음이 교회학교 부서 통합이 13.4%로 가장 많았다고 나왔다.

2021년도에 우리 총회에서는 온라인과 오프라인을 함께 활용하는 예배와 교육, 가정과 교회학교 연계 교육 등 두 가지에 초점을 맞추었다. 아무리 교회학교 운영 시스템과 교재 학습기술이 중요하다 하더라도 '가정과 교회의 연계, 부모와 교역자, 교사의 연계'로서 교회학교 중심 체제에서 가정과 부모의 신앙교육 역할과 기능을 강조하는 체제로의 전환이다. 한마디로 가정과 교회가 연계된 교회교육 체제가 필요한 것이다. 곧 교회-가정연계 교육목회, 가정에서의 신앙교육이 참으로 절실하다. 코로나19 시대에 학교 교육도 가정학습으로, 예배당에서의 예배로 가정예배로 대치, 전환되었다. 가정으로 보내어 부모에게 교육의 사명을 부여했다. 그동안 부모가 자녀를 학교로, 학원으로, 주일학교로 보냈다. 그런데 코로나19 상황으로 인해 그들은 다시 가정으로 부모의 품으로 돌아왔다. 이제 신앙교육 중심이 가정이 되어야 하고 부모가 가정에서 자녀를 신앙으로 지도하고 가르쳐야 하고, 가정과 교회학교가 긴밀하게 연결되어야 한다. 가정에서 예배하고 기도할 뿐 아니라, 가정에서 신앙교육하고 가정에서 신앙과 인격이 정립되어야 한다. 교회학교 교육은 교회 담임목사와 교사가 책임져야 한다. 뿐만이 아니다. 부모가 가정에서 일단의 책임을 져야 한다. 가정에서 안 되면 어렵다. 가정과 교회학교, 교회학교와 가정의 상호 연계가 급선무다.

이제 우리는 '복음'으로 돌아간다

코로나19가 팬데믹이 된 지 3년째다. 코로나19가 언제 종식될지에 대한 물음에 대한 답은 "모른다."가 가장 확실한 대답이다. 작년 하반기에 들어서면서 코로나19 백신이 보급되고 순조롭게 접종이 진행됨에 따라 코로나19가 머지않아 종식될 줄 알았다. 더구나 11월부터 소위 '위드코로나' 단계적 일상회복이 시작되면서 이제 곧 코로나19에서 해방될 것이라 기대가 충천했다. 그렇지만 그게 아니었다. 바이러스가 변이를 거듭하면서 기대난망이 되고 결국 당국에서는 12월이 들어서면서 3차 접종을 재촉했다. 이름도 어려운 부스터 샷이다. 이제 3차 접종을 하지 않으면 바깥세상에 문을 열고 들어가기도 어렵게 되었다. 방역 패스를 적용하니 말이다. 그래도 그것으로 좋은 세상이 오면 좋으련만, 추가 백신 접종의 명칭이 거론되기 시작했다. 이미 이스라엘에서는 4차 접종을 시작했다고 한다. 우리나라에서도 부스터 샷은 의무가 되었고 이제 곧 고위험군을 중심으로 4차 접종을 검토할 정도다. 접종 후 몇 달이 못 되어 항체가 급격히 감소하기 때문이란다. 호사가들은 4차를 넘어서 5차 접종(파이널), 6차 접종(피니쉬), 7차 접종(디엔드) 등의 이름으로 접종명을 붙이기도 한다. 그래도 그것으로 끝나면 좋으련만! 과연 오미크론 변이가 약해져서 얼마 가지 않아 코로나19가 사라질지(우리 모두의 소망), 아니면 어떤 전문가의 말마따나 수년 정도는 더 갈지, 또 다른 변이가 계속 등장하여 애프터코로나를 기대하기 요원할지, 그 누구도 모를 일이다. 설레발들 조심(!).

아무리 코로나19 해결점을 딱히 찾지 못하고 전망이 예측불허(예상할 수 없는 것을 예상함)가 가장 확실해도 삶은 어떻게든 방법을 찾아낸다. 생명(生命)은, 살라는 명령이다. 그 명령을 거스를 수 없다. 어떻게 해서든지 삶은 살아내는 것이고 살아지는 것이다. 코로나19라는 세기적 변고가 계속되는 가운데 맞이한 2022년도도 살아지게 되어있다. 그러니 코로나19 종식 이후의 애프터 코로나 삶의 방식에 대한 정답을 찾기보다 우리가 언제나 추구해 왔던 '변하지 않는 본질', '본래의 가치'를 되돌아봐야 한다. 변하지 않는 그 무엇이다. 우리는 10년 100년 1000년 뒤에도 변하지 않는 것, 결코 변할 수 없고 변해서는 안 되는 것, 그것을 추구해야 하고 그것에 투자해야 한다. 미국 경제 전문지 〈포브스〉가 4년 연속 세계에서 가장 부유한 인물로 꼽은 아마존의 최고 경영자 제프 베이조스는 변하지 않는 것, 즉 본질에 대한 선행된 이해가 중요하며, 이를 기반으로 한 전략 수립이 사업 성공 요인임을 강조했다. 우리 기독교에 있어 그것이 무엇인가? 바로 복음이다.

2022년도 대한예수교장로회총회의 주제가 "복음으로 교회를 새롭게, 세상을 이롭게"이다. 코로나19 팬데믹 속에 직면한 교회의 '위기'를 신앙의 본질인 '복음'으로 돌아가자는 슬로건이다. 이에 우리 교회는 거대 담론을 좁혀 "복음의 능력으로 충만한 교회"로 신년도 표어를 정하였다. 2000년대에 들어서면서 교인감소 바람이 불기 시작하였고 최근 10년 어간에 급격한 침체를 겪게 되었다. 더구나 코로나19로 인해 장년부과 교회학교를 막론하고 더 많은 수의 교인이 눈에 띄게 감소한 것은 안타깝고 불편한 진실이다. 이런 위기 가운데서 우리는 2021년도에 '회복'을 갈구했다. 그렇지만 이제 '복음'을 키워드로 내세워 교회의 본질인 복음으로 돌아가기를 희구한다.

한국교회는 70~90년대 초까지 큰 부흥을 가져왔다. 당시 한국교회는 소위 성공신학, 번영신학, 부흥신학, 성장신학을 팔아 큰 교회와 부흥을 이루었다. 그와 더불어 큰 경제성장을 경험했다. 언필칭 '산업화,' '민주화,' '세계화'를 이루었다. 이제는 그런 이념은 통하지 않는다. 이전에 최고의 담론이었던 '교회 성장'은 한국교회와 무관한 것이 되고 말았다. 한국교회는 이미 본질에서 멀어졌고 본질을 잃었다. 이제라도 본질로 돌아가야 한다. 회복은 주님께 맡기고 그냥 본질로 돌아갈 것만 생각한다. 예수님께서 승천하시기 직전에 제자들에게 예수님께 여쭈었다. "주께서 이스라엘 나라를 회복하심이 이때니이까?" 예수님께서 "때와 시기는 아버지께서 자기의 권한에 두셨으니 너희가 알 바 아니요 오직 성령이 너희에게 임하시면… 내 증인이 되리라"(행 1:8) 하셨다.

회복은 하나님의 손에 있다. 예수님의 관심은 제자들이 예수님의 증인되는 것이다. 복음이 본질이요 복음의 사람이 되고 복음의 증인 되는 것이 먼저 선행되어야 할 것이다. 코로나19로부터 우리가 언제 회복될까에 대해서는 판단중지하고, 2022년도에 우리 교회의 표어대로 우리 모두 복음의 사람이 되고 복음으로 무장하여 복음의 증언자가 되기를 소망해 본다.

복음이 무엇인가?

복음(福音)은 한마디로 복된 소식이요 좋은 소식이다. 우리 기독교에서 보편적으로 쓰는 상용어다. 복음은 유앙겔리온(희)으로 $ευ$(희, 유) '좋은'과 $αγγελια$(희, 앙겔리아,) '소식'의 결합으로서 좋은 소식(영, gospel)이다. 이는 고전어에서 좋은 소식을 전하여 주는 자에 대한 보수를 뜻했으나 차차 좋은 소식 자체를 가리키게 되었다. 이 낱말은 신약에 채택된 후 기독교에서 가장 중요한 말이 되었다. 즉 그리스도로 말미암은 구원의 소식을 가리키는 것이다. 그리스도의 오심이 복음의 시작이다(막 1:1). 예수님께서 세례받으신 후에 하나님의 복음을 전파하시기 시작하셨다. 예수님께서 하나님의 복음을 전파하실 때에 제 일성으로 외친 말씀은 회개하고 복음을 믿으라(막 1:15)이다. 복음은 천국(하나님의 나라)의 복음이요, 하나님께서 그리스도를 보내셔서 인류를 구원하시는 좋은 소식이다.

바울은 복음을 소개하기를 그리스도의 오심에 적용하고, 궁극적으로 그리스도 자체를 복음이라 하였다(롬 1:1-4). 예수님이 복음의 주체요 주인공이시다. 복음의 예언은 창 3:15에서부터 시작되었다. 복음은 '하나님이 선지자들로 말미암아... 성경에 미리 약속하신 것이라'(롬 1:2)고 했다. 오실 메시야에 대한 예언은 아브라함(창 22:18), 모세도(신 18:15), 다윗도(시 110:1) 하였다. 이사야, 예레미야 등 문서 선지자에 한하지 않는다. 구약의 모든 예언은 오실 메시야에게 집중되어 있다. 구약은 오실 메시야에 대한 약속이다. 그 약속의 성취로 오신 메시야 예수그리스도께서 복음의 중심이요 복음의 역사의 시작인 것이다. 예수님 오심이 큰 기쁨의 좋은 소식이요 구주가 나신 소식이다(눅 2:10-11). 이 복음은 율법의 성취이다. 율법과 선지자는 세례자 요한 때까지이나 그 후부터는 하나님 나라의 복음이 전파되어 사람마다 그리로 침입한다(눅 16:16). 율법은 모세로부터 주어졌지만, 복음은 은혜와 진리로서 예수그리스도로 말미암아 온 것이다(요 1:16,17). 예수님은 옛 언약의 성취자이시요, 새로운 언약의 보증이시다(히 7:22, 8:6-13, 히 10:9).

복음은 그리스도의 복음(막 1:1, 고전 9:12, 갈 1:7, 빌 1:27, 살전 3:2)이요 하나님의 복음이다(롬 1:1, 롬 15:16, 살전 2:8, 벧전 4:17). 또한, 하나님의 은혜의 복음이요(행 2:24) 천국(하나님의 나라) 복음이다(마 4:23, 마 24:14, 눅 16:16). 평안의 복음(엡 6:15)이요 화평의 복음이다(행 10:36-33). 또한, 영광의 복음이요(고후 4:4, 딤전 1:11), 영원한 복음이다(계 14:6). 이 복음은 겨자씨로(마 13:31,32, 막 4:30-33, 눅 13:18,19, 좋은 씨로(마 13:24-30, 36-43), 누룩(마 13:33), 좋은 진주(마 13:45,46, 눅 13:20,21), 밭에 감추인 보화(마 13:44)로 비유되었다.

복음은 우리를 구원하시기 위해 이 땅에 오신 예수님이요 이를 위해 행하신 일이 복음의 내용이다. 즉 예수님의 십자가에 피 흘려 죽으심과 부활과 승천이다(고전 15:1-5). 복음의 힘과 역사에는 어떤 것이 있는가? 복음은 우리를 구원하시는 하나님의 능력이다(롬 1:16, 고전 1:18, 15:1,2). 우리를 구원하시기 위해 이 땅에 오신 하나님의 아들 주 예수 그리스도를 통해 우리는 구원 얻었다. 그 구원은 죄와 죽음과 마귀와 패역한 세상으로부터의 구원이다. 구원의 여정으로는 예정하심, 택하심, 부르심, 의롭다 하심, 거룩하게 하심, 영화롭게 하심(롬 8:30)을 포함한다. 특히 복음은 믿는 자를 의롭다고 칭하신다(롬 1:17, 3:26, 롬 4:2-5). 복음은 하나님과의 관계를 새롭게 한다. 거듭난 새사람이 되고 구원받은 하나님의 백성이 된다. 성령의 인침을 받아 성령의 인도와 도우심을 받고 성령님의 인도하심에 순종하는 전혀 새로운 차원의 삶을 살게 된다. 복음은 성삼위일체 하나님의 역사다. 하나님이 계획하시고 때가 되매 예수님을 통해 복음을 성취하시고 성령님을 통해 복음을 적용하게 되었다.

이 복음을 통해 받는 은혜와 호혜는 회개하고 복음을 믿는 데 있다(막 1:15). 즉 진리의 복음을 듣고 회심하고 회개하여 오직 복음의 중심이신 예수님, 복음의 내용인 예수님께서 우리를 위해 행하신 일을 인정하고 믿는 믿음이다. 그 믿음이 구원 얻게 하고 영생 얻게 하고, 의롭다 함을 얻게 하고 새사람 되게 한다. 언필칭 '이신득의(以信得義)', '이신득구'(以信得救)의 진리다. 영생을 얻되 썩지 아니하고 더럽지 아니하고 쇠하지 아니하는 영원한 하나님의 나라의 기업을 받는다(벧전 1:4). 이는 오직 복음의 말씀을 듣고 회개하고 복음이신 예수님을 믿는 데 있다. 이 복음이 듣는 자에게 믿음과(행 15:7) 성령과 큰 확신으로(살전 1:5) 작용할 때 복음의 놀라운 역사가 일어난다.

가족해체' 시대, 가족에 대한 성찰

　우리 한국 사회에서 1인 가구가 급속하게 늘고 있음은 주지의 사실이다. 2021년 현재 1인 가구는 전체 가구의 31.7%인 664만 3천 가구로, 그 비중은 지속해서 증가하고 있다. 노인 1인 가구는 166만으로 5년 새 44만 가구가 증가했고 65세 이상 고령층 다섯 명 가운데 한 명은 배우자와 자녀 없이 홀로 사는 것으로 조사됐다. 이는 노인 요양 시설 등 집단 가구에 거주하는 고령층을 제외한 수치다. 80세 이상 홀로 사는 노인은 47만 가구로 2015년(31만 3000가구)보다 50% 급증했다. 20~30대 1인 가구는 2015년 184만 가구에서 2020년 238만 2000가구로 54만 2000가구가(29%) 늘었다. 우리나라의 전통 가족 구조인 씨족 중심의 대가족에서 부부 중심의 핵가족을 넘어 현재는 1인 가족 중심으로 전환되면서 혈연으로 구성된 가족의 해체가 가속화되고 있는 형국이다.

　가족은 사회의 기본단위요 기초 공동체로 한 가구를 이룬다. 이러한 혈연공동체로서의 가구와 가족의 개념이 급속도로 바뀌고 있다. 그 이유야 차치물론하고 우리 사회에 가족공동체의 개념이 약화되고 있는 것은 명약관화하다. 아무리 그렇다 해도 가족이라는 구성원을 이루게 한 혈연관계가 없어지는 것은 아니다. 사람은 어떤 누구도 가족관계에서 벗어날 수 없다. 혈연을 통해 이 땅에 태어났기 때문이다. 남녀가 함께 가족이 돼 자녀를 생산하여 혈연을 통한 가족공동체 가정을 이루는 것은 하나님의 섭리다. 미혼으로 1인 가구로 살거나, 남녀가 아무리 혼인하여 함께 살아도 자녀가 없다면 가정이라고 하기 어렵다 그렇지만 아무리 가정이라는 울타리가 없어져도 가족관계는 살아있다. 이전에 혹독한 비난을 표현하는 비속어로 "호적을 파라" 운운하기도 했지만 아무리 그렇다 해도 가족은 가족이다. 가족이 귀하고 가정이 소중한 것은 두말할 나위 없다. 그럼에도 불구하고 우리나라에서는 가족에 대한 중요성이 사라지고 있는 듯하다. 한 설문 조사 수치가 이런 세태의 정서를 말해준다.

지난해 11월 미국에 있는 여론조사 기관인 퓨리서치 센터가 전 세계 선진국을 대상으로 '삶에서 가장 가치 있게 생각하는 것이 무엇인지'를 조사했다. 17개국 성인 1만8850명을 대상으로 조사한 결과 삶에서 가장 가치 있게 생각하는 것으로 '가족'을 꼽았다. 응답자의 38%, 10명 중 4명에 가까운 사람들이 '가족'을 삶의 최고의 가치로 생각하면서, 그 안에서 행복을 누리고 있는 것으로 나타났다. 17개 국가 중 14개 국가의 국민이 '가족'을 삶에서 가장 가치 있게 생각했다. 그 반면에 3개 나라는 가족 이외에 다른 것에서 삶의 가치를 찾았다. 그중의 하나가 우리나라이고 두 나라는 대만과 스페인이다. 대만은 '사회'(38%), '물질적 행복'(19%)에 이어 '가족'(15%)을 세 번째로 꼽았으며, 스페인의 경우는 '건강'(48%), '물질적 행복'(42%), '직업'(40%)에 이어 '가족'(36%)를 네 번째로 꼽았다. 우리나라는 1순위로 꼽은 삶의 가치는 '물질적 행복'(19%)이다. 이는 17개국 중 유일하게 물질적 행복을 삶의 최고의 가치로 꼽았다. 물질적 행복에 이어 2위는 건강(17%), 3위 가족(16%), 4위 일반적 만족감(12%), 5위 사회와 자유(각각 5%) 순으로 꼽았다고 한다. 이 조사 결과를 두고 볼 때 14개 국가가 삶의 행복을 '가족'에서 누리고 있는 반면에 우리나라 사람들은 '물질(경제)'에 제1의 삶의 가치를 두고 있다는 것이 의외다. 우리 사회에서 가족의 의미와 중요성이 이토록 약화될 수 있는가?

하나님께서 사람을 남자와 여자로 만드시고 가족을 이루어 함께 살게 하셨다. 바로 가정이다. 거기에서 사람을 생산하여 역사를 만들어 가게 하셨다. 가정은 신성하다. 가족관계는 어떤 무엇도 비교할 수 없을 정도로 소중하다. 더구나 신앙생활에 있어서 가정의 의미는 지대하다. 가족의 가치는 고귀하다. 가정이 살아야 교회가 산다. 가족을 통해서 교회생활을 더 잘할 수 있다. 가족이 신앙생활의 방해요인도 될 수 있고 신앙 정립과 성숙과 향상에 최상의 요인이 될 수도 있다. 한국교회는 코로나19 시대를 겪으면서 가족 중심의 신앙생활이 소중함을 더욱 절감하고 있다. 우리 교회는 수년 전부터 찬양예배 시간에 교회학교 '간 세대 예배'를 드려왔다. 작년부터는 매월 첫 주일 찬양예배는 교회예배 대신 가족이 함께 모여 가정예배로 드리고 있다. 올해 우리 교회 실천 목표 가운데 하나가 '불신가족을 전도하여 가정을 구원하는 교회'로 세웠다.

아무리 세상인심이 바뀌어 가족의 가치가 3순위로 밀려나는 세태지만 그리스도인은 가족을 소중히 여겨야 한다. 가정이 모든 삶의 기본이다. 가정에서 잘되면 모든 곳에서도 잘 된다. 내일모레는 설날이다. 가족을 생각하는 절기다. 가정의 소중함을 깨우치는 명절이다. 내가 의지할 가족은 어디에 있는가? 나의 가정의 영적 형편은 어떤가? "누구든지 자기 친족 특히 자기 가족을 돌보지 아니하면 믿음을 배반한 자요 불신자보다 더 악한 자니라"(딤전 5:8).

사도전승에 나타난 초기교회의 성찬 성례 전

천주교의 성례가 7가지인 반면에 개혁교회에서는 세례와 성찬, 두 가지 성례를 지켜오고 있다. 특별히 성만찬 예식을 시행함에 있어서 가톨릭교회는 초대교회가 지켜왔던 성만찬 예식의 포메이션을 따르고 있다. 그 예식순서의 원안은 "사도전승"에 잘 나타나 있다. 사도전승은 속사도 (12사도의 직계 제자)시대를 넘기면서 이 땅에서 사라질 뻔했던 초대교회 성례전의 기록들을 상세하고 질서 있게 수록하여 기독교 성례전의 전통을 확립해 준 매우 중요한 문헌이다. 이 문헌은 165년경에 거룩한 순교의 피를 흘리고 장렬한 죽음을 맞이한 순교자 저스틴(Justin Martyr)이 남긴 성찬 성례전 기록과 211년경 속사도시대의 거장 터툴리안이 그의 논문 "면류관"에서 기술하고 있는 일반적인 성례전 유형 등이 상세히 정리되어 있는 기록이 바로 "사도전승"(아포스톨리케 파르도시스)이다. 사도전승의 저자에 대해 이론(異論)이 있으나, 일반적으로 히폴리투스의 작품이라고 보기도 한다. 이 문헌은 간결한 문장으로 약 25쪽, 43장의 분량으로 기록되어 있다. 그 가운데 주목할 만한 것은 사도들로부터 이어받은 예배, 예전 특별히 성찬 성례전과 교회의 전반적인 지침들이 생생하게 제시되고 있는 점이다.

성찬이라는 명칭은 기본적으로 감사를 드리는 것(유카리스테우)을 의미하였다. 이에 기초하여 성찬식을 유카리스트(Eucharist)라는 어휘로 표현한다. 이 성찬 성례전에서 갖게 되는 감사의 의미는 하나님께서 예수그리스도를 통하여 수난과 부활의 역사를 통하여 구원의 대역사를 이룩하신 것을 상기하고 재현(아남네시스)하는 가운데서 우러나오는 것이었다. 요컨대 사도전승의 성찬 성례전은 바로 주님의 죽음과 부활을 재현하는 성례이며 여기서 거룩한 신비를 경험함을 강조한다. 그리고 이 신비의 성례전을 통하여 참여자들을 진리 안에서 일으켜 주시고 믿음이 굳어지도록 성령님이 역사하신다는 것을 가르치고 있다.

당시 성찬 성례전의 집례자는 누구였던가? 사도전승에는 교회의 직분을 크게 두 부류로 나누고 있다. 하나는 사제의 기능을 가지고 교회를 먹이고 성례를 집례하는 성직자들이었다. 감독 또는 주교를 지칭하는 직분의 목회자였다. 또 하나의 부류는 이 성직자들의 목회를 돕기 위하여 선임된 봉사자들이었다. 두 번째 사도전승에 나타난 성직은 현재의 신부, 목사로 이해되는 프레스부테로스(장로)라는 직분이다. 이들이 성찬 성례전에서 감독자와 함께 성찬을 집례했다. 그다음의 부류로서 디아코노스로 봉사자 또는 부제로 번역되는 직분이었다. 이들은 감독자의 명령을 이행하며 감독자에게 봉사하기 위해 세워진 직분이다.

그 진행 과정을 보자. 먼저 성물의 봉헌과 인사의 교환으로 시작하여 감사기도로(유카리스티아) 이어진다. 이는 성찬기도 또는 축성 기도로 번역되기도 했다. 이 기도 안에는 주님의 나심과 구속을 위한 수단 죽음, 부활하심을 감사하는 내용을 담고 있다. 또한 성찬 성례전을 위하여 주님이 친히 제정하신 말씀을 담고 있다. 그 성례전이 죽으시고 부활하신 예수그리스도를 회상하고 재현하는 기념(아남네시스)으로써의 의미임을 강조한다. 또한, 이 기도에 실린 내용은 성찬기도에서 가장 중요한 부분으로 성령의 임재를 구하는 기도인 에피클레시스이다. 본 기도를 끝맺으면서 드리는 하나님을 향한 영광송이다.

그다음으로 봉사자들에 의하여 봉헌된 성물(빵과 포도주)은 성령님의 임재를 위한 기도를 드림으로 거룩한 변화를 일으키게 됨을 믿게 한다. 이상과 같은 기도가 끝난 다음에 집례자는 이 성찬에 참여하는 자들에게 주님의 살의 찢기심과 흘린 보혈이 어떤 의미와 교훈을 주는지 설명한다. 그리고 나서 빵과 포도주를 나눈다. 먼저 빵을 쪼개면서 "이것은 하늘의 빵인 예수그리스도의 몸입니다"라고 한다. 이후 잔을 줄 때 "이는 우리 주 예수그리스도의 피입니다"라고 말한다. 빵을 받은 사람은 반드시 "아멘"을 하도록 했다. 그리고 세 번째로, 젖과 꿀이 섞여 있는 잔과 물을 더 받도록 하였다. 이때의 성찬 성례전의 진행은 빵을 다 나누어 준 다음에는 잔을 주기 위한 단계에서 집례자를 돕는 부제들이나 보조자들 중 세 사람이 함께하게 되었다. 한 사람은 물을 들고, 두 번째의 사람은 젖과 꿀이 섞인 잔을 들고, 세 번째의 봉사자는 포도주를 들고 있도록 하였다.

이러한 절차가 바로 초대교회 때에 철저히 행하여졌던 성찬 성례전의 모습이었다. 여기 관심을 끄는 것은 젖과 꿀을 주었다는 사실이다. 이는 죄의 종으로 살던 과거를 벗어버리고 주님 안에서 가나안 복지의 경험을 하게 하는 의미를 부여했을 뿐 아니라, 주님의 한결같으신 모성적인 보호를 경험하게 하는 데 주안점을 두었다. 그리고 물은 새로운 수찬자들이 세례와 견진을 통하여 받은 은총의 의미를 새롭게 경험하게 하는 것이었다.

거룩한 성찬에 대해 알아야 할 것 (1)

　종교개혁자들은 교회의 표지를 세 가지로 들었다. 곧 참된 말씀, 거룩한 성례의 시행, 이 두 가지가 잘 이행되도록 돕는 권징(勸懲) 등 셋이다. 이 중 말씀과 성례는 은혜의 수단이다. 교회의 표지에서 참된 말씀과 신실한 성례는 빠질 수 없다. 그리스도인들은 오직 믿음으로만 그리스도께서 베푸시는 모든 은혜에 참여하는데, 그 믿음은 성령께서 우리에게 주신다. 성령께서는 거룩한 복음전도(말씀)를 통해 우리 마음에 믿음을 일으키시며, 거룩한 성례의 시행을 통해 이 믿음을 확고하게 하신다(하이델베르커 문답 65). 고대 기독교 초기 때부터 전통적으로 예배 시에 말씀 예전이 있고 성례전이 각각 있어 왔다.

　예수님이 처음으로 시작하셨고, 주님 다시 오실 때까지 시행하라고 하셨다. 무엇보다 성만찬에 동참하는 것은 단순히 떡과 포도주를 먹고 마시는 것이 아니라 그리스도의 희생 제사와 모든 구원 은혜에 동참하는 것을 강조하고 있다. 즉 그리스도의 희생 제사를 회상하고 그로부터 오는 구원을 확신하는 것이다. 쪼개진 빵을 먹고 부은 잔을 마셔 주의 살로 먹고 주의 잔에서 마시는 것으로 기념하고 기억한다. 주께서 우리의 죄의 용서를 위해서 그 몸을 찢으셨고 그의 피를 흘리셨음을 기억한다. 주의 성찬에서 주의 몸이 나를 위해 깨어졌으며, 그 피가 흘려졌음을 내

눈으로 확실하게 본다. 성찬은 보이는 하나님의 말씀이다(어거스틴). 성찬 상에 올린 빵과 포도주를 받고 단순히 그것을 보는 것이 아니라, 그의 몸이 나를 위해서 찢겼고 그 피가 나를 위해서 흘려졌음을 확실하게 보는 것이다. 말씀선포로 그리스도의 구원사역을 들었지만, 눈으로 그의 몸이 나를 위해서 찢겼고 그 피가 나를 위해서 흘려졌음을 보는 것이다. 비록 우리가 손으로 떡을 받아먹고 받아 마시지만, 그것은 그리스도께서 우리에게 먹고 마시게 하시는 것이다. 이렇게 주의 떡과 잔을 먹고 마심으로 우리로 영생에 이르게 하셨다(요 6:51, 53-54). 성찬상에서 빵과 포도주를 받아먹고 마시는 것은 주께서 내 죄의 용서와 영생을 위해서 피 흘리시고 몸을 찢으셨음을 믿는 것이다. 이 믿음으로 영생에 이른다.

성찬상에서의 말씀의 선포로 성례전이 산 성례전이 된다. 그리스도의 구속 사역을 선포함 없이 성례전만 행해서는 죽은 성례가 된다. 성례전의 목적은 그리스도와 우리를 굳게 연합하는 것이다. 그리스도께서 피 흘리시고 살을 찢으셔서 죄와 죽음에서 구원하셨음을 선포하면, 성령께서 역사하시어 그리스도를 믿는 우리의 믿음을 강화하여 그리스도와의 연합을 더욱 깊고 굳게 한다. 그리스도인이 그리스도의 죽으심을 기념하고 묵상하며 그의 찢기신 살을 먹고 피를 마시는 것은 우리의 구원을 위해서 그가 죽고 피 흘리셨음을 받아들이는 것을 뜻한다. 즉 떡과 포도주를 먹고 마시며 그리스도의 고난을 기념하는 것은 그가 얼마나 처참한 고통과 죽으심으로 우리의 죗값을 갚으셨는지 헤아리고 묵상하며 기념한다. 우리가 먹고 마시는 떡과 포도주를 통하여 성령이 우리와 그리스도의 연합을 강하게 하신다. 그리스도와 연합이 이루어지면 그의 풍성한 은혜와 생명과 힘으로 살게 된다. 그리스도와 긴밀한 연합 관계에서 살게 되면 늘 그의 구원에 감사하고 감격하며 풍성한 위로와 힘으로 살게 된다. 그와의 연합이 우리의 영원한 생명의 보장이다.

예수께서 자신의 죽음을 앞에 놓고 만찬을 행하시며 "이것을 행하여 나를 기념하라"고 명하셨다(고전 11:24-25). 예수님이 성찬의 설립자이시다(마 26:26-30, 막 14:22-26, 눅 22:15-26). 예수님은 "받아먹어라 이것은 내 몸이니라"고 하셨다. "이것을 행하여 나를 기념하라" 명하심으로 그가 자기 몸을 찢으셔서 세상을 구원하는 구속 사역을 하실 것임을 명시하셨다. 포도주잔을 따라 주시면서 "이것은 죄 사함을 얻게 하려고 많은 사람을 위하여 흘리는바 나의 피 곧 새 언약의 피"라고 하셨다. 하나님은 피 흘림을 죄 속함의 법으로 정하셨다(레 17:11). 구약의 짐승이 언약의 피다(출 24:8). 예수님의 피는 만인을 위한 새 언약의 피다. 구약에서 피로 언약을 체결함은 그리스도의 피로만 세상 죄가 온전히 속량 되는 것을 미리 알린 예표(豫表)다. 주의 성만찬에서 떡과 포도주를 먹고 마시게 하신 것은 우리의 죄 용서를 위해서 찢기고 흘리신 주의 살과 피를 기념하기 위한 것이었다.

성만찬을 계속해서 집행하는 이유는 온 세상이 죄 용서받아 영생에 이르는 길이 오직 주 예수의 속죄 제사를 믿음으로만 되는 것을 세상으로 알게 하기 위해서다. 그리스도인들이 주의 성만찬 상에서 주의 살과 피에 동참하는 것은 그리스도의 구속으로 한 형제자매들임을 확인하는 것이다. 이 피로 맺어진 형제자매 됨은 육신적 피로 이루어진 형제자매 관계보다 더 깊고 강하다. 성찬상에서 그리스도의 피로 이루어진 형제자매의 관계를 강조하고 강화해야 한다.

거룩한 성찬에 대해 알아야 할 것 (2)

성만찬은 기독교에서 가장 중요한 거룩한 성례다. 그렇지만 성만찬에 대한 해결되지 않은 논쟁거리가 있다. 떡과 포도주를 어떻게 간주하는가 하는 것이 그 논점이다. 천주교에서는 떡과 포도주가 사제의 축성으로 인해 실제적으로 예수님의 살과 피로 변한다는 "화체설"(化體說)를 주장한다. 그러나 개혁교회는 이를 단호하게 반대한다. 로마 가톨릭은 종교개혁 이후 화체설을 반대하는 개신교도를 심하게 핍박하고 살해했다. 한편 종교개혁자들 사이에도 의견이 서로 갈린다. 루터는 "공재설"을 주장하고, 칼빈은 "영적 임재설"을, 쯔빙글리는 "상징설 또는 기념설"을 주장한다. 개혁교회는 화체설을 배격하는 대신, 개혁자들의 이론들을 배격 없이 따르는데, 루터교에서는 공재설을 받아들이지만, 장로교회는 대체로 칼빈의 영적임재설과 쯔빙글리의 기념설을 혼합하여 따른다.

로마교회가 주장하는 화체설은 무리가 있다. 로마 가톨릭에서의 미사는 매번 사제들에 의해 축성되어 떡과 잔이 그때마다 예수님의 살과 피로 변화한다는 이론은 그리스도의 단 한 번의 속죄제사(히 9:11-15)를 무시하고, 매 주일 마다 반복적으로 예수님을 십자가에 달려 죽게 하는 의미가 되기에 개혁교회는 이 교리를 부정하는 입장이다. 성만찬의 중요한 점은 그리스도의 단 한 번의 속죄제사로 우리의 모든 죄가 완전히 용서되었음을 가르치는 것이다. 한편 중세교회는 변화된 빵과 포도주를 신격화하여 절하고 경배하여 미신화 우상화하는 우(遇)를 범했다. 심지어 떡과 포도주를 팔기도 하고 환자에게 효험이 있는 것처럼 우상시하기까지 하였다. 미사나 떡과 포도주로 죄 용서받거나 구원받은 것이 아니다. 오직 떡을 믿음으로 받으면 그 떡은 그리스도의 몸과 일치된다. 또 떡은 그 자신을 넘어서서 실제로 그리스도의 몸을 지시하고, 성례전적으로 그리스도의 몸이라고 지목할 뿐이다. 성만찬에서 떡은 결코 그리스도의 실제 몸으로 변화되는 것이 아니다.

떡과 포도주가 상징물에 불과하다는 것인가? 그러면 왜 그리스도께서 떡을 자기 몸이라고 하고, 잔을 자기의 피라고 부르고 떠는 자기의 피로 세운 새 언약이라고 하고, 사도바울도 예수그리스도의 몸과 피에 동참이라고 하였는가? 실상 떡과 포도주는 그리스도의 몸과 피를 상징함을 알린다. 또한, 성찬은 떡과 포도주로 세워 그리스도의 찢기신 몸과 흘리신 피를 기념하도록 하였으므로 성례전적임을 말하고 있다. 빵과 포도주는 일시적으로 생명을 유지하지만, 그의 십자가에서 희생하신 몸과 흘린 피는 우리 영혼의 참된 양식과 음료로서 영생에 이르게 한다는 것을 우리에게 가르친다. 그뿐만 아니라 그를 기념하여 우리가 이 거룩한 상징물을 입으로 받으면, 그는 이런 가시적인 표호(票號)와 징표(徵標)로 성령의 역사에 의해 우리가 그의 참된 몸과 피에 참여한다는 것을 확실하게 해주는 의미가 있다(하이델베르커 문답 79 참조). 그리스도의 찢긴 몸과 흘리신 피는 우리 영혼의 참 양식이어서 영생에 이르게 한다. 영혼의 양식은 그리스도의 찢긴 몸과 흘리신 피다. 그의 살과 피를 먹음, 곧 그리스도가 죄와 죽음에서 나를 구원하기 위해서 피 흘려 죗값을 갚으셨다는 것을 믿음으로 영생한다. 떡과 포도주는 성례전적이다. 즉 그 자체로는 떡과 포도주이다. 그러나 성찬 상에서 믿음으로 받으면 그리스도의 몸과 피에 동참하는 것이 된다. 떡과 포도주에 동참함으로 우리의 구원을 위해서 찢기신 주의 몸과 흘리신 피에 동참하게 하는 것은 성령의 역사다. 요컨대 떡과 포도주는 실체로 있으나 우리가 예수님의 살과 피라는 믿음으로 받을 때 성령의 특별한 역사로 인해 예수님의 살과 피를 마시게 되는 것이요, 예수님의 죽으심과 부활하심에 동참하는 성례전적인 효력이 나타나는 것이다.

누구든지 주님의 살과 떡, 성찬을 합당하게 먹고 마셔야 한다. 성찬 상에는 회개하고 믿음 고백을 한 사람들만 참여한다. 즉 주 예수를 믿어 주와 언약을 맺는 언약 백성만 참여한다. 성찬은 거룩하기 때문이다. 전통적으로 교회마다 세례를 받은 자에게 성찬을 받게 한다. 불신자에게 성찬을 줄 수 없지 않은가? 성찬은 받는 사람은 무엇보다도 예수님의 떡과 포도주를 받을 때 예수님의 살과 피를 믿는 믿음으로 받아야 한다. 이를 통해 그분의 죽으심과 부활하심을 통해 단번에 구원의 역사가 이루어졌음을 믿는 믿음이다. 나아가 날 위해 살 찢기시고 피 흘려주신 예수님의 희생의 죽으심과 부활하심으로 영생 얻었음을 믿음으로 받는다. 예수님과 살과 피는 영생 얻게 하는 양식이다. 감사하는 자세로 받는다. 나아가 내 죄를 속죄하며 회개하며 예수님의 살과 피를 받아야 한다. 그리스도의 죽으심이 우리의 허물과 범죄와 연약함을 덮는다. 우리는 이 성찬 상에 참여함으로 믿음을 더욱 굳게 하기를 열망하고 삶을 고치고 성화하기를 결단하며 받아야 한다. 나아가 예수의 생명이 내 안에 있음을 확신하고 참여함으로 인해 예수님의 생명이 내 안에 더욱 풍성하게 (요 10:10) 될 줄 믿고 참여해야 한다. 그럴 때 예수님의 풍성한 생명을 누릴 수 있는 것이다.

사람의 스킨십과 하나님의 만져 주심

사람이 태어날 때 누구나 울음을 터뜨린다. 그 원인이 정확히 무엇인지는 알 수 없지만, 심리학자들의 이론에 따르면 아마도 산모의 자궁 안에서의 태아 상태의 환경과 전혀 다른 세상에 나왔을 때 큰 두려움과 공포가 아기에게 엄습해 오기 때문이라고 한다. 이때 아기에게 제일 먼저 필요한 것은 엄마가 품에 안아주는 것이다. 이러한 피부 접촉이 아이에게 안정감을 준다. 이러한 '안아줌'의 효과가 얼마나 큰지 모른다. 신체접촉이 아이의 정서발달은 물론이고 지능발달에도 영향을 준다고 알려져 있다. 영아들이 하루 20시간 이상 엄마의 품에서 엄마의 냄새를 맡고 엄마의 심장 소리를 들으며 깊은 잠을 잘 때 뇌 발달이나 신체 발달을 훨씬 증진시킬 수 있다는 이론이다. 소위 스킨십(skin-ship)이 건강한 신체, 지능발달과 정신건강에 있어 필수적이다. 이런 신체접촉이 영아나 아이들뿐 아니라 전 연령층에도 중요하다. 사람 간에 악수, 허깅, 등을 두드려 줌, 어깨를 토닥임 등의 모든 스킨십은 심리적 소속감과 안정감을 높여준다. 부부간의 성 접촉은 부부간의 애정 관계를 유지하게 해주는 요인이 되기도 한다.

피부 접촉은 상호 간의 격려나 소통의 수단일 뿐 아니라 스트레스와 불안과 우울감을 낮춰주고 신체적 고통을 완화시키는 역할을 한다. 신체접촉은 옥시토신을 증가시키고 스트레스 호르몬인 코티솔을 감소시킨다. 이 옥시토신이 화를 조절해 주고 공감 능력을 키워주는 감정조절과 깊은 연관이 있다고 알려져 있다. 우리의 환경, 다양한 관계 속에서 만나는 사람들, 나의 주변에 쌓인 일들, 갑작스레 만나는 난제, 고통 등이 우리를 낙망하게 하고 불안, 우울, 스트레스를 가중시키기도 한다. 물론 이러한 제 문제를 스스로 이겨내고 해소할 수 있는 자기 극복의 기제가 사람에게 있기도 하다. 그러나 사람들은 코로나19 등과 같은 역병의 환경, 개인이 겪는 어려운 일과 고통, 사회적 구조로 인해 생겨나는 고(苦)로 인해 심리적 정신적인 타격과 역기능적인 문제를 극복하지 못할 때가 얼마든지 있다. 이를 위해 주변의 격려나 위로가 필요하고 피부접촉, 소위 스킨십이 절실할 때가 있으나 사정이 여의치 못할 경우가 많다. 이때 필요한 것이 바로 셀프 스킨십, 소위 "나비(버터플라이) 허그"라는 것이 있다. 이 자기 포옹은 우리 뇌에선 누군가 다른 사람이 스킨십을 해주는 효과로 착각을 일으키기 때문에 같은 효과를 일으킬 수 있다고 한다. 그래서 심리치료에서 트라우마 치료나 우울증 불안을 치료할 때 많이 이용되고 있다. 누구나 일상에서 스트레스나 불안 우울감이 밀려올 때가 있다. 이때 스스로를 안는 자세를 취함으로 자신을 토닥여 줄 때 심리적 정신적인 안정감을 얻을 수 있다.

성경에는 하나님의 만져 주심이 허다하게 나온다. 일찍이 천재 화가 미켈란젤로는 저 위대한 《천지창조》에서 하나님의 인간 창조를 그릴 때 하나님의 손가락이 아담의 손가락 끝에 닿는 것으로 그렸다. 하나님의 손은 창조의 손, 능력의 손(민 11:23, 신 5:15), 구원의 손(사 59:1, 시 37:24, 시 98:1), 성도를 보호하시고 붙들어 주시는 손(시 139:10, 요 10:28,29) 심판의 손이시다(출 7:5, 9:3, 신 2:14,15, 삼상 5:6, 삿 2:15). 과연 하나님의 손은 권능의 손이시다. 하나님께서 천사를 보내셔서 불안과 우울감과 좌절감에 빠져 로뎀나무 아래 드러누운 엘리야를 만져주시고(왕상 19:5,7) 천사 미가엘이 다니엘을 만져주었다. 예수님께서 이 땅에 오셔서 병자를 만져 주심으로 고치셨다(마 8:3,15, 마 9:25, 막 1:41, 눅 22:51). 죽은 나인 성 과부의 아들의 관을 만져주셨다(눅 7:14). 예수님의 손은 구원의 손이요 치료의 손이셨다. 사람들이 자신의 아이들을 예수님께서 만져주심을 바라고 예수님께 데려왔다(마 19:13, 막 10:13, 눅 18:15). 예수님께서 그 아이들을 안고 안수하시고 축복하셨다(막 10:16). 그중에 하나가 초대 교부 이그나티우스(Ignatius)로 알려져 있다. 어려운 시대일수록 사람들은 낮은 자존감, 열등의식, 불안감에 휩싸이기 쉽다. 이런 때일수록 자기 존중감, 자기 위로와 격려가 필요하다. 우리 그리스도인들에게 정작 필요한 것은 하나님 말씀과 성령님의 감동 감화로 인해 하나님의 만져 주심을 체험하는 것이 중요하다. 필자는 이전 특별새벽기도회 때 성도들에게 안수기도를 한 후에 강대상에서 머리에 두 손을 얹고 "주님, 이 손이 주께서 안수하는 손인 줄 믿고 손을 얹습니다. 제게도 은혜와 성령을 부어주소서"라고 기도하곤 했다.

우리에게 피부 접촉이 소중하다. 만져 줌이 필요하다. 사람 간에도 필요하고, 스스로도 셀프 허그가 필요하다. 그뿐만 아니라 하나님의 만져 주심이 절대적이다. 참으로 귀중하다. 하나님께 나와 예배할 때마다 하나님께서 성령으로 찾아오셔서 말씀으로, 영으로 만져 주실 줄 믿고 '아멘' 하며 감사하라. 그리고 만져 주심을 사모하고 기도하시라.

부디 주님께서 당신을 향한 만져 주심, 스킨십이 충만하고 풍성한 은혜가 임하길 기도한다.

그리스도인의 마음챙김

경제협력기구(OECD)가 지난해 발표한 '코로나19가 정신건강에 미치는 영향'보고서에 따르면 팬데믹 상황이 시작된 2020년 초반 이후 세계 각국의 불안증 우울증 발생률은 1년 전보다 2배 이상 높아졌다고 한다. 특히 한국은 코로나19 이후 우울감을 느끼거나 우울증이 있는 비중이 36.8%로 조사 대상 15개국 가운데 가장 높았다고 한다. 지난 6.24일 건강보험심사평가원의 '우울증과 불안장애 진료 현황 분석' 자료에 따르면, 우울증 환자 수는 코로나19 유행 직전 2019년 81만1천862명에서 2021년 93만3천481명으로 2년 사이 15.0% 증가했다. 불안장애 환자도 2017년 63만3862명에서 2021년 81만9080명으로 29.2% 증가했다. 이런 가운데서 '명상' 곧 마음챙김(mindfulness)이 대유행이다. 이는 코로나19 팬데믹을 겪으면서 소위 '코로나블루', 불안 우울 스트레스를 다스리고 극복하기 위한 방책이기도 하다.

마음챙김은 잠시 멈춰서 있는 그대로의 나를 들여다보는 것이라는 것이다. 스스로를 매일 닦달하거나 자책하고 있으면 스스로에게 친절한 시간이 필요한데 그것이 마음챙김이요(샤우나피로, 마음챙김) 마음 안으로 떠나는 여행이라고도 한다. 전문가들은 '내면에 집중해 깨어있는 몸과 마음을 만드는 태도와 방법'이라고 정의한다. 곧 마음챙김 명상은 치열

한 경쟁과 속도를 추구하는 사회와 코로나로 인해 소진된 에너지와 지친 마음과 복잡하고 불편한 마음을 극복하고 치유하는 한 수단으로 시대적인 한 트랜드다. 구체적인 방법으로 참선, 요가, 사찰에서 시행하고 있는 템플스테이(temple stay), 명상기도 등과 걷기, 산책, 반려 동식물 키우기 등 광범위하다. 이러한 마음 챙김이 신드롬을 일으키면서 미디어 앱 유튜브를 통해 점차 확장되어 가는 추세에 있다(중앙일보 2022년 11월 26-27일 자 1, 8~9면 참조).

마음챙김, 복잡하고 지치고 상처 나고 역기능적인 현상을 보이는 마음의 문제를 해결해 보려는 시도에 대해 누가 가타부타 토를 달 것인가? 그러나 명상, 마음 챙김이 우리 기독교 신앙 정서와 얼마나 상호 부합하고 조화를 이룰 수 있을까에 대한 문제는 많은 논의가 필요하다. 우선 요가는 흰두 사상이 배어있다. 흰두교는 범신론적 사상을 지향하며 인간 중심적 철학사상을 가지고 있다. 명상은 그 역사가 오래되었지만, 불교의 정서에 합치한다. 그렇다고 해서 기독교가 명상을 무시하는 것은 아니나, 지향점이 다르기에 기독교의 정서와 합일하지 않은 것이 문제다. 명상이나 마인드 컨트롤이 종교가 아니라고들 하지만 그 목표는 인간이다. 내가 주인이 되는 것을 목적으로 한다. 그런 의미에서 명상이나 마음 챙김은 나를 신이라고 여기는 차원에까지 이르러 자력 구원을 추구하는 뉴에이지 운동의 일환이라고 볼 수 있는 것이다. 그런즉 정신 심리학적, 종교적 차원에까지 통제하는 명상과 마음챙김은 기독교 정서와 맞지 않고, 기독교 신앙과 정반대의 사상이며 지향이다. 성경은 인간의 마음에 대해 다양하게 가르치고 있다.

마음은 지식, 감정, 생각, 의지, 기분, 뜻 등 지정의가 함께 들어있는 좌소(座所)다. 마음은 모든 기쁨, 슬픔, 분노, 즐거움, 괴로움, 아픔, 희로애락 등 정서뿐 아니라 죽고 사는 것을 포함한, 모든 것이 이에 다 달려 있다고 해도 과언이 아니다. 언필칭 일체유심조다. 마음으로 죄를 짓고 마음이 미혹되고 마음으로 악을 품는다. 그 마음은 악의 근원이요(마 12:34,35), 부패했다(렘 17:9). 인간의 타락과 죄의 동기와 결과는 마음에 있다. 마귀 사탄이 아담과 하와에게 죄지을 마음을 넣어주었고 가룟 유다의 마음속에 예수를 팔려는 생각을 넣어주었다(요 13:2). 마음에 하나님 두기를 싫어하여(롬 1:28), 고집과 회개치 않는 마음을 따라 하나님의 진노를 받을 수밖에 없다(롬 2:5). 그러므로 우리 인간은 마음의 문제를 스스로 해결할 수 없다. 모든 인간은 죄를 지었기에 자력으로 구원을 얻을 수 없다. 예수님께서 우리 인간을 구원하실 뿐 아니라. 마음의 상처를 고치시기 위해 이 땅에 오셨다(사 61:1-3).

마음여행을 통해 마음을 비워내고 컨트롤하는 마음 챙김은 인본적이다. 마음의 주인은 하나님이시다. 인간을 지으신 하나님께서 우리 마음도 지으시고 마음도 아신다. 우리의 마음의 주인이신 하나님을 만나는 것이 나를 만나는 것이요 나의 마음을 아는 길이요. 나의 마음을 고치고 회복하는 것도 하나님께 있다. 하나님께 돌아가면 낫게 해주시고 싸매어주실 것이다(호 6:1). 우리의 마음을 고치시는 예수님께 나의 마음을 내려놓으면 하나님의 말씀이 나를 고쳐주시고 회복시켜주신다(히 4:10). 성령님이 우리의 마음을 만져 주실 뿐 아니라 속사람을 강건하게 해 주신다(엡 4:16), 오직 예수님으로 내 안에 충만한 그 믿음으로 내면이 강건할 수 있다.

무릇 기독교의 마음챙김이 지향하는 바는 '나'가 아니라, 하나님이시다. 우리의 명상은 비움이 아니라 예수와 진리와 성령으로 마음을 채우는 것이다. 그럴 때 진정한 마음 챙김이 가능하다.

우울에 빠진 대한민국(!)

우리의 주제는 한 일간지 일면에 머리기사로 다룬 제목이다(중앙일보 6
월 22일 자 1면). 그 글에 따르면 "우리나라 성인 남녀 10명 중 4명은 최근
2주간 적어도 한 번 이상 '살고 싶은 마음이 없다'고 생각한 것으로 나타
났다"고 한다. 삶에 지치고 소진된 일상 속에서 심리적으로 막다른 코너
에 몰린 상태라는 의미다. 또 3명 중 2명은 번아웃, 우울증, 무기력감과
심각한 불안감, 자살 충동 등 정신건강 문제를 한 개 이상 겪은 경험이
있고 지금도 경제 문제, 직장 문제와 대인관계를 비롯해 최소한 2개 이
상의 영역에서 스트레스를 받는 등 국민 상당수가 정신적 고통에 시달
리고 있는 것으로 조사됐다.

한국심리학회(회장 최진영 서울대 심리학과 교수)와 공동으로 국민 정신건
강 실태를 파악하기 위해 여론조사 전문기관인 '조사연구 컨설팅 올림'
에 의뢰해 지난 5~11일 만 19세 이상 전국 성인 남녀 1000명을 대상으
로 설문 조사를 한 결과다. 조사 결과 최근 2주간 '살고 싶은 마음이 없
었다'는 문항에 8.7%는 '항상, 자주 그렇다'고 답했다. 또 11.7%는 '때때
로 그렇다', 22.2%는 '드물게 그렇다'고 응답해 42.6%가 최소한 한 번은
심리적으로 쫓기고 내몰리는 상태에 처한 것으로 집계됐다. 이번 조사
에서도 최근 2주간 '자살을 생각했다'는 문항에 15.9%는 '항상, 자주, 때

때로 그렇다', 13.2%는 '드물게 그렇다'고 답했다는 것이다. 이 통계는 한국사회의 정신건강 상태가 심각하다는 반증이다.

지난 1월 10일 건강보험심사평가원이 최근 발간한 '생활 속 질병·진료행위 통계'에 따르면 지난 2022년 기준 우울증 진료 환자는 100만32명이다. 최근 5년간 추이를 보면 연평균 증가율은 7.4%다. 2022년 기준 진료 환자를 연령대별로 보면 20대가 19만4200명으로 가장 많고 30대(16만4942명), 60대(14만9365명), 40대(14만6842명) 순이었다. 우울감은 일반적으로 정신적인 감기라고들 한다. 일시적으로 지나가는 우울감 보다, 병적으로 다루어야 하는 우울증은 우울장애 또는 주요우울장애로 불리며 우울감과 무기력, 즐거움 상실 또는 짜증과 분노의 느낌을 지속해서 유발하는 '장애'다. 기분, 생각 및 행동 방식에 영향을 미치며 다양한 정서적, 신체적 고통을 유발할 수 있다.

물론 저러한 정신건강 통계 하나만으로 우리 사회의 정신건강 지표를 정확히 판단할 수는 없다 하더라도 우리 사회의 정신건강 수준은 심각하다고 볼 수밖에 없다. 저 통계 안에 크리스천들도 포함되어 있을 것이다. 일시적인 우울은 얼마든지 경험할 수 있다. 외로움의 문제도 마찬가지다. 문제는 누구든지 저러한 정신병리 현상을 경험할 수 있다는 것이다. 정신건강의 문제는 남녀노유, 신 불신, 유무식, 빈부 계층을 총망라하여 생길 수 있는 것이다. 이에 대해 흔히 지나가는 것을 병리화 하는 것도 문제이지만, 나아가 스스로 낙인찍는 것도 문제다. 일반인들도 그렇지만 우리 그리스도인들도 우리의 마음을 늘 살펴야 한다. 그 마음을 하나님 앞에 있는 대로 노출시켜야 한다. 나의 문제를 냉정하게 마주해야 한다. 주 예수 그리스도 안에서 진정한 나를 찾고 나를 존중히 여겨야 한다. 나의 문제를 하나님께 아뢰고 하나님으로부터 받은 은혜로 나의 존재가치와 그리스도인으로서의 인생의 의미를 발견해야 한다. 관계의 단절은 부정적인 결과를 가져온다. 의미 있는 시간을 갖지 못하게 만든다. 우리는 혼자가 아니다. 하나님의 도우심과 긍휼을 요청해야 한다. 오프라인이나 온라인상에서의 커뮤니티와 소통하며 나를 스스로 고립시키지 않도록 해야 한다. 특히 그리스도인은 신앙공동체에 참여와 함께 나눔을 지속해야 한다.

인간은 타인과 관계를 맺고 소통하고 싶어 하는 사회적 관계 속에서 서로를 의지하고 신뢰하며 살고자 하는 욕구를 지닌 존재다. 미국 하버드 대 '성인 발달 연구' 책임자인 정신과 의사 로버트 월딩거(Robert Waldinger)는 '인간관계가 돈독할수록 우리는 더 행복하고 만족스럽고 더 건강한 삶을 살 가능성이 커진다'고 했다. 특히 소외가 확산되는 외로움의 시대 속에서 유일한 대안은 '작은 규모와 안정된 구조의 공동체'이다. 가족 간의 소통이 중요하다. 특히 교회공동체가 소중하다. 2000년 전 초기 원시 교회는 서로 친밀하게 교제하며 소속감, 수용감, 안정감과 자존감 그리고 나아가 연대감을 경험하기에 충분했다. 사회학자들은 한 사람의 삶이 아무리 생소한 환경에 들어가도 자신의 가슴을 열어놓고 대화할 수 있는 사람이 그 공동체 안에 6명만 있으면 절대로 그 공동체를 떠나지 않고 그 안에서 안정감을 느끼며 살아간다고 주장한다. 공동체 안에서 친밀한 관계를 도모하면 안정감을 갖고 그 조직에 머물 수 있는 것이다.

인간은 더불어 살아야 하는 사회적 동물이다. 스스로 관계를 단절하지 말라. 함께 참여하고 나누고 공유하고 함께 살라. 그리하여 정신 병리적 문제에 노출될 틈을 주지 말라.

무엇이 나를 행복하게 만드는가?

지난 20일 통계청이 발표한 '2022 국민 삶의 질 보고서'에 따르면 2021년 기준 삶의 질 측정을 위한 지표인 세계행복보고서(WHR), 주관적 삶의 만족도는 10점 만점에 5.9점으로 집계됐다. 이는 경제개발기구(OECD) 38개 회원국 중 36위로, 최하위 수준이다. 대한민국보다 삶의 만족도 점수가 낮은 나라는 최근 지진 피해를 입은 튀르키예(4.7점)와 지속된 내전으로 사회적 갈등이 큰 콜롬비아(5.8점) 2곳뿐이라고 한다. 우리나라는 OECD 회원국 평균인 6.7점보다도 0.8점 낮은 수준이다. 대한민국은 명실상부 세계 10위권의 경제 대국이다. 겉으로 급격한 경제 성장세를 보이며 선진국에 버금가는 경제 규모를 달성했지만, 정작 보이는 삶과 누리는 일상의 가치에 대한 평가는 달랐다. 삶의 만족도가 소득과 일정 부분 관련이 있다고 한다. 월 100만 원 미만을 벌어들이는 저소득층의 삶의 만족도는 5.5점으로, 월 600만 원 이상 고소득층(6.5점)보다 무려 1.0점 낮았다. 경제학자 리처드 이스털린은 "부가 일정 수준에 이르면 돈만으로는 행복이 커지지 않는다"고 했다. 우리나라의 1인당 GDP는 1953년 67달러에서 2021년 3만 4870달러로 520배 증가했지만, 유엔 세계행복지수는 2012년 56위에서 되레 59위로 떨어졌다고 한다. 우리나라는 단기간의 압축, 고도의 성장을 이루었으나 삶의 질 하락의 결과로 국민 행복도가 낮은 것이 대한민국의 자화상이다. 행복은 외적인 객관적 조건을 통해 외부로부터 안으로 깃들이는 것이기는 하다. 그러나 진정한 행복은 주관적인 만족, 안정감, 자부심, 성취감, 자아실현을 통해 내 안에 자리한다. 그렇다면 행복에 조건이 있을까?

미국 하버드대 조지 베일런트(George E. Vaillant) 교수와 연구팀이 1937년부터 72년에 걸쳐 하버드대학교 연구팀은 "성인 발달 연구"라는 제목으로 하버드대학교 2학년생 268명과 서민 남성 456명, 그리고 천재 여성 90명의 인생행로를 20대부터 80대까지 추적하면서 '무엇이 인간을 행복으로 이끄는가'를 주제로 연구하기 시작했다. 조지 베일런트는 신체적, 정신적으로 건강한 노화를 예견하는 일곱 가지 주요한 행복의 조건들을 꼽았다. 첫 번째는 고통에 대응하는 성숙한 방어기제다. 어떤 문제가 발생했을 때, 아플 때 병원에 가듯이, 그것을 해결할 수 있는 능력을 말한다. 즉 고통을 견디어 나가고 고통 때에 뭔가를 배우는 자세다. 다음으로 교육으로, 학력이 아니고 항상 배우는 자세로 사는 것을 말한다. 세 번째로 안정된 결혼생활, 넓은 의미로 배우자뿐 아니라 친구 동료 등과의 원만한 인간관계다. 그리고 금연, 금주, 운동, 알맞은 체중 등이었다. 50대에 이르러 그중 5, 6가지 조건을 충족했던 하버드 졸업생 106명 중 절반은 80세에도 '행복하고 건강한' 상태였고, 7.5%는 '불행하고 병약한' 상태였다. 반면, 50세에 세 가지 미만의 조건을 갖추었던 이들 중 80세에 '행복하고 건강한' 상태에 이른 사람은 아무도 없었다. 50세에 적당한 체형을 갖추었다 하더라도, 세 가지 미만의 조건을 갖춘 사람들이 80세 이전에 사망할 확률이 네 가지 이상의 조건을 갖춘 이들보다 세 배는 높았다고 한다. 그는 특별히 인간관계의 힘이 행복에 큰 영향을 끼친다고 하며 "행복하고 건강하게 나이 들어갈지를 결정짓는 것은 지적인 뛰어남이나 계급이 아니라 사회적 인간관계다."라고 했다. 그는 행복을 위해 제언하기를 1) 신의 섭리를 받아들이라 2) 가장 중요한 일부터 먼저 하라 3) 소박하게 살라 4) 현재를 즐기라. 인생을 즐기되 과거와 미래는 잠시 잊고 현재에 집중하라. 5) 전화를 잘 이용하라. 원한을 키우거나 자기 탓만 하지 말고 도움을 청하라 등이라 했다(조지 베일런트 행복의 조건).

전술한 외적인 행복의 조건이 -신 불신을 막론하고- 사람으로 하여금 행복을 고양시켜주는 요인임은 부인할 수 없다. 그러면 우리 그리스도인에게 행복의 조건이 무엇인가? 우리는 복의 근원자이신 하나님을 신뢰한다. 하나님께서 우리에게 하늘에 속한 모든 신령한 복을(엡 1:3) 우리에게 이미 주셨다. 예수님께서 8가지의 복을 말씀하셨다(마 5:1-11). 고상한 영적인 복이다. 이 땅에서의 복도 있다. 부와 권세와 명예와 세속적인 형통 등일 것이다. 그것을 얻어 누리는 것도 복이다. 그러나 진정한 행복은 외적 조건을 뛰어넘어 내 안에 느끼는 행복한 마음일 것이다. 여호와를 나의 하나님으로 삼는 자가 복이 있다(시 144:15). 하나님께 소망을 두는 자(시 146:5), 여호와를 의지하는 자(잠 16:20)가 복이 있다. 주님을 가까이함이 복이다(시 73:28). 하나님을 경외하는 자가 복이다(시 128:1,2). 그리스도인은 예수로 말미암아 구원을 얻고 성령을 선물로 받았다. 그리스도인은 예수님 안에서 마음과 생각으로 하나님의 평강을 누린다(빌 4:7). 하나님께서 택함 받은 하나님의 백성들에게 "너는 행복자로다"(신 33:29상)고 선언하신다. 이 선언에 "아멘"하며 받아 누릴 따름이다. 나로 하여금 행복자라 불러주시는 하나님을 찬양!

종교개혁의 5대 슬로건 (5대 Sola, 솔라)

종교개혁은 1517년 마르틴 루터가 독일 비텐베르크 대학 성당 정문에 95개 항의 조항을 붙임으로 발발했다. 주요 종교개혁자는 독일의 마르틴 루터(1483-1546)와 멜랑히톤(1497-1560), 프랑스의 칼뱅(1509-1564), 스위스의 쯔빙글리(1484-1531), 영국의 존 낙스(1513-1572) 등이 있다. 종교개혁은 부패하고 타락한 구교, 성경에서 벗어난 로마 가톨릭을 개혁한 신앙개혁 운동이다. 그 종교개혁의 5대 슬로건을 아래에서 알아보자.

1. 오직 성경(Sola Scriptura, 솔라 스크립투라)

오직 성경으로 돌아가자는 의미이다. 당시 성경의 권위와 맞먹는 교황의 교시, 교회의 전통, 종교 회의 등을 배제하고 오직 "성경"만이 신앙과 행위와 교회의 궁극적 권위가 된다는 것이다. 다른 권위들이 성경의 가르침에서 벗어난다면 성경에 비추어 판단해야 한다는 것이다. 이 원리는 종교개혁의 형식적 원리로 불렸다. 이 원리가 다른 모든 것들의 맨 앞에 자리하여 그리스도인들이 기독교적이라고 확증하는 모든 것들에 형태와 방향을 제시함을 뜻한다.

2. 오직 그리스도(Sola Christus, 솔라 크리스투스)

중세교회는 그리스도에 대해서 말했다. 그러나 중세교회는 그리스도의 사역에 인간의 공로를 덧붙였다. 그리스도의 속죄에 성자들의 공로를 더하여 그들의 공로에 의해 속죄가 얻어진다고 가르쳤다. 성자들은 매우 이례적으로 거룩하기 때문에 잉여 공로를 축적했고, 교회는 성례를 통해 이것을 덜 거룩한 신자들에게 적용할 수 있다고 주장했다. 교회는 이 '공로의 보고'를 활용하여 구원을 가져오는 것이 가능했다. 개혁자들은 이에 반해 구원은 오직 그리스도 예수의 중보 사역을 통해서만 가능함을 천명했다. 다른 것은 보태질 수도 없고, 보태서도 안 되는 것이다.

3. 오직 은혜(Sola Gratia, 솔라 그라티아)

인간이 하나님께 아무것도 요구할 수 없음을 뜻한다. 하나님은 우리가 지은 많은 의지적 죄에 대해 정당한 심판을 행하시는 일 외에 어떤 것도 우리에게 빚지신 것이 없다. 우리가 행한 것이 하나님 앞에서 아무런 효험을 발휘하지 못하기 때문이다. "오직 은혜"로 우리는 구원을 받는다(엡 2:8-9). 개혁자들은 인간적 방법이나 기술, 전략 전체를 통해 믿음에 이를 수 있다는 것을 부인한다. 즉 인간의 공로, 공덕, 행함, 인간의 고행, 능력, 노력 예컨대 면벌부 등 어떤 것도 하나님의 긍휼과 구원을 얻는데 유효한 것이 없다. 하나님의 은혜만이 우리를 그리스도에게 이끌며, 죄의 속박으로부터 해방시키고 죽음에서 영적인 생명으로 회복시킨다.

4. 오직 믿음(Sola Fiide, 솔라 피데)

개혁자들은 "오직 그리스도" 때문에 오직 믿음으로 말미암아 오직 하나님의 은혜에 의해 의를 얻는다"라는 것을 지칠 줄 모르고 주장했다. 이는 곧 이른바 "이신칭의" 교리이다(롬 3:22,28 갈 2:16). 루터에 따르면 이 신조에 따라 교회가 바로 설 수도, 넘어질 수도 있었다. 개혁자들은 이신칭의를 기독교의 "실질적인 원리"라고 불렀다. 이것은 이 교리가 바로 인간이 구원받기 위해 무엇을 이해하고 믿어야 하는지에 대한 문제와 연관되어 있기 때문이다. 루터는 성경을 읽다가 "...오직 의인은 믿음으로 말미암아 살리라"(롬 1:17)는 말씀에 강하게 붙들려 종교개혁을 단행했다고 알려져 있다. "칭의는 오직 그리스도 때문에, 오직 은혜에 의해, 오직 믿음으로 말미암아 죄인을 의롭다고 선언하시는 하나님의 행위이다"

5. 오직 하나님께 영광을(Soli Deo Gloria, 솔리 데오 글로리아)

위의 네 가지 신앙고백은 "오직 하나님께 영광" 안에 모두 요약된다. 모든 것이 하나님에게서 나오고 하나님으로 말미암으며 하나님께로 돌아가기 때문에 우리는 "오직 하나님께 영광"이라고 말할 수 있다. 위의 슬로건 가운데 그 어떤 것보다 중요한 단어는 바로 '솔라'(SOLA, 오직)였다. 이 단어가 종교개혁자들을 움직였다.

종교개혁자들이 염두에 둔 슬로건은 "개혁된 교회는 항상 개혁되어야 한다"(Ecclesia Reformata, Semper Reformanda)는 것이다. 교회는 개혁되었다 하지만 항상 개혁되지 않으면 개혁의 대상이 될 수밖에 없다는 경고의 슬로건이다.

외로움의 전성시대, 교회 안에서의 외로움

오늘날 사람들의 마음은 날이 갈수록 공허하고 외로움이 사무치는 시대이다. 문명의 이기가 발달할수록 개인주의화 되어 가고 스마트 폰이 일상화되어 스스로를 고립화한다. 부부나 연인이 마주 앉아도 고개를 숙인 채 스마트 폰을 응시할 정도로 스마트 폰에 종속되어 산다. 더구나 코로나19 팬데믹은 사람들로 하여금 소위 '언텍트'(un-tact), 비대면 비접촉이 새로운 뉴 노멀화를 가속화했다. 더구나 가족의 형태도 홀로 사는 가구가 늘어가는 추세다.

통계층에 따르면 1인 가구 수는 2021년 700만 가구를 돌파하여 현제 720만 가구에 이른다. 향후 2050년경에는 전체 가구의 39.6%에 이를 것이라고 전망한다. 외로움의 시대는 불 보듯 뻔하다. '빈둥지 노인', 70세 이상 1인 가구의 비율은 2050년에는 42.9%까지 증가할 전망이라고 한다. 소위 혼자 밥을 먹는 '혼밥'이 일상화되었다. 이로 인해 고립감과 우울감을 느끼고 우울증으로 심화할 가능성이 충분하다. 향후 아무도 모르게 죽음을 맞는 '고독사'도 늘어날 것은 분명하다. 최근 서울시에서 임대주택, 고시원 등 주거 취약지역에 거주하는 1인 가구 8만 4,500가구를 조사한 결과 무려 5만 2,700가구가 고독사 위험군으로 분류되었다고 발표했다. 취약지역 1인 가구 중 62.4%가 고독사할 가능성이 크다는 것이다. 고독과 외로움은 세계적인 추세다. 영국은 외로움 담당 장관을 두고 있고, 일본도 지난해 2월 고독 고립 담당 장관을 임명하면서 이 문제를 국가적으로 다루게 되었다고 한다. 우리 시대는 언필칭 '외로움의 전성시대'다.

교회에 다니는 크리스천도 외로움을 느낀다고 한다. 2023년 5월 1일부터 31일까지 19세 이상 개신교인 2000명을 대상으로 외로움을 주제로 설문 조사하여 요즘 외로움을 얼마나 느끼는지 물었다. 조사 결과 개신교인 10명 중 절반 가까이(46.2%)가 외로움을 느낀다고 답했다. 크게 느낀다는 이는 5.4%, 어느 정도 느낀다는 대답은 40.7%로 조사됐다. 이는 국민 전체 평균 54.6%보다 낮지만, 신앙을 가진 이들이 외로움은 이 정도로 크게 느낀다는 것은 예상 밖이다. 이는 신앙 유무나 신앙 연조와 상관이 없는 것으로 해석할 수 있다. 그 원인은 경제적 어려움이 외로움을 만든다고 한다. 외로움을 느끼는 이유에 대한 답변으로 가장 많이 나온 답변은 '경제적인 여유가 없어서'(22.9%), 이어 '마음을 터놓을 사람이 없어서'(18.7%), '딱히 만날 사람이 없다는 느낌이 들어서'(15.5%), '그냥 세상에 나 혼자 있는 듯한 느낌이 들어서'(14.4%) '미래에 대한 희망이 없어서'(9.9%) 등의 순으로 나타났다. 개신교인들의 외로움 원인 1위가 경제적 이유라는 통계는 개신교인 역시 우리 사회의 경제적 상황에 크게 영향을 받는다는 것을 방증한다. 그러면 교회 안에서도 외로움을 느끼는 정도는 어떠한가? '교회 안에서 외로움을 느끼는 경우가 있습니까'를 물었을 때 '있다'고 답한 개신교인이 36.2%로 나타났다. 평균 외로움 46.2%보다 낮지만, 성도 3명 중 1명 이상이 교회 안에서도 외로움을 느낀다는 것을 주목할 일이다. 코로나19 이후 현장예배에 출석하는 교인이 코로나 이전 대비 청장년 86.4%라고 하는 통계가 있다. 현장예배에 나오지 않는 소위 '플로팅(floating) 교인'은 그렇다 쳐도 교회에 나오면서도 외로움을 느끼는 크리스천이 상당수라는 것이다.

왜 신자들이 교회 안에서조차 외로움을 느낄까? 조사 결과 그 원인으로 '마음 터놓고 이야기할 사람이 없을 때'가 45.5%로 가장 높았고, '교회 활동에 참여하지 못할 때'(16.5%), '소속된 부서가 없을 때'(6.2%), '가족을 강조하는 설교나 성경공부를 할 때'(5.2), '부부끼리 모일 때'(3.0) 등의 순서로 나타났다. 어떻게 이 외로움을 대처할까?

교회 안에서의 외로움을 느끼는 신자의 문제는 목사의 목회적 돌봄(pastoral care)의 주요 분야이면서도 온 교회가 함께 해결해야 할 문제다. 이 문제를 구역 식구나 소그룹에서 해결할 수 있을까? 설문 조사에서 개신교인들은 '독서, 영화감상, 여행 등 취미활동'(54.5%)을 외로움의 해결 방법으로 가장 많이 꼽았다. 다음으로 헬스, 운동으로(35%) 나타났고 신앙 활동(30.3%)은 3순위였다. 다음으로 친목 모임, 게임 인터넷을 통한 오락 활동 순으로 나타났다. 다수의 성도가 신앙으로 외로움을 해결하려고 하는 것이 아니라는 통계가 주목할 만하다. 사회적 거리 두기가 3년가량 지속하면서 교회 안에서의 외로움도 증폭되었을 것이다. 물론 앞만 보고 교회에 와서 앞만 보고 예배드리고 예배 도중 형식적으로 고개만 끄덕이며 인사하는 교회 생활은 외로움을 느끼기에 충분할 것이다.

이런 교회 안에서의 외로움의 문제는 주일예배 참석뿐 아니라 목장 모임 등 소그룹 활동, 남녀 선교회 참석, 함께 야외활동하기, 봉사활동, 단기선교, 수련회 등의 프로그램을 통해 외로움을 극복하는 방안을 찾는 것이 시급하다.

동성애, 차별금지법, 퀴어(queer) 괴물과 마주 선 한국교회

지난 6월 1일(토) 오후 서울 도심에서 두 개의 정반대의 행사가 있었다. 곧 퀴어(queer) 축제와 이를 반대하는 소위 '거룩한 방파제 통합 국민대회'가 열렸다. 퀴어 축제는 2000년부터 해마다 열리고 있는데, 그들은 문화행사를 빙자하여 동성애자나 양성애자, 성전환자 등 성적 소수자들의 성적지향을 인정하고 그들의 인권을 존중해야 한다고 주장한다. 그들은 반사회적 반인륜적인 성적지향에 빠져있거나 이를 찬동하며 괴상하고 역겨운 복장을 하고 예스 퀴어(yes queer)를 외쳤다. 이에 대해 기독교가 연합하여 20만 명(주최 측 추산)의 기독교인들이 모여 행사를 열었다. 서구에서부터 밀려 들어오는 동성애 동성혼 합법화, 포괄적 차별금지법 등, 성 혁명의 물결을 거룩한 방파제가 되어 결사 각오로 막아내자는 목적의 행사다.

이러한 악한 성인식과 성 혁명이 반성경적이요 반인륜적 행태임에도 불구하고 서구 선진국들의 대부분의 기독교 교파들은 차별금지법 제정과 성 혁명 확산 저지에 실패한 것은 물론이고 오히려 동성혼 등 법률 제정과 성 혁명 운동에 공공연히 참여하고 있다. 서구교회는 성 소수자 포용 정책을 이미 수용했거나 수용하는 추세다. 이미 성공회에서는 동성결혼 합법화와 동성애 사제의 임명을 찬성하고 있다. 최근 동성애자에게 축복을 허용하는 안이 통과되었다. 지난 5월 1일 미국 연합 감리교회(UMC) 총회가 반성소수자 규정을 폐지하고 동성애자 성직 안수 금지 조항 폐지하고, 성 소수자와 관련한 제한 및 처벌 규정 등을 없앴다. 캐나다 장로교회(PCC)는 2021년 총회에서 동성애와 동성결혼 허용 및 동성애자 성직 안수를 가능하게 하는 헌의 안을 통과시켰고, 이에 앞서 미국 장로교회(PCUSA)도 동성애자의 성직과 동성결혼 집례를 허용하는 등 세계교회가 교파를 초월해 동성애에 대해 관대하다.

한국교회는 동성애에 대해 보수적 입장을 견지하고 동성애와 차별금지법에 대해 철저하게 반대하는 데 한목소리를 내어왔다. 한편 기독교 장로교 소속의 L 목사(1968-2023)는 성 소수자를 옹호하고 퀴어 축제에 참석하여 찬성하는 입장을 피력할 뿐 아니라 퀴어 참석자들을 축복하고 퀴어 신학에 관한 책을 번역하는 일에 참여했다가 각 주요 교단이 그를 이단으로 규정하였다. 5~6년 전 장로회 신학대학에서 동성애자의 인권을 보호해야 한다는 의미로 5~6명의 학생이 무지개(동성애 상징색) 색깔의 옷을 입고 퍼포먼스를 벌여 신학교뿐 아니라 교단적으로 큰 문제가 되었다. 그로 인해 교단 산하 각 신학교에서는 동성애자나 동성애를 찬성하는 자는 교직원이나 학생으로 받아들이는 것을 금지하고 목사고시 응시 기회도 주지 않는다는 법 조항을 만들었다. 그 일이 있기 수년 전 총신대학에서도 동성애를 옹호하는 동아리 학생들로 인해 시끄러웠다. 한 2년 전에는 감리교 L 목사가 동성애 집회에 참석하여 동성애자를 축복한 일이 있어 총회 재판위원회에 기소되었다. 결국, 감리교회는 재판을 통해 해당 목사를 제명하였다. 이토록 한국교회는, 진보 기독교 연합 단체인 NCC(한국교회 교회협의회)가 동성애를 찬성하는 공식 입장을 내는 것을 제외하고, 대부분이 동성애 및 차별금지법에 대해 한뜻으로 반대의 목소리를 내고 있다.

그동안 국회에서는 세계적 성 혁명에 편승하여 소위 '포괄적 차별금지법'을 여러 차례 발의하고 상정을 시도했다. 그러나 기독교가 일치된 반대 목소리를 내어 본회의에 상정되지 않도록 막았다. 문제는 근자에 들어 일반 학교에서 학생들에게 성 소수자는 특별한 성적 지향성을 가진 자이므로 차별하지 않아야 한다는 내용을 가르치고 있다. 그래서 젊은 중고생이나, 청년 대학생 같은 경우에는 대체로 성 소수자 인권을 보호해야 한다는 시각을 가지고 있다. 만약 포괄적 차별금지법이 발효되면 성 소수자를 차별하는 동성애, 동성혼 반대 설교를 할 수 없다. 그 법은 복음 전도에 해악을 주는 악법이다. 그러면 교회의 생태계가 심대하게 파괴될 것이다. 하나님께서 사람을 창조하시고 남녀 간 성관계만을 허락하셨다. 동성 간의 간음, 짐승 간 간음행위는 하나님께서 경멸하시는 것이니 돌로 쳐 죽이라고 하셨다. 동성애는 우상숭배의 결과이다(롬 1:24-26). 소돔과 고모라의 멸망 원인은 동성간음(남색)이었다(sodomy, 창 19:5).

오늘날 타락한 성 혁명은 남녀 간 두 개의 성별을(sex) 벗어나 남, 여 동성애, 양성애, 성전환, 성 정체성의 모호함(LGBTQ) 등 다양한 성(gender)을 존중해야 한다고 소리를 높인다. 퀴어(queer)는 저러한 여러 가지 성(gender) 정체성을 인정한다. 성적 타락의 극치다. 이는 기묘하고 수상하고(queer) 끔찍한, 타락한 세상을 만들 뿐이다. 한국교회는 동성애(혼) 합법화, 차별금지법, 퀴어 젠더 등의 괴물을 단호히 막아서서 발붙이지 못하게 해야 한다.

중보기도에 앞장선 사람들

중보란 영어로 '인터세션'(Intercession)이다. 인터(inter)는 사이(between)를 의미하고, 세션(cession)은 '간다(go)'의 의미를 가진 라틴어 '세데레(cedere)'에서 파생한 단어이다. 따라서 중보란 둘 사이에 들어가는 것이다. 중보기도란 다른 사람을 위해서 하나님 앞에 나가는 행위다. 하나님과 어떤 사람 사이에서 그 사람을 대신해서 하나님 앞에 아뢰는 것이다. 중보기도는 이웃을 제 몸처럼 사랑하라고 하신 주님의 계명을 실천하는 것이다. 성경에 중보기도를 실천한 인물들이 많이 나온다.

아브라함은 이스라엘의 조상이요 믿음의 조상이다. 하나님께서 아브라함을 부르시고 땅과 자손의 언약을 세우셨다(창 12:1-3). 아브라함은 하나님의 벗이라는 칭호를(약 2:23) 가졌던 사람이다. 아브라함이 하나님으로부터 소돔 성을 심판하실 것이라는 말씀을 듣고서 소돔 성을 위해 하나님께 중보기도 했다(창 18:16-33). 아브라함은 조카 롯과 그 가족을 위해, 여호와를 믿는 다른 소돔 인들을 위해 기도했다. 나아가 소돔에 사는 악인들을 위해서도 기도했다. 이들은 우리가 중보기도를 드려야 할 대상들이기도 하다. 내 가족, 영적인 가족인 그리스도인들, 그리고 예수님을 모르는 세상 사람들을 위해서 기도해야 한다. 믿지 않는 사람들을 위해 기도해야 하는 이유는 하나님은 모든 사람이 구원을 받기를 원하시기 때문이다(딤전 2:4).

모세는 출애굽과 광야 40년간 이스라엘의 지도자요 역사상 최고의 영웅이다. 하나님께서 그를 애굽에서 고초를 겪고 있는 이스라엘 민족을 바로 치하에서 해방하라고 사명을 주셨다. 그는 이스라엘 백성의 문제를 하나님께 아뢰는 중보기도의 사람이었다. 광야 길에서 하나님을 불신앙하고 원망, 불평하고 죄를 지을 때마다 하나님께 중보기도 했다. 특히 모세가 40일간 하나님께 십계명 돌판을 받기 위해 시내 산에 올랐을 때 모세가 오지 않아 아론을 내세워 금송아지를 만들어 희생 제사를 지내며 섬겼다. 하나님께서 진노하시고 그들을 진멸하고자 하셨다. 그때 모세는 백성의 죄를 사해달라고 간구했다(출 32:11-14, 31-32). 그렇지 않으면 하나님께서 기록하신 책에서 자신의 이름을 지워달라고까지 하며 호소했다(32:32). 하나님께서 뜻을 돌이켜 이스라엘 백성에게 내리시기로 하신 진노를 거두셨다. 중보기도의 능력이다.

느헤미야의 중보기도를 보라. 느헤미야는 바벨론 포로 귀환 이후 바사의 궁궐 관리로 있었다. 그가 형제 하나니로부터 고국의 예루살렘이 환란과 능욕을 당하고 성도 허물어져 사람 살 곳이 못 된다는 상황을 들었다. 그는 애통하여 금식하며 고국을 위해 기도했다(느 1:3-12). 그는 자신과 조상을 동일시하여 죄를 자복하며(6-7), 회개하고 돌아오면 회복시켜주신다는 약속을 의지하여 기도했다(8-10). 하나님께서 느헤미야에게 은혜를 베풀어주셨다. 그는 바사 아닥사스다 왕의 허락을 받아 고국 예루살렘에 도착하여 백성의 지도자와 백성들을 설득하여 허물어진 성벽을 재건하는 일에 앞장서고 회개운동과 부흥 운동을 일으켰다. 허물어진 율법과 여호와 종교를 다시 복원하는 데 앞장선 지도자가 될 수 있었다.

다니엘은 바벨론의 1차 침공 시 바벨론에 포로로 잡혀 온 청년이다. 그는 세 친구와 함께 야웨 신앙의 절개를 굳건하게 지켰다. 그는 하나님의 영이 충만하여 왕의 꿈을 해석하고 역사에 대한 통찰력을 갖게 되었다. 무엇보다도 그는 멸망한 고국을 위해 늘 기도했다. 그는 사자 굴에 던져질 것을 알면서도 변함없이 하루 세 차례씩 다락에 올라가 예루살렘을 향한 창을 열고 무릎을 꿇고 감사하며 기도했다. 자신의 생명보다 기도를 더 소중하게 여겼다. 기도를 중단하지 않고 타협하지도 않았다. 그는 메대 다리오가 갈대아왕으로 치세할 때 하나님께 금식하며 베옷을 입고 재를 뒤집어쓰고 하나님께 간구했다. 그의 기도는 조국을 위한 기도였다. 그의 기도의 특징은 자기 민족의 죄를 자복하며 회개하며 기도한 것이다. 조국이 멸망한 것을 두고 자신의 죄와 백성의 죄까지도 고백하며 중보 기도했다. 하나님께서 중보기도의 사람 다니엘을 귀하게 쓰셨다.

성 어거스틴은 "기도는 하나님 앞에서 다른 사람의 행복을 위하여 중재하는 것이다"라고 하였다. 성도는 기도하는 사람이다. 지금은 우리가 함께 중보 기도할 때다. 중보기도에 협력할 일이다. 이스라엘 여호수아 군대가 르비딤에서 아말렉과 전쟁할 때에, 모세가 중보기도하고 아론과 훌이 모세를 팔을 붙들어 함께 중보기도를 도왔다(출 17:8-13). 결국, 승리했다. 기도는 성도의 특권이요 의무다. 함께 기도하고 교회를 섬기고 세워, 하나님의 나라를 건설하는 것이 우리 모두의 사명이다.

3부

성경 66권의 형성과 번역의 과정

아가(雅歌)서를 소개합니다

아가서는 솔로몬이 통치 절정기인 B.C. 965년에 쓴 글이다. 아가서
는 노래(히. 쉬르)란 명사를 반복하여 '가장 아름다운 노래'(히. 쉬르 하쉬림)
하는 뜻의 아가(song of songs, 雅歌)로 명명되었다. 아가서는 특별한 책이
다. 하나님이라는 단어가 한 번도 나오지 않아 순수한 인본주의적 책으
로 오해받을 만한 책이다. 주후 90년경, 팔레스타인의 지중해 연안 얌니
야(Jamnia)에서 유대인 학자들에 의해 구약 39권이 최종적으로 정경으로
확정되었다. 일명 "팔레스타인 정경(Palestinian Canon)"이라고 불리는 히
브리어로 된 구약성경이다. 그 39권 안에 아가서가 포함된다. 맨 나중
에 확정된 시문서 안에 아가서를 포함시켰다. 필시 논란이 있었을 것이
다. 왜냐하면 일견 아가서는 연애담이요 남녀 간 사랑의 노래이기 때문
이다. 그러나 본서가 일반 남녀 간의 사랑 이야기를 넘어 정경으로 채택
된 것은 솔로몬의 저작인 것과 하나님과 이스라엘 백성 간의 관계를 표
시한다고 인정되었기 때문이다.

이 노래를 해석함에 있어서 일반적으로 세 가지 해석방법이 있다. 먼
저 우화적 해석법, 즉 비유적 해석법이다. 이는 하나님과 이스라엘 관
계 속에서(호세아 1:-3:, 에스겔 16:에도 언급됨) 해석한다. 이런 해석법은 유대
인 랍비들에 의해 시작된 것으로 오랜 전통을 가졌다. 이 해석법이 그리

스도의 교회에 답습되어 그리스도와 그리스도의 교회 간의 관계로 해석되기도 한다. 일찍이 중세 수도사 베르나르드(Bernard of Clairvaux, 10190-1153)는 본서 1~3장에서만 무려 86회나 설교하였다고 한다. 다음으로 문자적 해석법, 실제적 해석법이 있다. 즉 드라마 형태로 된 남녀 사랑을 서정시적으로 기록했기에 유대인의 혼인가나 사랑가로 보는 해석법이다. 인간의 성적 사랑의 열정, 육체적 사랑과 그에 따라 오는 감정을 강렬한 기쁨, 아름다움 그리고 힘에 속한 것으로 나타내는 성적 상징으로 가득하다. 다음으로 모형적 해석법이다. 실제적 해석법을 취하면서 이를 모형적으로 해석한다. 즉 구약에서는 하나님과 이스라엘 간의 관계로 보고, 신약에서는 그리스도와 그리스도 교회 간의 관계로 해석한다.

이 책은 인간의 사랑(성적인 사랑, 부모와 자식 간의 사랑, 형제간의 사랑, 친구간의 사랑)은 하나님의 사랑에서 유래했고 그 사랑을 반영하며, 따라서 하나님과 그 백성 간의 관계를 묘사하기 때문에 비유적으로 해석할 수 있다(호세아가 하나님과 선민 간을 결혼으로 비유). 그러므로 우리는 아가를 읽으면서 이 책의 주요 목적이 사람 간의 사랑을 즐거워하는 것임을 기억하고, 그다음으로 그리스도 안에서 우리가 하나님과 맺고 있는 관계의 풍성함을 기억하는 것이 바람직하다. 요컨대 아가서는 하나님이 남녀 간에 허락한 육체적 기쁨과 즐거움과 아울러 하나님과 성도 간의 관계에 있어서, 신앙생활의 즐거움 및 순결한 의무를 상징해 주는 책이다.

아가서에 나오는 등장인물에 대해 알아보자. 아가서는 그 형식이 등장인물들이 각자 자기 배역의 연기를 노래로 하는 오페라라고 볼 수 있다. 아가서에는 등장인물은 3인이 나온다. 그런데 2인극, 2인 주연설과 3인극, 3인 주연설이 있다. 2인 주연설은 솔로몬 왕과 술람미 여인 간의 사랑 이야기라는 것이다. 솔로몬이 이스라엘의 북방 지방으로 행차 중

술람미 여인을 발견하여 사랑하게 되고, 그와 더불어 결혼하여 행복한 결론으로 끝맺는다는 것이다. 이 경우 본서에 나타나는 목자는 왕 자신의 변장으로 본다. 일반적으로 2인 주연설을 취한다. 다음으로 3인 주연설을 보자. 이는 두 사람에다 술람미 여인의 애인인 목자가 첨가되어 사랑의 삼각관계가 되고, 결국 술람미 여인이 왕비로 간택되어 솔로몬 왕과 결혼하지만, 옛 애인인 목자에 대한 순정을 버리지 않고 다시 옛 연인에게로 돌아가기로 허락되어 순수한 사랑의 승리를 맛본다는 것이다. 그러나 이 3인 주연설은 큰 난점을 안고 있는 한 학설에 불과하다.

아가서는 크게 네 부분으로 나눠진다. 첫째, 구애(1:1-3:5) 둘째, 결혼(3:6-5:1) 셋째, 사랑의 시련(5:2-6:14) 넷째, 사랑의 성숙(7:, 8:) 등이다. 본서는 남녀 간의 사랑의 기쁨과 육체적 결합을 통한 희열의 모티브를 통해 하나님의 영적 신부 된 성도들도 하나님의 희생적 사랑을 받았을 즉, 마땅히 하나님을 사모하며 그분을 사랑하는 것이 마땅한 의무요 말로다 할 수 없는 행복임을 깨달을 수 있다. 부디 아가서를 읽고 묵상하고 함께 상고하는 가운데 하나님을 향한 사랑의 고백과 체험이 충만하기를 소망한다.

성경으로 풀어놓은 한자(漢字) 글 (1)

한자는 B.C 1400년경 갑골문자 형태로 처음 발견되었는데, 상형문자가 대부분이다. 이 글은 춘추전국시대에 오늘의 글로 사용되었다는 설이 일반적이다. 현재 한자는 한, 중, 일 세 나라와 대만, 홍콩, 마카오, 싱가포르 등 중화권 몇몇 나라가 사용하고 있다. 그 글자는 세 종류로서 중국에서는 공산정권 이후로 쓰기 시작한 약체인 간화자(簡化字), 우리나라와 대만 홍콩 마카오 등에서 사용하는 정체(正體), 일본에서 사용하는 신자체(新字體) 등이 있다. 한자 및 문화는 중화권뿐 아니라 한국과 일본 등의 생활 속에 깊숙이 들어와 있다. 특히 우리가 쓰는 용어에 한자와 관련된 언어가 많아 글의 이해와 작문에 있어서 한자 이해는 필수적이다.

지난 2006년 여름 필자는 안식월을 맞아 하가이 리더십 세미나 참석차 4주간 동안 싱가포르에 머물렀다. 어느 주일 싱가포르인 교회에서 예배를 드리고 한 소책자를 선물로 받았다. God's Gift to the Chinese People(上帝給中國人的寶, Joseph Philp Ho, 何約珌 저), '하나님께서 중국인에게 주신 선물'이라는 전도 책자다. 그 책에 40개의 한자를 성경적으로 풀이해 놓았다. 아래에서 저자는 한자의 획을 분석하고 조합하여 한자와 성경과의 연관성을 보여주고, 그 글을 성경에 맞춰 해석하여 성경적인 의미를 부여하고 있다. 아래 내용은 상게의 책을 번역한 것이다.

▲ 神(신)자는 礻(신성), 囗(하나님의 영), 十(성령의 검, 십자가)의 세 글자의 결합이다. 즉 "나는 네 하나님 여호와"(출 20:2), "여호와는 참 하나님"(렘 10:10), "백마를 탄 자, 입에서 예리한 검이 나오는"(계 19:15)을 등으로 표현된다.

▲ 主(주)는 丶(하나), 王(왕), 天(하늘), 土(땅) 등의 결합으로 하늘과 땅위에 주 하나님만이 유일한 왕이시다(욥 41:11, 시 47:2).

▲ 義(의로울 의)는 羊(양), 我(나 아)의 결합으로 어린양 예수를 믿고 영접하면 의롭다 함을 얻는다는 의미다(잠 28:1, 약 2:23, 히 10:38, 시 34:17).

▲ 恩(은)은 大(크다, 너그러움, 자비로움), 囗(영, 숨), 心(마음)의 결합어다. 심령이 넉넉할 때 은혜롭게 될 것이다. '당신의 심령이 성숙할 때 당신은 자비한 자가 될 것이다'라는 의미이다. 엡 2:4-5, 고후 9:8, 엡 2:8-9를 보라.

▲ 愛(사랑 애)는 丿(하나), ⼩(불, 빛), 冖(포용, 언약/약속), 心(上向之心), 友(우의/맹약)의 조합이다. 하나님의 불의 언약은 당신의 친구로 삼으신 우리를 위한 당신의 사랑을 증표로 남겨준 것이다(요 15:13, 막 12:30-21, 1요 4:16).

▲ 聽(들을 청)은 十(완전의 의미), 目(눈, 초점), 一(數 目 一), 心(내심)+耳(들음, 소문), 王(왕)의 결합으로 왕의 말을 듣기 위하여 너는 완전히 한마음으로 집중하라는 뜻이다. 욥 33:33, 욥 34:2-3을 보라.

▲ 必(필, 필연, 정의/定意)은 心(결심, 마음), 丿(가로지르기), 즉 큰일을 성취하기 위해 우리는 우리 마음에 십자가를 단단히 고정시켜야 한다는 의미이다(민 23:20, 민 32:10-11, 신 4:29).

▲ 信(신)은 亻(사람 인), 言(말씀, 진리)의 결합이다. 만일 사람이 하나님

의 말씀(진리)에 가까이 가면 하나님을 믿는다. 신앙은 하나님의 말씀을 읽을 때 생기는 것이다(시 40:4, 민 23:19, 마 5:18).

▲ 樂(기쁨, 즐거움 낙)은 幺(옷, 의상), 白, 幺, 十, 木 등의 조합이다. 십자가 위의 사람으로 이루어져 있다. 이 단어의 의미는 십자가 위에 달린 분으로(예수, 하나님의 말씀) 인해 이중의 흰색 옷을 입은 당신은 즐거울 것이다(사 61:10).

▲ 油(유)는 평화와 안전의 의미로서, 氵(물로 세례를 받음), 口(성령), 由(십자가로 호흡)의 합성어이다. 이 단어는 당신은 물로 세례를 받고 성화의 십자가를 받아들이라 그러면 당신 심령에 기쁨의 기름 부음을 받게 된다는 의미다. 출 40:9, 시 45:7, 히 1:9를 보라.

▲ 靈(영 성령), 雨(비, 하늘의 이슬 축복), 口口口(삼위일체, 성부 성자 성령), 巛(위아래 -선이 있음. 생명의 강, 평화의 강). 사람이 물과 성령으로 거듭나야 하나님의 나라에 들어갈 수 있다(요 3:5). 살리는 것은 영(요 6:33), 진리의 성령(요 16:13)이다. 요 4:23,24를 보라

▲ 鮮(선)은 회복, 새로운 피조물의 뜻으로, 魚(그리스도인, 신자, 고기), 羊(하나님의 어린양, 계 5:12). 우리는 고기요 예수님은 어부다. 어린양이 하나님의 고기와 함께 하실 때 회복과 부흥이 있다. 고후 5:1・7, 사 28:12, 삼상 16:23을 보라.

성경으로 풀어놓은 한자(漢字) 글 (2)

▲ 福(복)은 一(하나), 口(호흡), 田(밭, 정원), 衤(신성한 교제)의 결합어로서. 우리가 하나님의 정원이다. 우리가 하나님의 영으로 숨 쉴 때, 우리에게 복이 있다. 창 12:2,3, 렘 17:7을 보라

▲ 船(배 선)은 舟(배), 八, 口(사람)의 합성어로서, 노아 대홍수 때에 그의 가족 8명이 배에서 나왔다. 창 7:13을 보라

▲ 休(쉴 휴)는 十(십자가), 木(십자가에 달린 사람), 人(십자가 곁에 있는 사람)의 결합으로 사람은 안식과 평화를 얻기 위해 반드시 십자가에 달리신 예수를 찾아야 한다. 마 11:28을 보라.

▲ 美(아름다울, 칭송받을 미)는 羊(양, 하나님의 양), 大(큰 사람, 왕)의 합성어로서 양을 모신 대인이 칭송받을 만한 것은 그가 타인에게 영향을 끼칠 수 있기 때문이다. 계 5:12을 보라.

▲ 光(빛 광)은 "(하나님의 등), 儿(아들)의 합성어로 '아들은 아버지의 영광의 빛남이다'는 의미다. 시 43:3, 시 119:105, 시 36:9를 보라

▲ 高(높을 고)는 亠(불), 口(숨, 영), 冖(씌울, 지붕), 口(아래 숨) 등의 결합어로서 "...내 길은 너희의 길 보다 높으며..."(사 55:9)라는 구절을 보라.

▲ 住(살, 머물 주)는 (사람, 인간), 主(주, 주 예수)의 결합으로서 사람은 주 예수님과 함께 살아야 한다는 뜻이다. "귀를 기울이고 내게 나아와 들으

라 그리하면 너희 영혼이 살리라"(사 55:3).

▲ 忍(참음 인내 인)는 刀(칼), 刃(자름, 칼을 멀리함), 心(마음)의 조합으로, 오직 칼(죄, 내면의 상처, 감정들…)을 멀리할 때 우리는 성령의 열매인 인내를 실천할 수 있다. 갈 5:22, 잠 28:22을 보라.

▲ 伙(함께 할, 성령 안에서 하나 화)는 亻(사람, 인간), 火(성령, 하나님의 사자, 불을 태우시는 하나님)의 의미로서, 우리가 서로 일치하기 위해서 성령 안에서 하나 되고, 성령님과 동행해야 한다. 고후 6:16, 신 31:8을 보라.

▲ 旺(풍부, 증가, 풍성한 왕)은 日(매일), 王(왕, 하나님은 온 세상의 왕)의 결합으로서, 당신이 날마다 성경을 읽고, 진정으로 하나님의 발 곁에서 기다리고 문 곁을 바라다볼 때 하나님께서 당신에게 하시는 말씀을 듣는다면 당신은 복 있는 자라는 뜻이 있다. 잠 8:34,35를 보라.

▲ 來(올 래)로서 十, 木(십자가에 달리신 거인 예수), 人人(십자가에 달린 자, 두 명의 작은 사람, 강도)의 결합으로, 예수님께서 십자가에 돌아가실 때 두 강도가 곁에서 달렸다는 의미다. "수고하고 무거운 짐 진 자들아 다 내게로 오라"(마 11:28).

▲ 品(탁월할, 고귀할 품)은 口(성부 하나님), 口(하나님의 말씀 예수), 口(진리의 영이신 성령)의 결합이다. 이는 삼위일체의 의미로서 1요 5:7의 말씀을 보라.

▲ 潔(성결할 결)은 氵(물로 세례받음), 主(주 예수그리스도), 刀(하나님의 말씀, 좌우에 날 선 검, 히 4:12), 糸(사, 흰 세마포, 깨끗한 예복, 계 19:8)의 합성으로서 성결하기 위해서 우리는 (성령으로) 물로 세례를 받고, 주 예수님을 찾고, 하나님의 말씀을 읽고 세마포를 입고 의의 옷을 취해야 한다. 시 51:7, 사 1:16, 요 15:3을 보라.

▲ 想(심상, 사유 상)은 十, 木(십자가에 달리신 분 예수, 하나님의 말씀), 目(눈

초점), 心(마음)의 결합으로, 우리가 올바르게 사유하기 위해서 우리의 온 마음으로 하나님(예수님) 말씀에 초점을 두어야 한다. 그때 우리는 무엇을 얻으려고 구하기 전에 평강을 얻게 된다. 수 1:8을 보라.

▲ 賀(축하 하)는 力(힘), 口(영, 숨), 加(더함), 貝(돈, 조개, 부 패)를 결합한 것으로, 힘(능력)과 영(성령에 이끌리는 믿음)으로서, 당신은 당신의 재화를 증식할 것이다. 잠 13:11, 잠 10:4를 보라.

▲ 榮(영광 영)은 火(천사, 좌측 그룹) 火(천사, 우측 그룹), 冖(덮음, 계약의 궤), 十(십자가), 木(십자가 위의 인자, 예수, 하나님의 말씀)의 결합으로서, 두 천사가 호위하고 있는 하나님의 궤와 그 안에 들어있는 십계명(하나님의 말씀)을 뜻한다. 출 25:22, 겔 10:18을 보라.

성경으로 풀어놓은 한자(漢字) 글 (3)

▲勞(노역 로)는 火(천사, 좌측 천사, 그룹) 火(천사, 우측천사, 그룹),冖(계약, 힘), 力(힘)의 결합어로서 우리의 노역은 하나님께 예배드리는 것이다. 왜냐하면, 이 문자는 영광(榮)과 같은 글자가 위에 있으므로, 勞(노역 로)자는 하나님을 거룩하게 하는 것이 된다. 창 2:15, 잠 13:11을 보라.

▲ 保(보호할 보)는 口(하나님의 영, 거룩한 호흡), 十(십자가), 木(십자가에 달리신 분 예수), 人(사람)의 결합어로서 보호는 하나님 아버지로부터 오는 것이라는 의미다. 시 91:1-2을 보라.

▲ 回(돌이킬 회)는 口(사람, 작은 영), 口(하나님, 큰 영)의 결합어로서, 우리 인간이 죽으면, 우리의 영이 큰 영이신 하나님께로 되돌아간다는 의미를 가진다. 눅 23:46을 보라

▲ 園(정원, 동산 원)은 土(흙, 땅 세상), 口(호흡, 영), 亻(하와), 人(아담, 누워있는), 口(호위, 보호)의 합성으로서, 이 땅이 창조될 때, 하나님께서 호흡을 주시고 아담과 하와를 창조하셨다. 그들을 동산에 살도록 보호해 주셨다. 창 2:7-8을 보라.

▲ 困(곤경, 속박, 압박 곤)은 十(십자가), 木(십자가에 달리신 분 예수그리스도), 口(울타리를 침, boxing함)의 결합어로서 인간이 예수그리스도를 불신앙하는 마음에 사로잡힐 때, 인간은 속박 속에 살게 된다. 시 78:41, 눅 1:45,

딤후 2:9를 보라

▲ 獅(사자 사, 계 5:5)는 師(스승, 선생)와 獅(동물의 왕)의 뜻으로서 이는 유대 지파의 사자는 모든 진리의 스승이라 의미다. 잠 30:30을 보라.

▲ 笨(우둔, 어리석은 분)은 竹(웃음), 十(십자가), 木(십자가 위에 달린 분)의 결합으로, 우리 위해 십자가에 달린 예수님을 비웃는 것은 어리석고 우둔한 것이다(잠 18:7, 1:7).

▲ 裸(벌거벗은 라)는 衤(의복 衣), 果(실과, 나무 위에 열매가 있는 형상)가 결합된 글자로서 창세기 3장 말씀에 아담과 하와가 벌거벗고 살아도 서로 부끄러운 줄을 몰랐는데, 선악과를 따먹은 후에(죄의 결과) 벌거벗은 줄 알고 부끄러워하게 되었다. 이때로부터 비로소 옷을 입게 되었다. 창 2:25, 3:7을 보라

▲ 禁(금지할 금)은 木+木+示(보일, 계시 시)의 결합으로. 에덴동산에 두 개의 신령한 나무가 있었으니 곧 선악과와 생명 나무였다. 전자는 처음부터 따먹지 못하게 금하셨고, 후자는 범죄 이후 따먹지 못하게 금지하셨다. 창 2:17, 3:22,24를 보라.

▲ 噤(금). 이와 관련하여 금 앞에 사람 人을 추가하면 '우르러다', '쳐다보다'라는 의미를 가진 噤(금)이다. 즉 하와가 금지된 선악과를 쳐다보는 것이다.

▲ 婪(람)은 나무 두 개 앞에 女자가 있으면 '욕심부리다', '탐하다'라는 의미로서, 하와가 선악과를 보니 먹음직하고 보암직하고 탐스러워 보였다(창 3:6). 즉 탐욕이 생긴 것이다.

▲ 摩(마)는 두 나무(木)에 손(手)을 뻗은 모양이다. 왼쪽 뚜껑(广, 엄)은 가린다는 의미이다. 즉 '만지다', '가까이하다'라는 의미의 '마'이다. 이와 관련 마귀 마(魔)는 손 手 대신 귀신 鬼가 들어있다. 즉 뭔가 가리면서 두

나무와 관계가 있는 귀신이라는 의미에서 마귀(뱀)가 하와에게 선악과를 따먹도록 유혹하는 의미다(창 3:1, 계 12:9).

▲ 鬼(귀신), 귀는 田(에덴동산 밭 전), ノ(살아있는 별), 儿(사람 인), ム(살짝 사)의 합성으로 에덴동산에서 사람에게 살짝 나타났던 어떤 존재라는 의미로 풀이한다(계 12:9).

▲ 罪(죄)는 올가미 罒(망), 非(아니 비)의 결합으로서 '뭔가 아니라는 올가미', 즉 하나님의 말씀에서 벗어나는 것이다(창 3:6).

▲ 刑(벌하다 형)은 죄를 범한 두 사람(干, 범할 간 干), 刀(칼 도)에 대한 징계요(창 3:16). 罰(벌주다 벌)은 올가미 罒(망), 言(말), 刀(칼 도)로서 하나님의 말씀을 벗어난 것에 대한 징계의 뜻이다.

▲ 始(처음 시)는 하와 女, ム(살짝 사), 口(입)의 합성으로 하와가 죄를 지은 순간은 선악과를 입에 넣었을 때부터 죄가 시작된 것이다. 창 3:6를 보라.

▲ 汗(땀흘릴 한)은 水(氵물), 干(범할 간)의 결합으로서 죄 지은 사람에게 흐르는 물 즉 땀을 의미한다(창3:19). 男子는 田(밭)에서 힘들여(힘 力) 수고해야 한다.

▲ 荊(가시 엉겅퀴 형)은 ++(잡초 초), 두 범죄자 干과 干(범할 간), 刀(칼)으로서 인간의 죄로 인해 땅에 가시덤불이 있을 것을 의미한다(창 3:18). 아울러 棘(가시 극), 즉 나무 두 개의 나무(木)에 冂(울타리 경)이 둘러싸이는 가시를 뜻한다.

성경으로 풀어놓은 한자(漢字) 글 (4)

▲ 善(선할 선) 은 羊, 言, 言. 본시부터 인간은 선하지 못하다. 사람이 하는 선은 人(인), 爲(행함) 거짓 선 즉 僞善이다. 거짓 가(假), 거짓 양(佯), 거짓 단(坦) 거짓 팽(伻)... 모든 글자에 사람 人이 들어있다. 사람은 거짓되다. 오직 하나님만이 선하다(롬3:4). 인간은 거짓되고 악하다. 참 善은 표의문자로 言+羊+言. 즉 말씀이신 하나님과 어린양 예수그리스도를 상징한다(요 1:1, 요 1:29). 선한 이는 오직 하나님 한 분 하나님이시다(마 19:17).

▲ 惡(악). 악은 亞(버금, 다음 아), 心(마음)의 결합이다. 왜 사람을 악하다고 할까? 겔 28:12,14(완벽하게 창조되었으나 타락한 천사 루시퍼, 사 14:13-14), 전능자 자리에 앉고 싶은 자, 하나님을 넘보는 악한 마음. 2인자라 스스로 생각하는 루시퍼를 하나님께서 땅으로 쫓아내셨다. 곧 마귀 사탄이다. 타락한 하나님의 반역자는 마귀, 사탄이요 그를 따르는 자 귀신이다(계 12:9). 땅으로 쫓긴 사탄이 인간으로 하여금 하나님의 말씀에 불순종하는 죄를 짓게 한다. 악할 惡이다. 롬 5:12를 보라. 이때로부터 악한 사탄의 마음이 인간에게 들어왔다. 요 8:44(거짓의 아비 마귀)를 보라. 선은 하나님의 것, 악은 천사장 사탄의 것이다.

하나님은 사탄으로 말미암아 이렇게 죄에 빠진 인간을 구원하시기 위해 예수그리스도를 보내셨고 그리스도의 십자가 죽음과 부활로 누구든지 그를 믿는 자(우리)를 모든 죄와 저주에서 건져내셨으며 영원히 의롭다(義)고 해주셨다.

▲地(지, 地球 지)는 땅의 뜻으로 土(흙)와 也(이끼 야)의 결합이다. 여기 이끼 也는 상형문자로 '뱀이 똬리를 트는 형상'이라고 표현한다. 즉 아담이 범죄하여 이 땅이 옛 뱀 즉 사탄의 소유로 넘겨졌다는 의미이다. 이 땅은 공중권세 잡은 자 마귀가 지배한다. 계12:9(땅으로 내어 쫓기니), 눅 4:6 '내게(마귀) 넘겨준', 엡 2:2(공중권세 잡은 자), 요 12:31, 14:30(이 세상의 임금)을 참조하라.

▲ 膳物(선물)이라는 의미를 보자. 선물 '膳'자는 月(肉), 풀 草(거친 세상)에 사람(口)으로 오셔서 어린 양(羊) 제물(月, 肉)되신 예수그리스도를 뜻한다. 物은 물건의 의미로, 牛(소)변에 말 勿의 결합어로 소는 제물이나 만물을 대표한다는 뜻이 있고 말 勿은 쟁기 형상으로 되어 있어 소가 밭을 가는 형상 즉 物자는 소(제물)를 의미한다. 膳자는 선물 반찬이라는 뜻이 있다. 이 글자는 희생의 고기라는 뜻이 있다. 먼저 달 月변이 있다. 월(月)자는 육달 월(肉 月)이라고도 하고 거기엔 살 몸(고기)이라는 뜻이 있다. 또한 膳자는 올리다, 드리다는 뜻이 있는데 제물로 고기(肉)를 드린 풍속이 있었다는 것을 쉽게 짐작할 수 있다(레 1:10). 이는 희생의 犧(희)자와 연관이 있다. 예수님과 구원(救援)은 하나님께서 우리에게 주신 최고의 선물이다(요 3:16, 엡 2:8-9).

▲ 犧牲(희생)의 희(犧)자는 소 牛, 양 羊, 빼어날 秀(수), 창 과(戈)의 결합으로, 흠 없는 소나 양을 잡아(戈) 희생 제물로 드렸다는 뜻이다. 牲(생)은 소 牛가 다시 살아난 生의 결합으로서 예수님이 우리 범죄함 때문에 죽으시고 살아나셨다는 의미다(롬 4:25).

전술한 내용 중에 神, 福, 禁 에는 동일하게 礻/示(신성 하늘 시, 볼 시)가 나온다. 이는 신성과 관련되어 있다. 즉 礻 변으로 연결된 한자는 하나님(신)과 관련 있다. 아래 실례를 보자.

▲ 조상 祖(조)는 示, 且(같을 차). 하나님과 같은 모습이었던 사람(창 1:27). 祭祀(제사), 祭자는 제단 示, 고기 육(고기, 肉), 손(手)으로 잡아드리는 것이요, 사(祀)는 하나님 앞에 示(제물 차려놓은 제단을 본뜸), 들어 올리는 의지, 들巳의 결합이다. 모세가 놋 뱀을 드리니 바라보는 자는 살았다(민 21:9). 또, 상스러울, 복 祥은 하나님께 羊을 드린 의미다. 하나님께 양을 드리는 일, 제사는 복된 일이요 상스러운 일이다. 빌祝(축) 즉 사람이(人) 口(말로) 하나님께 부탁하는 것이다. 祈禱가 그렇다. 하나님 앞에 두 손을 도끼날처럼 모으고(기, 斤) 기도하는 의미다. 하나님께 示(목숨), 생명(壽)이 있음을 알고 기도하는 의미다.

▲ 課(시험할 과) 이는 하나님께서 선악 열매(果 과)를 금하신 말씀 言(언)으로 아담을 시험하셨다는 의미다.

▲ 楚(쓰라릴 괴로울 매질할 초)는 수풀 林, 조각 필(疋) 즉 하나님이 금하신 나무의 열매를 따먹음으로 시작된 것이다. 苦楚(고초), 楚撻(초달)이 관련된 단어다.

첨언(添言). 전술한 내용 중 (3)의 婪자 까지는 전게 책자에 나오는 것이요, 그 이하는 인터넷 강의 자료를 참조한 것임을 밝혀둔다. 한자의 기원을 중국 商나라(또는 殷 BC. 15세기, 갑골문자)로 본다. 그러나 그 이전에 형태가 있었을 것으로 추정한다. 위에 소개한 내용들은 처음 한자를 만든 이들이 상기의 의미를 두고 글을 만들었다고 확증할 수는 없다. 왜냐하면 객관적인 증거가 없기 때문이다. 상술한 내용들은 해석에 불과하나 새겨 둘 만한 가치는 충분하다.

하이델베르커 요리문답 (Heidelberger Katechismus)

우리가 사용하고 있는 교리문답(敎理問答, 카테키즘, catechism)은 교리의 요약으로, 전통적으로 교리 교수나 기독교의 가르침에 사용된다. 현재 개혁교회에서의 신앙고백과 교리의 요약집인 교리문답서나 교리서는 갑작스럽게 하늘에서 떨어졌거나 하루 이틀 만에 생겨난 것이 아니다. 고대교회에서 교회교육과 세례자 교육, 이단방지를 위한 신앙고백이 있었다. 곧 사도신경, 니케아 신경, 콘스탄틴노플 신경 등이다. 이런 신경을 문답 형식으로 만들어 기독교 신앙과 교리를 변증했다. 이에 기초하여 1517년 종교개혁 이후 많은 교리문답서와 신앙고백서가 나오게 되었다. 구교에서 개혁된 개신교에서 일반적으로 고백하는 신앙고백서는 16세기 이후 종교개혁자들에 의해 작성되고, 제국의 왕들이 개최한 기독교 세계의 공적 회의에서 채택되었다. 오늘날 장로교회에서 흔히 사용하고 있는 웨스트민스터 신앙고백과 소요리문답은 1643년 영국의 "장기의회"에 의해서 소집된 신학자 총회에서 작성되었는데, 1647년 스코틀랜드에서 준비되고 1648년 영국의회에서 공인된 것이다.

한편 그보다 일찍 독일에서 이미 요리문답(要理問答)이 작성되었다. 대표적인 것이 "아우스부르크 요리문답"이다. 이는 마르틴 루터의 신앙고백과 요리문답에 기초하였는데, 마르틴 루터에 의해 1530년에 작성된 것으로 루터파의 요리문답이다. 하지만 이 신앙고백은 교회분열의 선례로 인식되기 시작했다. 그때부터 가톨릭교회에 반발하는 정치세력들, 각국의 국왕 영주, 도시 의회 등을 중심으로 자신들의 입맛에 맞는 종파를 선택해 분열해 나가기 시작한 것이다. 아우스부르크 회의를 통해 신성로마제국 지역 내 영주들은 루터교로서의 독립적인 세력을 갖게 되었고 나라마다 각기 국가교회(state church) 형태로 분열한 것이다. 그러나 루터파와 소위 칼빈 및 개혁파는 성만찬 이론에 있어서 확연한 교리적 차이를 보였다. 루터파는 가톨릭에 가까운 예수의 몸과 피가 떡과 잔에 함께 포함되어 있다는 "공재설"을, 좌파인 쯔빙글리는 예수님의 살과 피를 기념하는 "상징"일 뿐이라고 했고, 중도입장에 선 칼빈은 영적으로 임재한다는 "영적임재설"를 주장했다.

이러한 루터파의 "아우스부르크 신앙고백"에 맞서는 개혁신학의 결정체요 개혁교회의 표준이라고 할 수 있는 요리문답이 나왔다. 곧 "하이델베르커 요리문답"(Heidelberger Katechismus 하이델베르거 카테히스무스)이다. 이는 칼뱅주의 교리를 가르치기 위해 문답식으로 작성된 기독교의 신앙고백으로 웨스트민스터 신앙고백서와 더불어 개신교에서 영향력 있는 신앙고백으로 여겨지고 있다. 이는 루터의 동료이자 친구요 루터교회의 신학자 멜랑히톤(Melanchton)의 제자 우르시누스(1534-1583)에 의해 작성되었다. 우르시누스는 루터교회에서 자라나고 루터교회의 신학으로 양육 받고 멜랑히톤에게서 신학을 배운 후 여러 개혁신학자에게서 개혁신학을 익혔다. 그러나 그의 개혁신학적 견해, 특히 루터의 "공재설"을 반대하고 칼뱅의 "영적임재설"을 찬성하는 입장에 있었기에 루터파에서 떨어져 나올 수밖에 없었다. 곧 루터파에 맞선 칼빈파 개혁교회다. 당시 독일의 선제후령(選帝侯領) 팔츠(Pfalz)에서 종교개혁이 진행되면서 팔츠를 다스리던 선제후 프리드리히 3세(Friedrich III)는 칼빈주의적 성향을 가지고 있어 아우스부르크 고백서가 충분하지 않다고 여기고 있었다. 그래서 자기 지방을 안정시킬 방책을 구하는 가운데 성서 본문에 기반한 신앙고백 작성을 위해 위원회를 조직하였다. 그는 개혁신학자들 가운데서 우르시누스(Zacharias Ursinus)와 올레비아누스(Caspar Olevian)에게 요리문답 작성의 역할을 맡겼다. 그때 작성된 요리문답은 1563년에 팔츠의 수도였던 하이델베르크에서 열린 총회에서 채택되었다. 이 하이델베르커 요리문답은 우르시누스와 올레비아누스가 함께 작성했다고 알려져 있었는데, 현대의 많은 학자들은 우르시누스가 주된 저자였으며, 그가 여러 사람들의 도움을 받아서 이 교리문답을 작성했다고 주장한다. 이 하이델베르커 요리문답은 도르트 총회에서(1618-1619년) 네덜란드 신앙고백(1561)과 도르트 신조와 더불어 하나 되는 세 고백서(Three Forms of Unity)로 받아들여졌다.

당시 모든 개혁교회들은 총 129개의 문답으로 이루어진 하이델베르커 요리문답을 정통교리의 요약으로 열렬하게 받아들였다. 그리하여 개혁교회의 보편적인 신조가 되었다. 스위스, 프랑스, 영국, 스코틀랜드, 네덜란드와 심지어 독일에서도 개혁신앙을 따르는 사람들은 이 신조를 받아들였다. 하이델베르커 요리문답은 전세계적으로 개혁교회의 교육교과서와 신앙고백서의 역할을 하게 되었다.

성경 66(39+27)권의 형성과 번역의 과정

기독교는 계시의 종교다. 계시는 일반계시와 특별계시로 나뉜다. 일반계시는 자연과 역사요 특별계시는 성경과 하나님의 아들 예수그리스도이시다. 하나님께서 아들을 통해 아버지를 보여주시고(요 14:7-11), 말씀하셨다(히 1:1-2). 한편 성령의 감동으로 기록된 하나님의 말씀으로 당신을 나타내신다. 하나님의 말씀은 성경으로 기록되었다. 성경은 하루아침에 하늘에서 떨어지듯 별안간 생겨난 것이 아니다. 구약성경 39권과 신약성경 27권이 어떻게 형성되어 우리 손에 들려지게 되었는가?

우선 구약을 보자. 히브리어 구약은 율법서(토라), 예언서(느비임), 성문서(케투빔)로 나뉜다. 창세기, 출애굽기, 레위기, 민수기, 신명기 등이 에스라가 주전 444년경에 낭독한 율법서이다. 이 다섯 책은 이후 주전 400년경에 확정된 것으로 본다. 다음으로 예언서는 전기와(여호수아, 사사기, 사무엘서, 열왕기서)와 후기예언서(이사야, 예레미야, 에스겔 등과 12권의 소선지서 포함)로 나눈다. 이 책들도 에스라 느헤미야 시대에 여러 책들이 모이고 수집되어 정경화 되었다고 본다. 세 번째 성문서는 성질이 다른 여러 책들을 모아서 확정했다. 성문서는 역대기, 시편과 지혜서인 잠언, 욥기, 전도서와 그리고 다섯 두루마리 책으로 알려진 룻기, 아가, 애가, 에스더, 전도서와 묵시문학인 다니엘 등 11권 대부분의 책이 에스라 느헤미야 이후 주전 4-3세기에 기록되었다고 본다면 성문서 전체가 주전 3세기 초에 구약성경 안으로 첨가되었다고 보는 것이 일반적인 이론이다. 이 구약 성경은 히브리어로 기록되었다. 구약은 주전 280년경(?)에 프톨레마이오스 2세의 위임 하에 72명의(지파별 6인) 학자들이 희랍어로 번역하였으니 곧 70인 역(LXX), '셉투아진타'(septuagint) 구약성경이다. 70인 역은 율법서, 역사서, 시가서, 예언서의 4부분으로 나뉘며 외경들도 적절히 배치되어 있다. 결국 구약성경은 주후 90년 해안 도시 얌니야에서 열린 유대 랍비 회의에서 최종적으로 39권으로 확정되었다. 구약성경 이후 신약성경까지의 약 400년의 공백의 시대를 중간시대라고 부른다.

신약성경의 형성을 보자. 신약성경 기록은 주후 50년경부터다. 예수 그리스도 부활 승천 후 복음이 예루살렘을 벗어나 안디옥, 소아시아, 마게도냐 등 유럽으로 확장되기 시작하였다. 예수의 직계 사도들이 하나하나 세상을 떠나기 시작하고 예수의 재림이 천연(遷延)되면서 사도들의 그리스도에 대한 증언과 신앙을 문서로 남길 필요성을 갖게 되었다. 복음의 확장과 호교(護敎), 특히 이단 사설의 도전에 대한 변증(辨證)의 의미로서, 초대교회의 기초가 되는 예수그리스도의 말씀과 전기를 문서화하게 된 것이다. 그래서 마가복음을 위시한 복음서와 갈라디아서를 위시한 바울서신과 일반서신에 이어 맨 나중의 책으로 주후 100년경, 요한계시록 등을 기록하게 되었다. 이런 신약성경은 당시에 통용되던 코이네 희랍어로 기록되었다. 물론 신약성경 27권 이외에도 여러 권의 위경이 있었으나, '성경이 사도적 권위를 가졌는가, 저자가 사도와 직접적인 접촉이 있었는가, 당시 초대교회에서 교회 예배 시에 낭독하고 신앙과 교리에 유용한가,' 등의 기준에 부합된 27권을 정경(正經)으로 채택하게 되었다(주후 397년 카르타고 회의). 성경은 인쇄술이 발달되기 전에는 서기관(필사자)들의 손으로 사본이 만들어지게 되었다.

처음에 성경은 히브리어와(구약) 희랍어(신약)으로 각각 기록되었으나 주후 4세기 말, 교황 다마수스 1세의 지시에 따라 교부(敎父) 제롬에 의해 라틴어로 번역되었다. 이를 '불카타'(Vulgate, 벌게이트)성경이라 부른다. 최초 인쇄로 된 라틴어 성경은 바로 1456년 벌게이트 성경이다. 이 라틴어 성경이 1530년경까지 약 천 년 간 독보적으로 사용되었다. 이후 인쇄술의 발달과 종교개혁과 더불어 독일어와 영어 등으로 번역되기 시작했다. 최초의 독일어 성경은 마르틴 루터에 의해(신고지 독일어) 번역되기 시작하여 1534년에 완성되었고, 1629년 잉글랜드의 제임스 1세 왕의 주도로 흠정역 킹제임스 영어성경(Authorized Version)이 세상에 나오게 되었다. 이후 성경은 각국어로 번역, 인쇄되었다. 종교개혁 후 개혁교회는 신약 27권, 구약 히브리어 성경 39권을 정경으로 채택했으나, 로마천주교에서는 신약 27권과 구약은 불가타 라틴어 번역을 따르고, 외경 7권을 추가하여 46권을 채택했다(1546년 반종교개혁 공의회).

한글성경은 1883년 누가복음 등 쪽 복음이 중국에서 번역되어 선교사들의 손에 의해 들어왔고, 1904년 신약성서, 1910년 구약이 인쇄되고, 1911년에 성경합본이(구역) 처음으로 출판되었다. 1938년에 '한글 개역판'(성경전서 개역판)이 출간되었고, 1961년 성경전서 개역한글판, 1967년 신약 '새 번역'이 나왔고, 1977년에 신·구교 '공동번역' 성경이 출간됐다. 현재 천주교, 성공회, 정교회에서 이를 사용하고 있다(1999년 개정). 그리고 1993년에 표준 새번역이 나왔다(2001년 개정). 현재 개신교에서 통용되고 있는 성경은 '개역개정판'으로 1998년에 세상에 나왔다.

나는 느헤미야(?~ BC.412)입니다

나는 포로 후기 유대 총독 느헤미야입니다. 저의 할아버지는 바벨론에 포로로 잡혀 와서 터전을 잡고 살았습니다. 우리 조상들이 B.C 587년에 바벨론에게 망하였는데, 이후 메대 바사가 바벨론을 정복하고 새로운 세상 바사시대가 열렸습니다. 바사 왕 고레스 원년에 유대 백성들이 포로에서 1차로 귀환해 왔습니다. 그때 돌아온 이들이 성전을 재건했지요. 그때가 516년입니다. 그 후 지도자 에스라의 인도 아래 458년에 2차 귀환이 있었고, 나는 그로부터 한 13년 후 445년경에 3차로 포로 귀환 때 예루살렘에 왔답니다.

제가 이렇게 고국 예루살렘에 오게 된 계기가 있었지요. 저는 바사 왕의 술을 맡아 권력자의 총애를 입고 제법 잘 나가는 이민 2세대 출신 관리로 있었습니다. 그런데 제가 모시던 아닥사스다 왕 20년 기스르 월이었습니다. 제 형제 하나니가 예루살렘을 방문하고 와서 조상의 나라 수도 소식을 들려주었어요. 성은 허물어지고 성문도 불타고 짐승만 노니고 치안도 불안하여 사람들이 살고 싶어 하지 않는 버려진 땅이 되었다는 겁니다. 그 이야기를 들은 저는 주저앉아 울었지요. 수일 동안 하나님께 금식하며 기도했습니다. 조국을 위해 자복하며 회개했습니다. 하나님께서 제게 거룩한 비전을 주셨습니다. "네가 예루살렘으로 가서 수도를 재건하라"는 음성이 들렸습니다. 그래서 기도하던 중에 겁도 없이 왕에게 나갔습니다. 그날따라 왕이 저를 잘 봐주신 겁니다. 왕의 재가를 얻어 예루살렘에 와서 예루살렘 거리를 시찰해 보니 참으로 비참했습니다. 저는 백성의 지도자 그룹들을 모으고 하나님의 선한 손을 의지하고 성벽을 건축하자고 했지요. 모인 이들이 흔쾌히 동의해 주었습니다. 문제가 생겼습니다. 성벽건축의 소식이 퍼지면서 건축을 반대하는 이들이 나타났습니다. 사마리아 유민들의 지도자 산발랏과, 도비야, 게셈... 이들이 우리를 업신여기고 비웃었습니다. 그렇지만 저는 하나님의 비전을 보았기에 방해자들의 공작과 생명의 위협에도 불구하고 성벽 공사를 착착 진행했습니다. 유대 동족들이 처음에는 반대에 부딪혀 실의에 빠졌지만 그래도 잘 도와주었어요.

외부의 방해자들도 문제였지만 내부에 곪았던 문제가 터져 나오기 시작했지요. 일부 가난한 백성들의 불만이었습니다. 살기가 어려운 가운데 돈을 빌려 갚지 못하면 채권자들이 자식들을 종으로까지 데리고 간다고 하니 원성이 높았습니다. 저는 대회를 열고 채권자들을 달랬습니다. 이자 받는 것을 중단하자고 권했습니다. 나 자신이 총독으로 녹을 받지 않고 모범을 보이는 것을 이야기해 주었습니다. 이야기가 잘되었습니다. 그런데 산발랏 등의 도당들이 저를 죽이려는 음모를 꾸몄고 내부의 거짓 예언자들의 장난도 있었습니다. 그럼에도 하나님의 은혜로 53일 만에 성곽건축을 완공했지요. 그리고 지도자들을 세워 행정조직을 갖추고 예루살렘 성문을 파수하도록 조치했습니다. 나와 함께 포로에서 귀국한 이들의 호구를 자손별로 조사를 하여 주민등록을 하게 했습니다.

성곽을 건축한 뒤에 종교개혁이 필요함을 절감했습니다. 백성들을 수문 앞 광장에 모으고 율법을 에스라로 하여금 들려주게 했습니다. 새벽부터 정오까지 백성들이 율법에 귀를 기울였습니다. 그와 몇몇 동역자들이 율법의 내용을 깨닫게 해주니 백성들이 듣고서 울음바다를 이루었습니다. 감격과 회한과 회개의 심정이었을 겁니다. 에스라의 지도 아래 초막절을 준수하고 온 백성들이 금식하며 회개기도 성회를 열었습니다. 그들 모두가 죄를 자복하며 하나님의 언약을 지키기로 약속하고 언약을 세워 인봉하였습니다. 종교개혁에 온전히 매진하기 위해 이방인들과 절교하고 빚도 탕감해주고 하나님의 성전 예배와 섬김을 위해 십일조를 성실하게 바치고 여러 가지 봉헌물에 관한 규정을 재정비하였습니다.

저는 동시에 예루살렘에 거주 백성들이 거룩한 백성답게 살도록 지파별로 조직을 강화하여 백성을 보호 관리 통제하도록 조치했습니다. 그뿐만 아니라 예루살렘 거주민과 주변 마을 거주민을 조정하여 예루살렘에도 이주하여 살도록 했습니다. 사람 살 곳을 만들어야 하니까요. 그리고 귀환한 제사장, 레위인들을 파악하여 생활 안정 대책을 세워주고 성전 봉사에 전념하도록 했습니다. 또한 성전을 정결하게 하여 거룩하게 구별하도록 조치하고 안식일을 준수하게 했습니다. 무엇보다 이방인과 혼인한 이들을 철저하게 전수 조사하여 여인들을 돌려보내고 잡혼을 금지시켰습니다.

나는 12년간 총독으로 있으면서 성곽 재건과 종교개혁을 수행하고 432년에 은퇴하여 예루살렘에서 여생을 보내었지요. 나의 추억담은 내가 죽기 전에 기록해 놓은 구약 성서 느헤미야서가 있으니 찬찬히 한번 정독해 보시면 되겠네요. 제 글을 읽어주셔서 고맙습니다. 샬롬!

우리 안의 무속(巫俗), 주술(呪術) 문제

3.9일 대선을 앞두고 유력 후보자의 배우자에 대한 시빗거리와 의혹이 논란의 한복판에 놓여있다. 그중의 하나가 무속, 주술에 대한 문제다. 이와 관련된 정치적인 입장이나 구체적인 사실관계는 논외로 하고 논란의 단초를 제공한 '무속'과 관련된 것을 살펴보고자 한다.

무속은 우리 민족의 고유의 정신사와 종교적 배경에 깊이 관련되어 있으며 우리나라 민간신앙의 주류다. 무속의 기원은 동북아시아의 시베리아에 있던 샤머니즘(shamanism)으로 보며 이를 한국 무(巫)의 연원으로 삼는다. 이 무속은 우리나라에 儒(유교) 佛(불교) 仙(선, 도교) 등 삼교가 들어오기 이전부터 있었던 '풍류도(風流道)' 혹은 '현묘지도(玄妙之道)'와 동일한 것으로 본다. 우리나라의 개국 신화 속의 시조 '단군'은 고유명사가 아니라 북방의 알타이어 계통에서 '무당'을 이르는 '탱그리'라는 단어에서 온 보통명사로 정치적 우두머리이면서 동시에 종교적 사제였다. 이런 무당의 무교가 삼국시대에 자연스럽게 이어져 내려왔다. 무교에서의 사제는 한자 글에서 보듯이 무(巫) 즉 하늘과 땅을 춤을 추며 이어주는 역할을 했다. 즉 신령(신적 존재)으로부터 힘을 빌어서 무당(사제)이 단골 신도를 중재하는 역할을 한 것이다.

무속이 고려까지 흥행했으나 조선 개국과 함께 편 숭유억불(崇儒抑佛)

정책으로 불교와 함께 산으로 들어가게 되었다. 이후 불당 한편에 삼신각(산신각)을 만들어 무교가 함께 결합한 것을 볼 수 있다. 우리나라 인왕산에 신을 모셔놓고 굿을 하는 대표적인 굿당인 국사당(國師堂)이 있다. 곳곳에 용궁, 천신당, 산신당, 장군당 등 굿당들이 있다. 본오동 팔곡산 산마루에도 굿당이 있다. 동네 안에도 굿당이 있어 점이나 주술 등을 하고 있다. 이 일에 종사하는 무당들은 신령으로부터 신 내림을 받거나(강신무) 세습하는(세습무) 경우가 있다. 이 무속은 불교와 깊이 결합이 되어 있을 뿐 아니라 조상을 숭배하는 유교와도 밀접한 관계를 갖고 있다. 당연히 신선(神仙)사상을 기반으로 한 중국 고유의 종교인 도교와도 깊은 관련을 갖는다. 우리나라 민속종교의 뿌리에도 무속이 자리 잡고 있다. 한국 기독교도 그 영향을 입었다. 민간신앙과 관련된 치병(治病)과 기복(祈福), 산기도, 통성기도 등이 한국 기독교를 단기간에 뿌리내리게 한 요소가 되었다. 담임목사를 큰 목사로 부르고 목사가 심방하면 큰방에 와서 예배를 드려야 한다고 생각한다. 신앙생활에 주술적인 것을 희구하거나 목사에게 주술가 역할을 기대하기도 한다.

한국인의 무속신앙에 대한 의식은 미신과 결합되어 뿌리 깊다. 택일, 사주팔자, 궁합, 작명, 운수, 주술, 부적 붙이기 등 주술에 관심이 많다. 일간지에 운세를 보는 코너가 있을 정도다. 새해가 되면 점이나 주술의 도움을 받는 이들도 있다. 지난달(2002년 2월) 7-10일까지 한국리서치가 전국 남녀 1000명을 조사하여 발표한 '점, 신년 운수에 대한 인식조사' 결과에 따르면 최근 5년 사이 점(사주, 타로, 관상, 신점)을 본 경험이 있는 국민은 전체의 41%였다. 그중 남성 35%, 여성 48%였고 60세 이상(29%)을 제외하고 모든 연령대에서 40% 이상이 점을 본 경험이 있다고 답했다. 점을 본 경험자들은 사주팔자(49%), 토정비결(40%), 타로카드(31%)

순서로 접했고 스마트 폰 등 온라인 사이트를 통해(58%) 많이 접했다고 한다. 종교별로 천주교인 39%, 불교인 62%, 개신교인 23%, 무종교인 18% 등으로 나타났다. 특이하게 개신교인 31%는 점에 대해 '미신'으로 보기 '어렵다'거나 '모르겠다'고 답했다고 한다(2월 8일 국민일보). 기독교인 가운데도 무속, 미신을 심각하게 보지 않는 경우가 있다는 것이다.

성경은 점성, 점술, 주술, 복술을 단호히 배격한다. 하나님께서 이런 사술(邪術)을 가증한 것이라 하셨다(신 18:10,11 삼상 15:13, 왕하 17:17). 신접한 자, 박수 등이 점치는 것과 사술과 요술은 악한 것으로서 하나님의 진노를 격발하게 하는 것이요(대하 33:6, 렘 29:8,9 겔 13:6,7) 진언하는 것과 사술하는 것은 무익하다고 했다(사 47:12). 요컨대 기독교에 있어 술법, 복술, 사술, 강신술, 주술, 주문, 점성술은 비성경적이요 반 신앙적이다. 신접하거나 박수가 되거든 살려두지 말고 죽이라고 했다(출 22:18, 레 20:6, 27). 술객들은 심판을 받을 것이다(계 22:15). 사울왕은 신접한 자와 박수를 쫓아내었으나, 하나님께 버림받은 후에 엔돌의 무당을 찾아가서 사무엘을 불러올리라고 요구했다(삼상 28:7). 신접한 자는 사무엘을 불러올렸다. 거짓부렁이 사술이다.

얼마 전 일부 개신교 신학자들이 "무속과 주술정치는 안된다"라는 성명서를 발표했고, "천주교 정의구현 사제단"에서도 유사한 성명을 발표했다. 우리 기독교 안에 비성경적이고 반 신앙적인 무속, 주술, 사술은 결코 가당치 않다. 이러한 것을 정치에 반영하는 것도 있을 수 없는 일이다. 정치적인 입장을 떠나, 우리 기독교는 무속, 주술 등을 단호히 배격한다.

구약성경 및 신약성경 주요 연대 일람 (1)

구약성경은 메시야를 이 땅에 보내주시겠다는 약속의 책이다. 구약에는 하나님께서 메시야를 보내어 인류를 구원하시고자 하는 약속과 예언이 나온다. 이 구약은 이스라엘 역사를 배경으로 기록되었다. 구약 이스라엘 역사는 창세기 12장으로부터 시작되었다. 창세기 11장까지는 선사시대 또는 전사(前史)시대라고 할 수 있겠다. 우리가 구약성경을 잘 이해하기 위해 구약의 주요 연대를 파악하는 것이 필수적이다.

아래에서 그 연대를 일람해 보고자 한다. 모두가 다 주전(B.C) 연대이다. c(또는 ca) 라는 표시는 약(circa, 約) 이라는 의미이다.

1. 이스라엘의 족장시대(창 12:~50:): c. 1800-1700, 아브라함, 이삭, 야곱, 요셉의 시대이다. 1700~1550년은 이집트의 힉소스(Hyksos) 왕조시대이다. 히브리 민족이 이후 약 400여 년간 이집트에서 종살이하던 시대이다.

2. 1290(80)년은 출애굽 연대다. 당시 이집트의 왕은 람세스(Rameses) Ⅱ세다. 한편 B.C1440년 경(전기 연대설)으로 보기도 한다.

3. 1290(80)~1250년은 광야 40년 시대로(출애굽기~신명기) 하나님께서 이스라엘 백성과 시내산 계약을 맺었다.

4. 1250~1200년은 가나안 점령, 정착(여호수아)시대이다.

5. 1200~1020년은 사사가 다스리던 시대(사사기)이다. 1050년에 이스라엘이 숙적 블레셋(Philistines)에게 패배하고 법궤를 빼앗겼다(사무엘상 4:).

6. 1020~1000년에 사울 왕이 치세했다(삼상 10:~, 왕정의 시작)

7. 1000~922년 통일왕국시대(다윗, 솔로몬). 1000~961(다윗의 치세, 사무엘하), 961~922년은 솔로몬 왕 치세(왕상 1:~왕상11:).

8. 922년 왕국의 분열(왕상 12:~). 분열왕국 시대의 남 왕조와 북 왕조에 대해 각각 다루고 있다(왕상 12:~왕하 25:). 북 왕조(이스라엘왕국)는 722년 앗시리아(앗수르)제국에 멸망당하고 남 왕조(유다왕국)는 587년에 바벨론에게 멸망당한다.

9. 분열왕국. 먼저 북이스라엘 왕조를 살펴보자. 1) 여로보암(922~901) 2) 나답(901~900) 3) 바아사(900~877) 4) 엘라(877~876) 5) 시므리(876,7) 6) 디브니(876). 이후 오므리가 혁명을 일으켜 오므리 왕조 시대가(876~842) 열렸다. 7) 오므리(876~869) 8) 아합(이세벨과 결혼 869~850), 이때 선지자 엘리야(C.850), 미가야(C.85)가 활동했다. 9) 아하시야(850~849) 10) 여호람(요람 849~842). 이후 예후가 정변을 일으켜 예후왕조 시대를(842~745) 열었다. 11) 예후(842~815), 선지자 엘리사가 이때 활동 12) 여호아하스(요아하스, 815~801) 13) 요아스(여호아스, 801~786) 14) 여로보함 II세(786~746), 선지자 아모스(C.750)와 호세아(C.745)가 활동했다. 15) 스가랴(746~745, 6개월) 16) 살룸(745 1개월) 17) 므나헴(745~738) 18) 브가히야(738~737) 19) 베가(737~732), 수리아(아람)와 이스라엘 동맹군이 예루살렘을 735에 침공했다. 앗수르 디글랏빌레셀(불)왕이 북이스라엘 수도 사마리아를 응징함(732) 20) 호세아(732~724). 앗수르 살만에셀 V세의 사마리아를 정복(722)하여, 북이스라엘 왕국이 멸망했다.

다음으로 유다왕조의 열왕들을 보자. 1) 르호보람(922~915) 2) 아비얌(아비야 915~913) 3) 아사(913~873) 4) 여호사밧(873~849) 5) 여호람(요람, 북왕조 아합 왕의 딸 아달랴와 결혼, 849~842) 6) 아하시야(842) 7) 아달랴(여왕, 842~837) 8) 요아스(837~800) 제사장 여호야다에 의해서 아달랴에게 뺏겼던 다윗왕조를 되찾아 요아스를 왕으로 세웠다. 9) 아마시야(800~783) 10) 웃시야(아사랴, 783~742) 11) 요담(742~735). 이때 이사야 선지자가 활동했다(742~700). 12) 아하스(735~715). 이때 미가 선지자가 활동했다(722~701). 이사야와 미가는 북 이스라엘이 멸망한 연대와 겹친다. 13) 히스기야(715~687/6). 앗수르의 산헤립 왕이 예루살렘을 침공했다(701) 14) 므낫세(687/6~642) 15) 아몬(642~640) 16) 요시야(640~609). 621에 종교개혁을 단행함. 애굽 왕 느고 II세에 의해 므깃도 전투에서 전사(609). 선지자 스바냐(628~622), 예레미야(626~587), 나훔(612)의 활동과 연대가 겹친다. 17) 여호아하스(609 3개월) 18) 여호야김(엘리야김 509~598). 바벨론 1차 침공함. 다니엘에 잡혀갔다. 선지자 하박국(C.605)이 활동 19)여호야긴(598~597 3개월). 597에 바벨론 왕 느부갓네살이 예루살렘을 2차로 침공했다. 이때 에스겔이 잡혀감 20) 시드기야(597~587) 느부갓네살이 예루살렘을 3차 침공하여 유다왕국이 멸망당했다.

구약성경 및 신약성경 주요 연대 일람 (2)

10. 바벨론 포로기(587~538). 이때 선지자 에스겔(593~571), 제2 이사야(? 540), 오바댜(587 이후 포로기간), 바사(페르시아)의 고레스 왕이 바벨론 제국을 멸망시킴(539), 고레스 왕이 칙령을 내림(포로귀환 성전재건 허락 538).

11. 포로기 이후 시대(538 이후), 바사제국 시대(539~333). 선지자 학개(520~515), 스가랴(520~515)가 활동했다. 성전 재건은 516년이다. 선지자 요엘(500), 요나(포로기 이후 시대?), 말라기(500~450)가 활동했다. 성전재건 이후 에스라(458)와 느헤미야(445)가 활동했다. 이로써 구약성경시대가 끝이 나고 새로운 시대를 기다리고 있었다. 구약시대와 신약시대(예수 탄생~) 사이의 약 400여 년간을 중간시대라 부른다. 이때 페르시아 시대를 거쳐 희랍시대, 그 이후 로마시대가 시작된다.

12. 희랍시대(B.C333~63).

이 땅의 제국은 영원하지 않다. 페르시아 제국은 알렉산더에 의해 333년에 멸망했다. 333년에 전 세계를 제패한 알렉산더 대왕이 323년에 죽은 후 그의 제국은 4분되었다. 그중에 프톨레미 왕가가 323-198년까지, 셀류커스 왕가가 198-164년까지 팔레스틴을 통치하였다. 한편 시리아 지역의 패권을 가진 안티오커스 IV세(175-163)가 팔레스틴을 지배하여 성전을 유린했다. 164(5)년에 유대의 마카비 형제가 혁명을 일으켜 나라가 독립했으나, 100년 이상 가지 못했다. 이 시대에 메시야 대망 사상이 하늘을 찌를 정도였다.

13. 로마시대(BC 63년 이후)

이후 폼페이 장군에 의해 예루살렘이 정복당하면서(63) 신약성경시대는 헬라, 로마의 영향 속에 있게 되었다. 구약성경이 약속의 책이라면 신약성경은 약속의 성취, 즉 하나님의 약속이 성취되어 메시야 예수그리스도께서 이 땅에 오셔서 인류를 구원하셨다는 내용이다. 신약성경시대는 예수그리스도께서 이 땅에 오심으로 시작되었다. 다음으로 신약성경시대에 대해 살펴보자.

1. 4복음시대(BC4~30)

세계역사는 예수 오심을 기준으로 BC(주전)와 AD(주후)로 나뉜다. 예수께서 탄생하신 실질적인 연대는 BC 4년이다. 이때는 로마의 시저(Caesar)가 정적 폼페우스를 격파한 후(BC48), 그의 양자인 옥타비아누스(아우구스트스)가 첫 번째 황제로(BC27-AD14) 치세할 때이다. 예수께서 공생애를 사신 때는 티베리우스(AD14-37) 황제 시대이다. 예수께서 십자가에 달려 돌아가신 연대는 약 30년경이다. 4복음서는 예수의 탄생과 공적 활동, 죽으심과 부활에 대해 전하고 있다. 예수 탄생 시에는 헤롯대왕이 유대를 다스릴 때이고(BC34~4), 그가 죽은 후 그 영토를 세 아들에게 분할했다. 아켈라오가 유다의 왕으로, 안티파스가 갈릴리와 베레아의 분봉 왕으로, 필립은 북방 이트리아의 태수가 되었다. 예수께서 십자가에 돌아가실 때 유대총독은 빌라도(AD26-36)이다.

2. 사도행전 교회시대(AD30~70)

예수께서 십자가에 죽으시고(30년) 부활 승천하신 후 예루살렘에 처음

교회가 세워졌다. 이후 제자들이 복음의 증인이 되어 스데반의 순교(행 7:57) 이후 유대, 사마리아 등으로 흩어져 복음을 전했다. 특히 12제자 중 하나인 야고보가 순교 당함으로(행 12:2) 제자들이 박해를 피해 뿔뿔이 흩어지면서 복음이 확장하였다. 이후 바울이 회심하여(32-35 사이) 이방인의 전도자로 부름받아 3차에 걸쳐 전도여행에 나서 소아시아 에베소, 빌립보를 위시한 마게도냐 등 구라파 지역에 복음전하여 교회를 세웠다. 이에 대한 역사가 사도행전이다. 바울이 전도를 시작한 연대가 약 44-45년경이다. 그는 3차 전도 여행 중 에베소에 52-56년 사이에 체재하며 복음을 전하다 예루살렘에 와서 체포되어(55-56) 2년간 감금되었고, 로마로 호송되어 2년 간 구금되었다. 이후 풀려나서 자유스럽게 복음을 전하다가 순교했다. 대체로 네로 황제 시대(54-68), 60년대 중반에 베드로와 함께 순교한 것으로 전해져 내려온다. 그가 로마에 오기 전에 6권의 서신을 기록했고, 옥중에서 4권, 이후에 3권의 서신을 기록했다. 공관복음서는 50년대 후반에서 60년대 초반에, 바울서신서는 데살로니가전서(51-53)를 시작으로 기록되었고, 요한서신을 제외한 공동서신은 예루살렘 멸망(70) 이전에 기록된 것으로 추측한다.

3. 예루살렘 멸망 후기(A.D70~100)

70년에 로마 타이터스(Titus) 장군에 의해 예루살렘이 함락되었다. 이 사건으로 예루살렘 주민들은 전 세계로 흩어졌다. 이후 사도요한이 에베소 초대감독이 되어 요한복음을(80-90) 기록하고 잇달아 요한서신도 기록했다. 노년의 요한은 도미티안 황제 때에 밧모 섬에 유배되어 가서 요한계시록을 기록했다(90-96년 사이). 이후 요한은 약 100년경에 에베소에서 병사한 것으로 전해져 내려온다.

요한복음에 나타난 예수님의 7대 자증(自證)-자기 선언 (1)

　요한복음은 예수님의 애제자인 사도 요한이 쓴 복음서로서, 다른 공관복음(마태, 마가, 누가)이란 이름 아래 공동적인 저술 입장을 취함에 반해, 제 4복음서인 요한복음은 모든 면에서 독특한 견지를 취하고 있다. 예수탄생, 세례, 시험에 관한 기사가 없고, 변화 산의 기사, 최후의 만찬이나 겟세마네의 고민의 기사가 없다. 공관복음에서 흔한 병 고치는 기사들이나 수많은 비유나, 이적담들이 없고, 전체적으로 엄선된 7가지 이적과 기사 또한 그와 관련된 강화와 논쟁이 상세히 취급되어 있다. 이러한 특성은 요한복음이 세 복음이 기록된 지 약 3~40년 후에 그것을 보충하기 위한 새로운 의도에서 저술된 한 이유이기도 하다.

　요한복음은 공관복음서처럼 그리스도의 생애를 연대적으로 기록하려는 것을 목적에 두기보다는 요 20:31에 밝힌 대로 예수께서 하나님의 아들이심과 그리스도이심을 믿게 하고 그럼으로써 영생을 얻게 하려 함에 있다. 저자는 예수님은 하늘에서 이 땅에 내려온 하나님의 아들이요 신성을 지니신 그리스도로서, 아버지께 나오는 자에게 영생, 생명을 얻게 하는 구주이심을 강조한다. 특별히 다른 복음서와 달리 예수님께서 스스로 자기 입을 통해 자신의 신분을 밝힌 7가지의 자기 선언, 자증의 말씀이 나온다. "나는... 이다"(희. ἐγώ εἰμι 에고 에이미)는 구약에서 여호와 하나님께서 당신을 계시, 신성을 나타내실 때 하신 말씀이기도 하다(창 17:1, 출 15:26, 35:3 렘 3:12 등). 하나님께서 모세에게 "나는 스스로 있는 자이니라"(출 3:14)라고 당신을 계시하셨다.

첫 번째는 '나는 생명의 떡'(6:35)이다. 예수그리스도께서 참 떡이요(6:32), 하나님의 떡(33), 영생의 떡(34)이시다. 예수님께서 생명의 양식을 주신다고 선언하신 직후 다시 자신이 생명의 양식이라고 하셨다. 이는 성육신의 신비를 표현하고 있는 것이다. 예수님께서 태초부터 말씀으로 선재하신 하나님(요 1:1)이시지만, 사람들에게 생명을 주는 떡으로 육신을 입고 세상에 오셨다고 말씀하셨다. 예수께서 생명의 떡으로서 '떡집'이란 이름을 가진 베들레헴에 마구의 먹이통에 누이셨다. 이 생명의 떡은 오직 믿음으로 먹을 수 있을 뿐이다. 즉 생명의 떡을 먹는 방법은 그리스도께 오는 것과 믿는 것이다. 생명의 양식이신 예수께 나아오는 자는 박대를 받지 않을 것이다(37). 그리고 그들은 생명의 떡을 먹음으로 해서 마지막 날에 부활할 것이며(39, 40), 결국 영생을 누리게 될 것이다(40). 주의 살은 참 식물, 그의 피는 참 음료이므로(58), 믿는 자는 결코 주리지 아니하며 영원히 목마르지 아니할 것이다.

두 번째는 '나는 세상의 빛'(8:12)이다. 예수그리스도는 본성적으로 참 빛이시었고(1:4), 이 빛이 세상에 내려 오사(1:9), 세상의 빛이 되셨다(8:12). 이 말씀이 간음한 여인을 용서하신 직후에 하신 것으로서 동녘에 떠오르는 태양을 염두에 두셨을 것이다. 즉 여기에서 빛(히. φῶς phos, 포스)이라는 단어는 달빛, 등불 빛, 횃불 빛과 달리. 원래 태양 빛을 가리킨 것으로 그리스도께 적용된다. 이 낱말은 월등하게 도덕적 및 구원적인 양면의 뜻을 가지고 있다. 즉 전자는 그리스도의 인격(person)에 관련되어 그의 신성을 표시하고 후자는 그의 성역(work)에 관련되어 그의 구주성을 표시한다. 그러므로 그 빛은 유일의 빛(the One Light)이다. 무릇 세상의 빛이신 예수님을 따르는 자는 어두움에 다니지 아니하고 생명의 빛을 얻을 것이라 선포하셨다(12 하). 생명의 빛이란 생명에서 솟아나며, 또한 생명을 산출하는 빛을 말한다(1:4). 빛이 없는 사람들은 어두움에 처해 있어(롬 1:21, 엡 4:18, 5:8-14), 하나님을 모르고 그분의 도덕 표준에서 멀리 떨어져 있으며, 사단이 지배하고 있는(행 26:18) 것으로 본다. 그러나 빛이신 예수님의 다스림을 받고, 그분의 가르침에 순종하며, 그분의 모범을 따르는 것, 그것이 바로 참된 생명의 빛을 얻는 것이다. 빛의 열매는 모든 착함과 의로움과 진실함에 있다(엡 5:9).

세 번째는 '나는 양의 문'(요 10:7)이다. 이 말씀은 "사실은 나는 우리의 문이다"(10:1)라는 뜻이다. 구약에 있어 양의 우리란 성지의 판도를 말하고, 양이란 이스라엘의 백성을 말한다(삼하 24:17). 신약에 있어 양의 우리는 교회, 양은 성도를 가리키고 있다(21:16. 히13:20). 그리스도는 신구약을 통해 하나님의 양 우리의 합법적 문이시다. 여기에 우리의 문이라 하지 않고, 양의 문이라 하신 것은 양(성도)이 더 중요하기 때문이다. 이 선언은 자신이 구원으로 들어가는 유일한 길이라는 주장이다(요 14:6, 행 4:12). 예수님은 문 아닌 다른 곳으로 양 우리에 넘어 들어오려고 하는 도둑들과 강도들을 등장시킨다. 즉 예수님은 도둑들이요 강도들인 유대인의 율법지도자들을 따라가지 말고 당신을 따라야 마땅하다고 하신다. 과연 예수님만이 유일한 구원의 문이시다. 예수님만이 진정한 안전과 만족을 보장해주는 문이시다(9).

네 번째는 "나는 선한 목자"(10:11). 예수님께서 당신을 선한 목자라고 선언하셨다. 구약에는 하나님을 목자로 비유한 예가 많다(시 23:1, 79:13, 80:1, 995:7, 100:3). 특히 사 40:11은 메시야를 장차 권능을 가지고 오실 주 하나님으로 묘사한다(참조. 겔 34:11-16, 23, 37:24). 예수께서 자신을 가리켜 오랫동안 기다리던 그 백성의 메시야요 인도자라 선언하신다. 그의 신분은 선한 목자요, 그의 직책은 생명을 버려 속죄하는 것이다. '선한'이라는 의미는 외적으로 내적으로 그리스도의 목자로서의 완전성을 말하고 있다. 여기서 목숨(희. 푸시케 ψυχή)은 육적인 생명이다. 그리스도께서 그 생명을 버려 인류의 죄의 값을 지불하신 속죄의 죽음을 말하고 있으며, 예수님의 구속사역이 선한 목자의 희생적 봉사로 비유되어 나타난다(14-18). 선한 목자는 양을 위하여 목숨을 버리신다(14). 예수님께서 목숨을 버리심은 목숨을 얻기 위함이다(17). 예수그리스도는 죽은 자 가운데서 다시 살아나셨다. 그의 죽으심은 모든 양떼의 죽음을 대신하신 것이며, 그의 다시 사심은 그 양 떼의 영생을 위한 것이다.

다섯 번째는 "나는 부활이요 생명이니"(11:25). 나는 부활이요 생명이라는 이 선언은 부활과 생명이 의미하던 모든 것이 당신 안에 있다는 말씀이다. 당신 자신이 부활이요, 생명이라는 말씀이다. 예수님께서 나

사로를 살려주심으로 이를 증명해 보이셨고, 무엇보다 십자가에 달려 죽으셨다가 부활하셔서 부활, 영원한 생명이심을 나타내셨다. 이 말씀이 복음과 연결된다. 모든 사람은 죄를 범하였고(롬 3:23) 그로 인해 사망이 모든 사람들 위에 왕 노릇하게 되었으며(롬 5:12, 14), 죄의 삯은 사망이다(롬 6:23). 그러나 한 분 예수님은 사망에 매여 있을 수 없다(행 2:24). 그는 비록 우리의 범죄함을 인하여 사망에 내어준 바 되었으나(롬 4:25) 썩음을 당하지 않고(행 2:27) 하나님의 능력으로 다시 살아나셨다(행 3:15). 예수님은 사망을 폐하시고 생명과 썩지 아니할 것을 드러내셨다(딤후 1:10,11). 예수그리스도의 십자가와 부활을 믿는 자는 예수님이 신령한 몸으로 부활하신 것처럼 다시 부활할 것이다(11:25b). 그리고 영원한 생명을 누리게 될 것이다. 모든 사람은 예수님을 믿는 그 순간부터 죽음이 감히 건드리지 못하는 영원한 생명 안으로 들어간다(모리스).

여섯 번째는 "나는 길이요 진리요 생명이니"(14:6). 이 선언은 그의 신성의 선포인 것이다(Bernard). 과연 예수님은 그 길이요(그 자체), 그 진리요, 그 생명이시다. 예수그리스도는 하나님의 자기 계시요(1:18). 또한 진리 그 자체는 하나님의 속성이시다(시 86:11, 119:30). 예수그리스도 자신이 생명이시요, 생명의 근원이시다(1:4, 20:31). 그 분이 길이며, 그 안에 하나님에 대한 진리와 하나님의 생명이 있다. 그를 본 것이 바로 하나님을 본 것인 것처럼, 그분을 아는 것이 하나님을 아는 것이다. 예수그리스도는 우리를 하나님 아버지께로 인도하는 분인 동시에 통로이시다(10:9). 구원에 이르는 다른 길은 없다(행 4:12). 또한 그는 죄와 사망의 법에서 우리를 자유롭게 하는 진리이시다(8:32). 그는 우리에게 '새 생명'(롬 6:4)을 풍성히 주시는 생명의 원천이시다(10:10). 요컨대 길이라는 것은 그의 인격적인 현현으로 구원의 중보가 주어졌음이요, 그가 진리이시란 것은 그 자신이 하나님의 자기 계시인 빛이신 까닭이요, 또 그가 생명이시란 그가 생명의 원리시요 영생의 근원이 되시기 때문이다"(Meyer).

일곱 번째는 "나는 참 포도나무요"(15:1). 구약의 배경으로 볼 때 포도는 이스라엘 민족을 비유했다(시 80:8, 겔 15:1). 하나님의 '좋은 포도나무'로 기대되었으나, 계속해서 하나님께 실망을 안겨주다가 타락하여 '들포도'가 된 것을 보게 된다(사 5:1-7, 렘 2:21, 호 10:1-6). 예수님은 그러나 자신이 하나님이 바라시는 참 포도나무요, 참 이스라엘 사람임을 강조하셨다. 예수님은 자신에게서 실패한 옛 이스라엘 대신 새 이스라엘이 출현할 것이라고 선언하신 것이다. 그리고 자신이 가지와 같은 제자들에게 생명을 부여하시는 분이심을 분명히 밝히셨다. 과연 예수님은 좋은 열매 맺는 참 포도나무이시다. 그것은 생명있는 가지들이 포도나무에 붙어 있는 것과 같이 그 분과 친밀한 관계, 생명적 관계를 유지하는 방법밖에 없다. 한편 본문의 포도나무는 구약에 근거해 있으면서도 새로운 뜻으로, 그리스도를 머리로 하는 교회의 모습을 보여주는 것이다. 요컨대 "내가 참 포도나무"라고 하신 것은 일견 그리스도 자신을 설명하는 말 같이 보이나, 사실은 그리스도의 몸 되는 (엡 1:28) 교회를 설명하는 데 그 주목적이 있다고 본다.

보이지 않는 신앙의 세계와 과학적 인식의 만남 ⑴

    세상에는 두 가지의 큰 세계가 있다. 보이는 세계와 보이지 않는 세계다. 많은 사람은 보이는 것만 존재하는 것으로 인식한다. 세상은 보는 것만 존재하는 것으로 알고, 보는 것만 믿으라고 강요한다. 세상은 유신론적이지 아니하고 유물론적이다. 세상은 모든 것이 눈에 보이는 물질 세계에 의해 좌우된다고 인식한다. 그러나 따지고 보면 눈에 보이는 세계는 보이지 않는 세계의 빙산의 일각도 못 된다. 보이지 않는 어마어마한 세계가 있다. 그리스도인은 보이지 않는 것을 믿는 사람들이다. 보이지 않는 하나님, 그리스도, 성령님을 믿는다. 보고 믿는 것이 아니라 믿고 알고, 믿고 고백한다. 오늘날은 보여주고, 증명해 줘야 믿고, 시각으로 지각으로 인지해야 알고 믿겠다는 과학 만능의 세상이다. 물론 보여 줘도 믿는 것은 아니지만, 우리 믿음을 보게 하여 그들을 만족시킬 수 없을까? 하나님 학문인 신학과 물리과학과의 대화를 통해 접촉점을 만들려는 시도는 오래되었다. 신을 논리적으로 철학적으로 증명하는 것이 아니라 과학적으로 인식하게 하려는 연구다. 과연 우리의 신앙을 지각으로 인식하게 할 수 있을까?

    우리는 하나님과 창조를 믿는다. "이는 하나님을 알만한 것이 그들 속에 보임이라…. 창세로부터 그의 보이지 아니하는 것들 곧 그의 영원하신 능력과 신성이 그 만드신 만물에 분명히 보여 알게 되나니."(롬 2:19-20). 시 19:1에도 "하늘이 하나님의 영광을 선포하고 궁창이 그 손으로 하신 일을 나타내는도다."라고 했다. 그러나 과학에서는 이 세상이 대빅뱅(Big bang)을 통해 자연발생적으로 이루어졌다고 한다. 지구의 나이가 수십억 년이 되었는데 진화의 과정을 통해 현재의 지구가 존재하고 인간이 존재하게 되었다고 한다. 소위 진화론이다. 진화론은 물질주의 과학에 근거한 가설이다. 신다윈주의 세계관은 물질에 의해서 물질이 서로 연결되어 뭔가를 만들어 낸다는 것이다. 즉 유물론적인 무신론적 사고에서 나온 가설이다. 그러나 최근에 과학으로 하나님의 존재를 증명하고 보이지 않는 세계를 규명하려는 시도가 있다. 양자역학에서 이 우주를 연구한 결과, 이 우주는 양자 파동(요동)이 그 근원에 있다는 것을 알게 되었다. 놀라운 것은 양자 파동이 어떤 정보에 의해서, 이 파동이 붕괴하고 입자가 탄생한다는 것을 알게 되었다는 것이다. 즉 이 세상에 등장하는 수많은 입자, 수많은 물질 뒤에는 정보가 있고 어떤 의식이 있다는 것을 알게 되었다. 이것은 양자역학이 밝혀낸 중요한 발견으로 이 우주를 구성하는 근원(fundamental)이요, 그것은 의식과 정보임이 틀림없다. 이 의식과 정보는 도대체 무엇일까? 하나님일 가능성은 아닌가? 그렇게 보는 것이다. 한편 양자역학에서 주장하고 있는 우주의 근원이 생각(Mind)이라는 것으로 이야기하려는 이도 있다(토마스 네이글,생각과 우주 ≪Mind and Cosmos≫. 하나님을 의식과 정보, 마음이라는 것으로 표현한 것이 아닐까 한다(김명용,진화인가 창조인가). 한 50년 전에 경부고속도로가 생겼다. 박정희 대통령이 마음에 품었다. 현대 회장에게 지시하고 정 회장이 직원들을 통해 닦았다. 박정희 대통령이 경부고속도로를 닦았다 해도 틀린 말이 아니다. 하나님이 천지 만물을 설계하고 말씀으로 창조하셨다.

하나님의 작품이다. 하나님의 존재 창조의 능력을 과학적으로 증명하고 설명해 보고자 하는 시도는 놀랍다. 그렇지 않아도 그리스도인은 하나님을 믿고 그분의 창조를 믿는다.

그리스도인은 영혼이 있음을 굳게 믿는다. 보이지 않는 영혼을 어떻게 증명할 수 있을까? 최근 눈에 보이지 않는 영혼이 있음을 과학적으로 밝혀내려는 시도가 있다. 신다윈주의에서는 자유의지를 부정하고 그것을 착각이라고 치부하거나 환상(Illusion)이라고 한다. 또한, 영혼도 없다고 주장한다. 최근 멘필드는 뇌 과학 실험을 하고, 로즈 스페리라는 이가 뇌를 분리하는(위의 책 95) 실험을 통해 영혼을 발견했다고 한다(《정신의 신비》 Mystery of the Mind). 하나님께서 인간을 창조하시고 하나님의 형상대로 창조하시고(창 1:28), 만물을 다스리게 하셨다. 하나님이 흙으로 사람을 만드시고 코에다 생기를 불어 넣어 생령(창 1:27)이 되게 하셨다. 사람을 천사보다 조금 못하게 하시고 영광과 존귀로 관을 씌우셨다(시 8:4-6). '천사'는 원문에 '엘로힘'(하나님)으로 나와 있다. 인간은 존귀하고 위대한 존재다. 인간은 정신이 있고 자아가 있고 영혼이 있는 영적인 존재다. 사람이 존귀한 것은 영혼이 있기 때문이다. 사람이 죽어도 영혼이 남아 있다. 진정한 '나'(자아)는 영혼이지 흙으로 들어가는 육이 아니다. 사람이 천하를 주고도 바꿀 수 없는 것은 목숨이다. 육신이라기보다 진정한 나의 자아, 즉 그 목숨은 영혼이다. 우리는 영혼으로 하나님을 찬양하고 영혼으로 하나님을 만난다. 예수님은 우리 영혼을 구원하기 위해 이 땅에 오셨다. 우리는 영혼과 육체의 주인이신 하나님을 두려워한다(마 10:28). 사람이 죽어 영혼이 무덤에 들어가는 것이 아니라 내세로 간다. 우리는 내세를 믿는다.

보이지 않는 신앙의 세계와 과학적 인식의 만남(2)

영혼의 무게가 얼마나 될까? 1907년 매사추세츠병원의 의사 던컨 맥 두걸은 '영혼의 무게는 21g'이라는 논문을 발표했다. 2007년 스웨덴의 룬데 박사팀이 이를 검증한 결과 임종 시 일어나는 체중 변동이 정확히 21.26214g이었다고 한다. 물론 이는 과학적 한 자료에 불과하다

사람이 죽고 나면 어떻게 될까? 육은 흙으로 가지만 그 영혼은 새로운 세상으로 간다. 전도서 기자는 우리의 육은 죽으면 흙으로 가지만 영혼은 하나님께로 간다고 했다(전 3:20-21, 12:7). 죽음을 체험한 이들의 증언이 책으로나, 입으로나 종종 회자되고 있다. 사람이 죽음을 경험했다가(近死體驗) 다시 생으로 돌아와서 증언하기를, 죽으면 자신의 몸은 시신으로 누워있고(그 모습을 본다고 함), 자신의 영혼이 몸에서 나올 때 깊은 터널을 빠져나오는 느낌을 갖는다고 한다. 터널을 빠져나오면 자신의 지난 과거가 한꺼번에 파노라마처럼 지나가고 이후에 밝고 휘황찬란한 세계가 보이기도 하고 어두컴컴하고 무시무시한 곳에 다다르기도 한다는 것이다. 죽은 후에 낙원(천국)과 음부(지옥)로 들어간다. 바울이 "내가 떠나서 그리스도와 함께 있고 싶다"한 말씀에서 '떠나서'는 몸을 떠나서, 즉 내 영혼이 그리스도와 함께 있고 싶다는 의미로서, '나'라는 자아가 주님과 함께 있고 싶다는 말씀이다. 이후 죽은 후에 성도의 영혼이

천국(낙원)에 가 있다가 재림의 날에 부활이 몸으로 변화되어 주님을 만나게 될 것이다(고전 15:51). 이것이 첫째 부활이다. 그러나 죽은 후에 지옥에 간 영혼은 재림의 날에 변화되어 둘째 사망(계 20:6, 21:8,11), 영원한 지옥 형벌에 들어갈 것이다. 예수님께서 십자가상에서 한 편 강도에게 "…나와 함께 낙원에 있으리라"(눅 23:43)고 약속하셨다. 고후 12:4 이하에서 바울 사도는 삼층천(三層天)에 갔다 왔다고 했다. 몸 안에서 갔는지, 몸 밖에서 갔는지 모르지만, 그가 간 삼층천은 유대인들의 의식 표현이었는데, 곧 낙원을 말한다. 몸 밖에서 간 그 존재는 도대체 무엇인가? '내'가 갔다고 했는데. 그것은 육체와 다른 자아, 진정한 자아, 나라고 하는 존재의 자아 곧 영혼을 의미한다. 육체와 구별되는 그 무엇이다. 땅에 있는 우리의 장막집이 무너지면, 즉 사람이 죽으면, 가는 곳 하나님이 지으신 장막 집(고후 5:1)으로 가는 것이다. 이 천국은 사도요한이 계시를 통해 증언한다(계 21:, 22:). "우리가 주목하는 것은 보이는 것이 아니요 보이지 않는 것이니 보이는 것은 잠깐이요 보이지 않는 것은 영원함이라"(고후 4:18).

신약시대에 사두개인들의 세계관은 영도 없고 부활도 영적인 존재도 천사도 없다고 했다. 바리새인들의 세계관은 있다고 했다. 예수님의 가르침 속에는 영적 존재가 있다. 마귀도 있고 천사도 있다. 예수님은 마귀에게 시험을 받으셨고, 마귀를 멸하러 오셨다(요일 3:8). 마귀는 일반적으로 천사장이 타락하여 마귀가 된 것으로 해석한다. 무신론은 이 세상에 존재하고 있는 깊고 깊은 무의 힘 때문이라고 하며 이를 마귀라고 한다(칼 바르트). 마귀의 힘, 이 마귀의 힘에 상응하는 인간의 죄악성, 그리고 이 세상을 지배하고 있는 그 심각한 거짓 때문이다. 그것은 처음부터 거짓말 하는 자(요 8:44) 마귀 때문이라는 것이다. 마귀는 속이는 자, 거짓을 퍼뜨리는 자이다. 무신론의 배후에는 깊고 깊은 어둠의 힘, 마귀의 힘이 존재하고 있는 것이다(김명용, 위의 책 49). 예수님께서 베드로에게 사탄아 물러가라고(마 16:23) 꾸짖으셨다. 십자가에 달리시기 전에 베드로가 세 번 부인할 것을 두고 사탄이 너를 밀 까부르듯 하려고 요구하였다(눅 22:31)고 하셨다. 하늘 전쟁에서 패한 큰 용이 쫓겨나는데 이를 옛 뱀, 마귀 사탄이라고도(계 20:2) 하는 존재로 온 천하를 꾀는 자(창 3:4, 계 12:9), 미혹하는 자(계 20:10), 참소하는 자(계 12:10)이다. 마귀는 불과 유황 불 못에 던져지게(계 20:4) 될 것이다.

그리스도인에게 마귀는 대적이므로 대적해야 한다(엡 4:27, 6:11 벧전 5:8-9, 약 4:7, 계 12:9.12). 마귀는 사람의 눈에 보이지 아니하지만, 영적인 존재다. 공중권세 잡은 자요(엡 2:2) 하늘에 있는(삼층 천 아래) 악한 영이다 (엡 6:12). 인간 속에, 역사와 환경을 통해, 시대조류를 통해, 문화를 통해 역사한다. 죄짓게 하고 사람으로 하여금 마귀의 수하에서 살게 하고 죽음으로 지옥으로 몰고 간다. 오늘날 사람들의 인식 속에 신 불신을 막론하고, 영적 존재, 천사, 마귀 사탄의 존재를 인정한다. 그리스도인은 마귀의 존재를 인정하고 분명히 알고, 마귀를 대적한다. 그러나 마귀 사탄을 분명히 알지 못하면 마귀 사탄의 종이 되어 그 손아귀 아래 살 수밖에 없다.

그리스도인은 예수님을 보지 못했지만, 그리스도를 사랑한다(벧전 1:8). 보지 않고 믿으니 복이다. 그러므로 그리스도인은 "믿음으로 행하지, 보는 것으로 행하지 아니한다"(고후 5:7).

반기독교적 이단 JMS(정명석) 기독교복음선교회

얼마 전 넷플릭스로 방영된 〈나는 신이다〉에 등장하는 JMS(정명석) 기독교복음선교회로 인해 파장이 계속 이어지고 있다. 기독교복음선교회(이하 JMS)는 처음에는 애천(愛天)선교회 또는 애천교회(1980~1990)라는 명칭을 사용하다 세계청년대학생MS연맹(1989~1996)이라는 명칭을 썼다. 90년대 중반 국제크리스천연합(1996~1999)으로 이름으로 바꾸었다. 이후 동서크리스챤선교회(1999~2003)와 기독교복음선교회(1999~)를 함께 사용하고 있다. 대한예수교장로회에서는 2002년 87회 총회 시에 JMS를 기독교 이단으로 규정했다(예장통합 홈페이지 참조).

교주 정명석은(JMS. 1945~) 충남 금산군 진산면 석막리(월명동)에서 출생, 유년 시절 교회를 출석하였으나 1975년 통일교와 관계를 맺고 통일교의 승공연합에서 반공 강사로 활동하며 통일교의 영향을 받은 것으로 추정된다. 1980년 2월 서울 서대문구 남가좌동에 애천교회를 개척, 자신을 섭리사, 혹은 선생님으로 칭하며 주로 청년층과 대학생들을 포교 대상으로 활동 교세를 확장하였으며 자신의 고향인 금산 석막리 일대를 성역화하는 등 전형적인 사교 집단 교주의 전형을 보였다. 1999년 여신도 납치 폭행 사건으로 그 실체가 드러나기 시작, 여신도 성 추문, 사교적인 교단운영 등이 드러남으로 해외에 도피하였다가 2009년 신도를 성폭행한 혐의로 징역 10년을 복역한 후 만기 출소했다. 2018년 2월 출소 후부터 2021년 9월까지 홍콩 국적 여신도 등을 총 17회에 걸쳐 강제로 추행하거나 준 강간의 혐의로 2022년 10월 4일 재 구속된 상태에 있다. JMS는 1999년까지 신도 수가 계속 늘어 100,000명이 됐으나 1999년 "그 것이 알고 싶다"에서 JMS를 보도한 후 신도 절반 이상이 이탈하였고 현재 2~30000명 정도로 추산하고 있다. 온라인상으로 전국에 있는 교회가 소개되고 있는데, "주"자를 앞에 내세우고 있고, 안산 고잔동에 주성령이라는 간판을 붙인 교회도 있다. JMS에 어떤 이단 요소가 있는가?

(1)성경의 해석. "오병이어는 결코 떡이 아니라 생명의 말씀이며 12광주리에 부스러기가 남았다는 것은 열두 제자들이 아직도 예수님이 전한 말씀 외에 부스러기 같은 말씀하고 있다"라는 식으로 성경을 풍유적 자의적으로 해석하여 본뜻을 왜곡하고 있다. (2)교회론. "기독교는 영적인 실패자이며 기독교에는 희망이 없다"고 기독교회를 매도하는 한편 자신이 "요시야 왕같이 하나님이 보낸 자이므로 기독교가 자기에게 무릎을 꿇을 것이다."라는 해괴한 주장으로 기성교회를 부정하고 비난하는 전형을 보인다. (3)삼위일체론. 정명석은 정통 삼위일체를 부정하며 "기독교는 2천 년 동안 삼위일체를 해결 못하고 있는 잘못된 신학을 가르치고 있다"고 주장한다. (4)부활론. JMS는 예수의 부활은 육의 부활을 부정하고 영의 부활이라 한다. 또 "불교의 윤회설은 재림부활의 결과"라고 주장한다. 이는 성경이 가르치는 부활 사상이 아닌 무속적인 신 내림(신접)의 상태를 말하는 이단적 주장이다. (5)그리스도의 재림. 부활 승천했던 예수님이 육신으로 다시 오시는 것이 아니고 기독교인 가운데서 시대적 중심인물을 선택하여 그에게 예수님이 영으로 재림하여 협조하므로 재림예수의 사명을 다하게 하신다는 것이다"라고 주장하며, 정명석 자신

이 바로 이 시대에 보냄을 받은 자라고 강변한다.

기독교 이단의 전형적인 특징은 독선적이고 신비적인 직통 계시에 입각한 자의적 성경해석(성경을 비유, 풍자, 풍류로 해석), 기성교회를 부정하는 차별화 전략, 교주 개인숭배와 신격화 등이다. JMS는 이단의 전형을 다 지니고 있다. 스스로를 신격화할 뿐 아니라, 최측근이 신격화를 조장하기도 한다. 특별히 JMS는 여성들을 대상으로 교묘하게 가스라이팅하여 성추행, 성폭행을 일삼은 것으로 드러났다. JMS에서 이탈한 김경천은 JMS를 성도착증환자라고까지 한다. 어떻게 희대의 이단 JMS를 추종하고 거기에 빠질까? 정통교회 정통신앙을 가진 신자는 이해가 되지 않는다. 이는 마귀 사탄의 역사라고 할 수밖에 없다. 이런 이단 교주는 처음부터 그렇게 된 것은 아니다. 이단적인 전형을 보이면서 차츰 Lucifer Complex(루시퍼 증후군) 즉 병적인 우월감에 빠져, 하나님의 천사 중 하나인 루시퍼가 자신을 신격화하는 바람에 사탄이 되었듯이, 자신을 신격화하고 사람들을 노예화하고 싶은 충동에 사로잡히게 되는 것이다. 박태선, 문선명, 이만희, 안상홍, JMS... 모든 이단들이 그랬다. 거기다가 측근들이 이를 조장하거나 이권에 개입되어 있어 이단의 구덩이에서 쉬 빠져나오지 못하는 것이다.

스스로를 신으로 신격화하는 이단의 괴수, 마귀 사탄의 앞잡이는 사라지지 않는다. 종말에는 더욱 기승을 부리게 되어 있다. 예수님도 "거짓선지자가 많이 일어나 많은 사람을 미혹하겠으며"(마 24:11)라고 하셨다. 더욱 정신을 차려 신앙의 지식과 진리에 대한 분별력과 성숙한 신앙이 필요하다. 정통적 신앙과 영적인 지각으로 무장하여 신실한 신앙생활을 영위하여 이단을 배척하고 올바른 진리와 정통교리를 굳게 지켜나가야 하겠다.

우리 교회, 목하 맥체인성경읽기 예언서 강을 건너는 중 (1)

우리 교회는 올해 1월 첫날부터 맥체인성경읽기표에 따라 매일 일정한 분량대로 성경을 읽고 있습니다.

맥체인성경읽기는 스코틀랜드의 로버트 맥체인 목사(Robert Murray M'Cheyne, 1813-1843)에 의해 시작되었습니다. 그는 1835년 7월에 안수받은 후 1836년 11월 던디(Dundee) 성 베드로 교회에 담임목사로 부임하였습니다. 그는 1838년 말쯤 그의 건강이 좋지 않아 던디를 떠났다가 1839년 11월에 건강을 회복하여 성 베드로 교회로 다시 돌아왔습니다. 결국, 그는 발진티푸스 병으로 1843년 3월 25일 29세로 하나님의 부름을 받았고 그의 유해는 성 베드로 교회의 묘지에 안장되었습니다.

맥체인성경읽기는 맥체인이 성 베드로교회 성도들의 성경읽기를 위해 만들어 1842년에 처음으로 사용한 방법입니다. 이 읽기를 하면 매년 성경 전체를 구약은 한 번, 신약과 시편을 두 번 읽게 되는데, 6개월 동안 예수 그리스도의 생애를 기록한 복음서를 매일 한 장씩 묵상할 수 있고, 우리의 실제적인 삶을 기도와 찬양으로 표현하고 있는 시편을 8개월 동안 매일 한 장씩 묵상할 수 있습니다.

우리의 성경 읽기는 5월 19일 현재 신약은 요한 서신을 읽는 중이고, 구약은 모세 5경 중 네 번째 책인 민수기로서 출애굽 광야 40년 진행 말기에 와 있고, 시편도 중간쯤에 다다르고 있습니다. 특히 지혜 문학서를 다 읽고 예언서의 첫 번째 책인 이사야의 21장의 강을 건너고 있습니다. 예언서 17권 중에 대 예언서가 이사야, 예레미야, 에스겔 3권입니다. 그리고 소 예언서는(호세아~말라기) 12권입니다. 예레미야애가는 예언서가 아니지만, 저자가 예레미야이기에 예레미야서 뒤에 배치했습니다. 다니엘서는 대 예언서이기보다 편이상 배치했을 뿐이지, 묵시문학서 또는 성문서에 해당한다고 보는 것이 더 좋습니다.

예언자라는 말은 히브리어의 "나비"라는 말로서 "예고한다", "공고한다"는 뜻으로서 "보고 공고하는 자"라는 뜻을 가집니다. 또한, 하나님의 뜻을 대언하는 "대언자"라고도 할 수 있습니다. 그들은 소명을 받고 파송받아 메시지를 전달했습니다. 예언자의 사명은 단순히 미래사를 미리 알고, 이를 예언하는 데만 있지 않았습니다. 그들은 하나님의 뜻을 알아내고 이를 선포하는 동시에 백성을 위해 중보기도 드리는 것이었습니다. 구약성경에서 17권의 예언서는 예언자의 활동 시대를 알아야 성경의 내용을 이해할 수 있고, 그때 비로소 의미도 알 수 있습니다. 구약에 기록된 예언서는 포로기 이후 시대를 제외하고 왕조시대에 예언자가 하나님으로부터 말씀을 받아서 예언한 내용입니다. 구약의 예언자들은 문서를 남긴 "문서 예언자"와 문서를 남기지 않은 예언자로 나눌 수 있습니다. 문서 예언자들을 활동 연대별로 다음과 같이 열거할 수 있습니다.

1) 주전 8세기 예언자: 아모스(c.750), 호세아(c.740), 이사야(c.742-700), 미가(c.722-701) 등이 있습니다. 아모스가 활동 할 시는 북이스라엘 여로보암 2세(786-746) 때로서, 북이스라엘 왕국의 역사 중에서 정치 경제 군사적으로 가장 번성한 때였습니다. 당시 종교적으로 부패하고 사회적 경제적 불평등이 팽배한 시대였습니다. 호세아서는 아모스보다 약 5-10

년 정도 뒤로서 여로보암 2세가 죽은 후 안정기가 끝나고 극도로 혼란한 시대, 종교적 부패 즉 우상숭배가 만연한 시대였습니다. 이사야서는 66장을 세 부분으로 1-39장, 40~55장, 56~66장으로 나눕니다. 문서 예언자 중에서 가장 오랫동안 활동했습니다. 그는 남 왕국 웃시야 왕이 죽던 해에 소명을 받았고 요담, 아하스, 히스기야 왕 때 앗수르 제국의 군대가 예루살렘을 침공할 때까지 활동을 계속하였습니다. 이사야가 활동하던 시대는 유다왕국이 전례 없이 큰 변란를 겪던 때였습니다. 주전 735년에는 시리아(아람)와 북이스라엘 왕국 베가 왕이 동맹을 맺고 예루살렘을 침공한 전란이 있었고, 701년 히스기야 왕 때는 앗수르 제국의 산헤립 왕이 유다왕국의 전역을 태풍처럼 휩쓸고 예루살렘을 포위 공격하여 나라의 운명이 풍전등화와 같은 때도 있었습니다. 이런 시대에 초지일관 하나님만을 신뢰하고 의지할 것을 외쳤습니다. 또한 앗수르를 위시한 이방 왕국에 대한 심판, 이사야의 묵시, 이스라엘 두 왕국에 대한 심판과 희망의 말씀이 나옵니다. 2부에서는 바벨론 포로로 잡혀 와 있는 유다 백성들에 대한 위로와 희망의 말씀이요, 제3부는 포로 상태에서 해방되어 예루살렘에 귀향한 역사적 상황을 전제로 예언합니다. 또한 성전은 다시 재건된 모습을 말해줍니다. 이스라엘의 회복은 결국 새 하늘과 새 땅, 새 창조를 통해서 이루어진다고 선포합니다. 미가는 이사야보다 약간 젊은 동시대의 예언자였습니다. 미가는 부패하고 허위에 찬 도시 문명을 신랄하게 공격하였으며 불의한 지도자들에 대해서 철저한 거부감을 갖고 있었습니다. 이사야와는 달리 예루살렘에도, 심지어 성전까지도 하나님의 심판에서 예외가 될 수 없다고 선언합니다. 미가의 심판의 말씀은 희망의 메시지와 교차되고 있습니다.

우리 교회, 목하 맥체인성경읽기 예언서 강을 건너는 중 (2)

2) 주전 7세기 예언자: 스바냐(c.628-622), 나훔(c.612), 하박국(c.605), 예레미야(c.626-587) 등 포로기 이전의 예언자들입니다. 스바냐는 유다왕국의 요시야 왕 때 활동하였습니다. 그가 준엄하게 종교적 부패를 공격하고 있는 것으로 보아서 요시야 왕이 일으킨 종교개혁(B.C 621) 이전에 활동한 것으로 생각됩니다.

스바냐의 활동기는 종교개혁 직전 유다왕국의 야웨 종교 상태가 극도로 문란해져서 혼합종교로까지 전락해 있던 시대였습니다. 이런 종교적 상황을 향해서 스바냐는 "야웨의 날"을 선포하였으니 무서운 심판의 날입니다. 그는 심판의 말씀과 함께 희망의 메시지를 전해주었습니다(습 3:9-20). 나훔은 앗수르 제국의 수도 니느웨가 함락되기 직전(c. 612)에 활동하였습니다. 나훔은 엘고스 출신으로 하나님의 부름을 받았으며 활동지역은 유다왕국입니다. 앗수르 제국은 아슈바니팔(Ashurbanipal) 대왕(668~627 B.C) 때의 전성기를 마지막으로 몰락하기 시작했습니다. 그리하여 621년 니느웨는 바벨론 군대에게 함락되었고 앗수르 제국의 시대는 종말을 맞았습니다. 앗수르 제국이 망하는 것을 하나님의 심판으로 보았고, 임박한 니느웨의 종말을 선언했습니다. 하박국은 앗수르 제국 시대가 끝나고 그 대신 바벨론 제국의 느부갓네살 대왕이 고대 근동 세계의 통치자로 등장한 때 예루살렘에서 활동하였습니다(c. 605). 하박국은 하나님께 항의하고 의문을 제기한 예언자입니다. 앗수르가 멸망한 605 년, 바벨론의 느부갓네살 왕(605~562)은 갈그미스 전투에서 애굽의 군대 를 무찌름으로 명실공히 고대 근동 세계의 패권자가 되었습니다. 이러 한 역사적인 대변환기에 하박국은 "하나님의 정의" 문제를 제기합니다. 이것은 두 가지 차원의 문제였습니다. 사회적인 차원에서 하나님은 '왜 악인이 의인을 삼키는데도 언제까지나 침묵하시는가?' 하는 문제와, 국 가적인 차원에서는 '하나님은 왜 악한 세력 바벨론을 일으켜 세워 하나 님 심판의 도구로 사용하시는가?' 하는 것입니다. 그 항의의 질문에 하 나님께서 답을 주셨습니다. "의인은 믿음으로 말미암아 살리라"(2:4)입 니다. 하박국의 마지막 부분에 저 유명한 감사 찬양이 나옵니다(3:17-18). 예레미야는 아나돗 제사장 가문 출신으로 요시야 왕 13년(627)에 활동을 시작하여 유다왕국이 몰락해 가는 모든 과정을 목도하였고 예루살렘이 바벨론 군대에 짓밟히는 비극을 경험했습니다. 그는 요시야, 여호야김, 여호야긴, 시드기야 등 네 명의 왕들이 치세할 때까지 40년간 활동했고, 유다왕국 멸망 직후, 애굽으로 망명하는 사람들에게 반강제로 끌려가서 그곳에서 최후를 마칩니다(렘 44장).

3) 포로기 예언자로서 에스겔(c.593-571), 제2 이사야(c.540, 이사야40-55), 오바댜(포로 기간 중) 등이 있습니다.

에스겔은 유다왕국의 바벨론 포로기에 활동한 예언자로서, 마지막에 서 두 번째 유대 왕인 여호야긴이 바벨론으로 포로로 잡혀 온 지 5년이 되던 해(593년)에 그발 강가에서 부름을 받고 571년까지 22년간 활동하 였습니다. 그는 포로지에서 조국의 함락 소식을 들었습니다. 그는 심판 과 책망뿐 아니라 희망과 회복의 메시지를 함께 전합니다. 특히 다시 재

건될 새 성전 새 예루살렘, 새 이스라엘의 청사진을 보여주었습니다. 제
2 이사야는 이사야 40~55장으로 이스라엘의 복역 기간이 거의 종료되
어 가고 있음을 보여줍니다. 새로운 출애굽이 메시지의 핵심입니다. 오
바댜서는 에돔에 대한 심판의 메시지와 이스라엘의 회복에 대한 희망의
메시지가 함께 나옵니다.

4) 포로기 이후 예언자로서 학개(c.520-515), 스가랴(c.520-515), 제 3 이
사야(c.500), 요엘(500-350 사이 기간), 요나(포로기 이후), 말라기(500-450년 사
이) 등으로 각각 분류할 수 있습니다. 학개가 예언자로 활동을 시작한 것
은 다리우스 1세(522~486) 2년입니다. 502년부터 예루살렘이 재건되지
직전까지 활동했습니다. 성전재건 사업이 지연되고 있을 때 재건을 독
려하고 그곳에서 드리는 정화된 예배를 이스라엘이 잃었던 영광을 회복
하는 필수적인 준비 과정으로 생각했습니다. 스가랴는 학개와 동시대
입니다. 성전재건을 촉구하고 정화된 이스라엘 공동체, 새 시대의 도래
등이 나오고, 8가지 환상과 묵시문학적인 색채가 강합니다. 제3 이사야
(55~66장)는 성전재건 이후, 이스라엘의 회복을 꿈꾸며, 이를 종말론적인
희망으로 전환시켜줍니다. 요엘은 바사시대 500년에서 350년 사이에
하나님의 형벌인 메뚜기 재앙을 경험하고 희망의 메시지를 전합니다.
여호와의 날은 원수를 심판하고 이스라엘을 회복시켜주는 날입니다. 요
나, 그의 연대에 관하여는 이견이 많습니다. 그는 하나님의 부르심을 따
라 니느웨의 회개 메시지를 외칩니다. 요나서는 범세계적인 하나님의
사랑과 회개의 중요성을 강조합니다. 말라기는 에스라와 느헤미야가
예루살렘으로 돌아와(450 후반) 전반적인 개혁사업을 일으키기 전의 극
도로 혼란스러운 이스라엘 공동체를 보여주고 있습니다. 그의 활동은
500~450으로 추정합니다. 성전은 이스라엘 공동체의 중심으로서, 성전

예배 의식은 신앙전승과 이스라엘의 정체성을 지켜줍니다. 성전 제사와 율법이 회이되고 지도계층도 부패한 가운데 있어 잘못된 예배와 형식적인 신앙과 비윤리적인 것을 지적하며 엄격한 규율을 강조합니다.

전도서의 인생론(1)

최근 우리 교회에서는 "예수제자 살기"라는 이름으로 매일묵상을 하고 있는 중 전도서를 읽고 있다. 전도서는 본문에서 책의 저자로 솔로몬의 이름을 밝히고 있으나 일부 학자들이 포로기 이후에 저작 중에 하나로 간주한다. 1:16과 2:9에서 저자 이전에 이미 많은 왕이 있었음을 시사하는 구절들이 나오는데, 그것들은 솔로몬에게 해당하지 않는다. 그러나 1:12를 근거로 전통적으로 솔로몬이 이 책을 기록했다고 보는 것이 일반적이다. 지혜에 있어서 역대 이스라엘 왕들 중에 과연 솔로몬보다 낫다고 할 수 있을 사람이 누구이겠는가? 전도서는 서론부와 결론부만 빼놓고는 뚜렷이 구분되는 골격을 갖고 있지 않다. 말하자면 전도서의 구성은 정통 교향곡 보다 '주제와 그에 따른 변주곡'에 보다 가깝다(Christopher Wright). 전도서에서 보여주는 인생론이 무엇인가? 전도자는 어떤 인생 행복론을 논하고자 했는가?

1. 모든 것이 '헛됨', 그 허무, 염세주의

저자는 격식을 가리지 않고 독자들을 "모든 것이 헛되도다"(1:2)라는 냉엄한 본문으로 몰아넣는다. 헛되다는 말은 '비어 있다', '쓸데없다'라는 뜻이다. 자연과 역사는 모두 무의미한 반복을 계속한다(4-11). 그 허무의 내용은 인간 지혜의 허무성을 위시하여, 향락, 수고의 허무성 등이다(1:12~2:23). 헛되어 바람을 잡는 것이라고 했다. 전도자는 인생을 궁구하면서 비관적이고 염세적인 사고에 빠졌음을 보여준다. 그리스도인들이 이런 비판적인 질문과 회의적인 대답으로 일관하는 저자의 비관론과 허무주의를 어떻게 대해야 할까? 도대체 이런 책이 어떻게 정경(正經)에 편입되었다는 것인가? 한편, 그러나 신앙적인 시각에서 보면 해 아래서는 모든 것이 '헛됨'을 강하게 드러내어 사람의 마음과 정신을 하나님께 속한 더 높은 것들로 향하도록 한다. 하나님 없이 사는 삶의 헛됨을 알고 해 위의 하나님, 해 위의 지혜 말씀을 추구하는 것이 이 책의 목적이라 하겠다.

2. 시간을 사는 인생, 영원하신 하나님

전도서는 우리 인간이 당하는 때와 시간에 대하여 28가지로 일별한다(3장). 즉 만사에 때가 있다는 것이다. 그때는 양쪽으로 대비되는 도전과 기회를 함께 담고 있다. 저자는 냉엄한 인생의 시점을 묘사하지만 결국 허무를 선포한다. 시간을 사는 인생들은 일정한 한계에 갇혀 살수밖에 없다. 하나님께서 인간에게 영원을 사모하는 마음을 주셨으나 하나님이 하시는 일의 시종을 사람으로서는 알 수 없다. 그마저도 사람은 빈손으로 왔다가 아무것도 가지고 가지 못한다(5:15). 재물과 부요와 존귀를 이 땅에서 얻는다고 해도 이것도 헛되다(5:10-17). 인간은 흙에서 와서 흙으로 돌아간다(3:20). 그러나 영은 영원하신 하나님께로 돌아간다(:21, 12:7). 하나님은 시간을 넘어 초월해 계신 영원하신 하나님이시다. 하나님은 삶과 죽음뿐 아니라 내세, 심판의 주인이신 줄 알고 자기에게 주어진 시간을 따라 자기 일에 즐거워하는 것이 가장 바람직한 인생이다.

3. 개인의 불행, 부조리와 역리(逆理)가 만연한 세상

전도서는 인생고의 허무성, 개인적인 불행이 많은 세상(4장)을 노정(露

로)시켜 준다. 물론 이 땅에 형통과 곤고한 날도 병행한다(14). 명암, 행불행, 승강이 교차한다. 그러나 개인적인 학대와 압제와 고통이 성행한다. 개인의 수고와 재주를 통해 소유하나 만족이 없다. 그마저 남의 것이 되는 일이 그 얼마나 많은가!(6:2). 불행한 수고일 뿐이다. 그것은 가진 자나 왕 같은 자도 마찬가지다. 재물도 욕심도 덧없는 것이다. 빈손으로 갈 뿐이다.

이런 개인적인 문제와 더불어 세상의 모순과 부조리함도 함께 다루고 있다. 이 세상을 살핀 전도자는 세상에 모순된 일, 가치가 전도되는 일도 많음을 깨달았다. 이 세상은 결코 순리(順理)가 통하는 것만 아니다. 악인들이 선인이 받을 상을 받고 의인이 악인이 받을 벌을 받는다(8:14). 악이 선을 이기고, 악한 일에 징벌이 속히 실행되지 아니함으로 인생들이 악을 행하는데 담대하다(8:11). 의인에게 고통이 따르고 악인들이 잘되고 부하고 잘 죽는 일이 많은(8:14), 역리가 만연하다. 이 세상은 뒤죽박죽이다. 작은 우매나 죄로도 지혜와 인내의 열매를 무로 돌리기에 충분하다(10:1). 이 세상이 부조리하여 우매자들의 지배를 받게 되는 경우도 있다(10:5-7). 우매자가 크게 높은 지위를 얻는 일이 생긴다면 그 사회는 부조리하다. 세상 정치가 부조리하여 세상은 뒤죽박죽이다(5:8). 하나님은 사람을 정직하게 지으셨으나 사람이 많은 꾀를 낸(7:29 하) 결과다.

전도서의 인생론(2)

전도서 기자가 인생에 대해 깊이 성찰하고 삶의 의미를 살핀 결과로 깨달은 것이 만사가 헛되다는 것이다. 일견, 전술한 바와 같이 전도자의 인생론은 희망적이지 않은 것을 넘어서서 비관적이다. 전도자는 세상이 타락하고 하나님의 저주 아래 있다고 정직하게 평가한다. 이 세상은 모순으로 가득 차다. 부정부패로 가득 찬 현실 세상은 모순과 역리와 부조리 속에 놓여있다. 이 세상은 그럴 수밖에 없다. 모든 인생의 문제는 바로 창세기 3장이 세상에 대해 선고했던 하나님의 형벌이다. 땅이 그렇게 하나님의 심판을 받은 것이다. 전도서는 믿음의 사람이 그가 받은 계시의 한계 내에서 타락 이래 세상의 상태에 대하여 기록한, 비통하지만 타당한 평가다. 그러나 이런 평가가 최종적인 것은 아니다. 하나님께서 이 뒤틀린 세상에 들어오셔서 몸소 십자가에 죽음으로 타락이 몰고 온 인간의 파멸을 되돌리셨다. 허무와 좌절을 구원과 승리로 되돌려 놓으신 것이다. 전도서를 통해 주 안에서 깨닫고 찾아야 할 인생론은 무엇인가?

1. 오늘의 현실을 사랑하라

전도자는 단 일 회의 인생, 주어진 현실의 인생을 귀하게 여기는 인생론을 가르쳐준다. 지난 과거에 연연할 것이 못 된다(7:10). 또 내일은 알 수 없는 미지의 세계이기에 내 것이 아니다. 그런즉 오늘 나의 시간을 소중히 여기라는 것이다. 전도자는 그래서 산개가 죽은 사자보다 낫다고 했다(9:4). 살아있기 때문에 소망이 있다. 죽은 자는 아무것도 모른다. 죽으면 아무 소용이 없다(9:5). 그러므로 살아있는 오늘 하루를 먹고 마시며 수고하는 것보다 그의 마음을 기쁘게 하는 것은 없다(2:24). 사람마다 수고함으로 낙을 누리는 그것이 하나님의 선물이다(3:12,13). 그래서 전도자는 오늘 내게 주어진 시간을 자기 일에 즐거워하는 것보다 더 나은 것이 없다(3:22)는 것을 알고 오늘의 현실을 사랑하라는 인생론을 펴고 있다. 즉 기쁨으로 음식을 먹고 치장하고 아내와 즐겁게 오늘을 살라고 했다(9:7-9). 동시에 살아있는 오늘 선을 베풀고 손을 놓지 말고 일하라고 교훈한다(11:1-6). 그리고 함께 도우며 더불어 살라고 교훈한다(4:9-12).

2. 언젠가는 빈손으로 떠난다는 것을 알라

전도자는 죽음의 시간이 닥쳐오고 임박하여가는 현실을 비유를 통해 생생하게 묘사한다(12:1-7). 사람은 모태에서 벌거벗고 나온즉 자기 손에 가지고 가지 못한다(5:15). 혹자는 말하기를 수의에는 주머니가 없다고 했다. 흙에서 온 인생은 반드시 흙으로 돌아간다. 또한 육은 흙으로 돌아가나 영은 하나님께로 돌아간다(3:20, 12:7). 반드시 죽을 날이 온다는 것을 기억해야 한다(메멘토 모리).

3. 하나님의 주권을 인정하라

하나님은 만물의 창조자이시자 우리 인간을 지으시고(7:29), 영혼을 받으시는 분이시다. 하나님은 삶과 죽음의 주인공이시다. 하나님의 주권으로 사람에게 형통과 곤고를 병행하여 주셨다(7:13-14). 사람은 장래 일을 알지 못한다(7:14, 8:8). 또한, 이 땅을 사는 인간은 모두가 똑같을 수 없다. 하나님이 주신 분복을 따라 각자에게 주어진 삶의 몫을(2:10, 3:22) 따라 산다. 즉 하나님의 손안에 있다(9:1하). 아무리 악인이 잘된다 해도 장수하지 못하고 그날이 그림자와 같다. 하나님을 경외하지 않으면 그런 결말을 맞을 수밖에 없다(8:13). 또한 하나님은 심판의 주인이시다(3:17). 그런 인식을 가지고 자기에게 주어진 시간을 따라 자기 일을 귀하게 여기고 기꺼이 수고하고 즐겁게 일하면서 살라고 했다. 비록 우리는 하나님의 모든 시대를 향한 전체 계획을 알 수 없을지라도, 그분이 우리에게 주신 시간의 분량 내에서 살고 일하면서 만족을 찾아야 할 것은 바로 그분의 선물과 '과제'라는 점이다.

4. 하나님을 경외하라

전도자가 인생을 궁구하고 나서 결론적으로 해 아래 있는 모든 인생의 문제는 죄로 인해 타락한 인간이 자초한 것이라고 보았다. 인생은 모순되고 허무하고 한계가 있다. 아무도 내일을 알 수 없다. 다만 현실을 귀하게 여기며 즐기며 선을 행할 따름이다. 무엇보다도 해 위의 하나님을 경외하는 것이 참 인간답고 지혜론 삶이다. 그래서 전도서 곳곳에 하나님을 경외하라는 교훈이 자주 눈에 띈다(3:14하, 5:7, 8:12하, 12:13). 또 하나님이 명령을 지키며 사는 것이 사람의 본분이다(12:13). 하나님을 경외하면 잘 된다(8:12하-13). 요컨대 인생의 허무의 문제와 세상의 모든 일련의 문제는 예수 그리스도 안에서 하나님께로 돌아가는 데 있다. 그래서 전도자는 창조주를 기억하라고 한다(12:1). 하나님을 만날 때 인생의 참 의미, 삶과 죽음의 뜻을 깨닫고 행복과 소망을 가지고 선을 행하며 살 수 있는 것이다.

4부

착⁽着⁾마스크 시대와 헤어질 결심

나의 시간은 지금이지 내일은 없다

　세월 유수를 늘 실감합니다만 연종이 가까워져 올수록 더욱 그렇습니다. 새해가 시작되었는가 싶었는데 벌써 연말로 치닫고 있습니다. 가을이 오는 듯 마는듯하더니 겨울이 닥쳐버렸습니다. 이전 송나라의 유학자 주희(주자)가 남긴 명문입니다. 少年易老學難成　一寸光陰不可輕(소년이로학난성, 일촌광음불가경) 未覺池塘春草夢　階前梧葉已秋聲(미각지당춘초몽 계전오엽이추성). "소년은 늙기 쉽고 학문은 이루기 어려우니, 일 촌의 시간도 가벼이 여기지 말라. 연못가의 봄풀의 꿈이 깨기도 전에, 계단 앞 오동잎은 가을 소리를 내는구나". 계절의 변화와 무관하게 시간은 그침이 없이 흐릅니다. 시간의 흐름에 대한 의식도 없이 그저 세월에 내어 맡기며 사는 우리 같은 대부분의 범인(凡人)들은 세월을 허송하고 있는지 모를 일입니다. 코로나19 2년, 그동안 우리는 허둥허둥 전전긍긍 코로나와 싸워왔습니다. 아무리 거리두기 정책, '위드 코로나'로 바뀌었다 한들 내일은 예측 불가, 변화무쌍한 세월을 보내고 있습니다. 요 며칠간 코로나19 확진자가 '위드 코로나'를 시작할 때보다 1천 명 가까이나 많은 3천 명을 넘기면서 우리 안에 부담이 가중되고 일상 회복이 더딘 것이 아닌가 하는 생각을 합니다.

　그러나 백신 접종이 활발하고, 내년 초에 들어온다는 치료 약 등을 생각하며 코로나 극복의 기대를 갖습니다. 아무래도 코로나19 거리두기로 인해 활동이 제약을 받다가 '위드 코로나'가 되면서 일상 활동과 경제활동이 원활해져 이동량과 대면접촉이 많아지면서 자연스럽게 확진자가 늘어나나 봅니다. 이는 되돌릴 수 없는 일상 회복 단계로 나아가는 당연한 프로세스인 듯합니다. 그동안 코로나를 이유로 중요한 일, 마땅히 해야 할 일을 다음으로 뒤로 미루며 생산적이지 못한 삶을 산 것이 사실입니다. 이제 이를 회복해야 할 때가 왔습니다.

우리 안에는 내일로 미룸에 대한 관성이 있습니다. 여건이 좋아지면, 환경이 개선되면, 생활이 더 나아지면... 등의 이유를 내세워 오늘 마땅히 할 일을 내일로 미룹니다. 그러한 "미룸"은 아무것도 성취할 수 없게 합니다. 코로나 때문에 교회 출석을 중단한 교우들의 사정이 제각각입니다. 그 사정은 차치물론하고, 아마도 백신 접종 이후로 교회 출석을 고려했다가 백신 접종이 완료된 이후라는 또 다른 교회 불출석 사유가 생긴 것입니다. '수능이 끝나면....' 이라고 했다가 이제 대학응시 등 또 다른 이유가 등장합니다. 그래서 교회출석을 미룹니다. 이토록 우리에게 이유와 사정이 쌓일 대로 쌓였습니다.

우리 교회는 지난 11월 첫 주일, 전성도 예배출석 주일을 정하고 온 교우들의 예배참석을 권고해왔습니다. 예배출석을 중단한 이들이 다시 교회에 나올 것을 기대하고 있습니다. 하지만 교회출석을 내일로 미룰 사연이 생겨 교회 나가는 것을 다음으로 미루는 이들이 있을 것입니다. 그러나 교회에 나와 예배할 때는 내일이 아니라 바로 지금입니다. 사람은 아무도 내일 일을 알지 못합니다. 우리는 오늘 하루에 무슨 일이 일어날지도 모르는 무지한 인생입니다. 그러니 내일로 미룰 것이 아닙니다. 주자의 명심보감 권학(勸學)편에 물위금일불학이유래일 勿謂今日不學而有

來日, 물위금년불학이유래년 勿謂今年不學而有來年. "오늘 배우지 아니하고서 내일이 있다고 말하지 말며, 올해에 배우지 아니하고서 내년이 있다고 말하지 말라."고 했습니다. 필자가 선친으로부터 귀가 따갑도록 듣던 권면입니다. 비록 권학의 글이지만 이를 확대하면 오늘 마땅히 할 일을 하지 아니하면 내일이 있다고 말할 수 없는 것입니다. 오늘이 없는 내일은 없습니다. 내일이 없다는 말은 잘못이 아닙니다. 오직 오늘만이 내 것이요 오늘만이 있을 뿐입니다. 오지 않는 내일이 어찌 내 것이며, 있다고 하겠습니까? 내일이 오늘이 되어야 오늘인 것입니다.

우리 교회는 11월 마지막 주일이 회계연도의 결산입니다. 회계를 재촉합니다. 한해의 우리의 인생을 결산할 날이 다가옵니다. 우리 인생의 마지막을 결산하는 생의 종말도 언젠가는 닥칠 것입니다. 누군가의 '세월은 진정 우리를 기다려 주지 않는다'는 말은 명언 중에 명언입니다. 구원받은 백성은 주님의 뜻이 무엇인지 알고 그렇게 살아야 합니다 (약 4:15). 그래야 잘 사는 것입니다. 세월을 아끼고 살아야 할 이유는 때가 악하기 때문입니다(엡 5:16). 내일 일을 아무도 모르기 때문입니다(약 4:14). 더구나 오지 않은 미스터리한 내일은 내 것이 아니기 때문입니다. 오직 지금, 오늘만 있을 뿐입니다. "주여 우리에게 우리 날 계수함을 가르치사 지혜로운 마음을 얻게 하소서"(시 90:12). Just Do It.

크리스마스 위드 지저스(Christmas with Jesus)

　구주강생, 강생하신 아기 예수를 기다리는 대강절이 시작되었습니다. 언필칭 "위드 코로나"(with corona) 시대에 어김없이 크리스마스가 코앞에 다가왔습니다. 의례히 11월 중순이 지나면서 크리스마스트리를 세우고 온누리에 생명의 빛으로 임하신 구주강생을 알립니다. 백화점 상점마다 울긋불긋 크리스마스 장식으로 성탄 분위기를 돋웁니다. 그런데 이전 상점 축음기에서 울려 퍼지는 성탄 캐럴 소리를 요즘에는 들을 수 없습니다. 저작권법에 저촉될 우려가 있기 때문이라고 합니다. 아이들에게 성탄은 산타클로스 할아버지가 선물 주는 날이라는데, 그마저 코로나19 때문에 할아버지의 이동이 부자유스러워 선물 전달이 어렵다고들 합니다. 코로나19가 창궐한 시대에 어김없이 찾아온 성탄 계절이지만, 그 분위기는 찾아보기 쉽지 않은 듯합니다. 크리스마스는 백화점에서부터 온다고들 하지만 그렇지 않은 듯합니다. 한 달 전에 위드 코로나(일상 회복 단계)가 시작되어 사람 간에 자유롭게 오고 가는 세상이 오리라 기대했지만, 코로나19 오미크론이라는 변이 바이러스가 닥쳐 거리 두기 방역 체제로 되돌아갈듯 하니 크리스마스 분위기는 무겁게 가라앉을 수밖에 없습니다.

　전통적으로 교회마다 11월 셋째 주일을 추수감사주일로 지내고 11월 말경이 되면 성탄 축하 계획을 세우고 성탄 준비에 들어갔습니다. 그런데 언젠가부터 성탄 행사 준비라는 용어 자체가 생경해졌습니다. 축하행사를 간소하게 치릅니다. 더구나 코로나19 시대로 인해 성탄 행사 자체를 생략하기도 합니다. 행사의 주인공인 교회학교 자녀들과 성탄 준비에 시간을 내기가 어렵습니다. 방과 후에는 학원을 가야하고 거기다가 해를 넘겨 1월 초가 되어야 방학을 한다니 말입니다. 우리 기독교의 가장 큰 명절이자 온 세상이 가장 기뻐해야(눅 2:10) 할 큰 기쁨의 좋은 소식인 구주 성탄은 옛말(?)이 되었습니다. 며칠 전 기독교 1세기 국가인 유럽 어느 나라에서 성탄일을 비기독교 신자들의 입장을 감안하여 크리스마스라고 쓰지 말고 그저 '홀리 홀리데이'라고 부르면 좋겠다는 제안하기까지 했다고 합니다. 예수와 상관없는 휴일(!). 다행히 로마 바티칸이 단호히 거절하여 없던 일로 했다고 합니다.

아무리 그렇다 해도 성탄은 우리에게 기쁨의 소식입니다. 이 성탄의 주인공은 아기 예수입니다. 캐럴이나 산타 노인이나 트리 장식은 없다 해도 예수님은 계셔야 합니다. 이전 성탄이 되면 듣던 이야기가 생각납니다. 미국 어느 시에서 성탄절을 앞두고 시청 광장에 마구간을 만들고 그 안에 요셉과 마리아, 구유에 누인 아기 예수 장식을 해놓았습니다. 그런데 어느 누군가가 장난 삼아 아기 예수를 가져가 버렸다고 합니다. 결국 당국이 성탄 축하 행사를 하루 앞두고 이 사실을 알게 되었습니다. 시청에서 방송하여 아기 예수를 제자리에 갖다 두도록 요청했습니다. 다행히 아기 예수를 몰래 가지고 간 사람이 아기 예수를 제 자리에 가져다 놓았습니다. 시 당국은 놀란 가슴을 쓸어내렸습니다. 자칫하면 아기 예수 없는 성탄 축하 행사가 될 뻔했습니다. 아무리 성탄 장식을 화려하게 하고 다양한 퍼포먼스와 이벤트를 준비하여 행사를 치른다 해도 아기 예수 빠진 성탄은 헛될 것밖에 없습니다. 혹여 우리가 예수 없는 신앙생활을 하고 있는 것은 아닌지 돌아볼 일입니다.

필자의 집에서 교회로 오는 길에 이웃교회 현관 입구 벽에다 성탄 트리를 장식해 놓은 것을 보았습니다. 거기에 "Christmas with JESUS"라는 글귀를 부쳐놓았습니다. 예수와 함께하는 성탄절을 강조한 내용일 것입니다. 예수께서 수천수만 이 땅에 탄생한다 해도 우리의 중심에 모시지 않으면 무슨 소용이 있겠습니까? 예수 없는 교회, 예수 빠진 예배... 세속에 물든 교회와 종교 행위에 예수님이 빠져있을 수 있습니다. "그리스도 베들레헴에 태어나심이/ 천수백 번을 헤아리건만/ 그리스도 네 자신의 마음에 나시지 않으시면/ 그 영혼은 아직 버림받은 채로니라./ 십자가뿐이 네게 구원을 주리니,/ 골고다 언덕의 십자가 네 마음에 세워지지 않는다면/ 네 영혼은 영원히 잃어진 것이니라" (Angelus Silesius,《네 자신의 마음 안에》).

코로나19 확진자가 5천 명을 넘나드는 불안하고 어수선한 시기에 어김없이 성탄의 계절이 다가왔습니다. 임마누엘, "우리와 함께하시기 위해 오신" 하나님의 아들 예수 그리스도를 "어서 오시옵소서"라고 환영하고 맞이하는 성탄절이 되어야 하겠습니다. 분주하고 불안하고 답답한 가운데 맞는 성탄, 주님을 기쁨으로 맞이하는 성탄절이 되길 소망합니다. 세상 것으로 충만하여 오염된 우리 심령을 정결하고 겸손하게 준비하여 강생하신 주님을 중심에 모시고 나의 보좌에 앉혀 드려야 하겠습니다.

이것 또한 지나가리라

코로나19 오미크론 변이 환진자가 급중하고 있습니다. 엊그제는 10만을 넘어섰습니다. 예상했던 것보다 더 빠르게 10만을 돌파했으니, 전문가들은 3월 초가 되면 30만 명의 확진자가 생겨날 것이라고 입을 모읍니다. 많은 이들이 불안과 답답함과 우울감을 느끼고 있습니다. 코로나19가 우리 속 안에까지 들어온 듯합니다. "도대체 이 코로나19가 언제 끝이 날꼬." 이 엄중한 시대에 "이것 또한 지나가리라"는 말이 생각납니다. 유대 경전 주석서 미드라쉬(Midrash)에 나오는 말입니다. 미드라쉬는 유대교에서 구전으로 내려오던 율법을 해석하고 설명해 놓은 문서입니다. 그 안에 이런 이야기가 나옵니다. 다윗 왕이 전쟁에서 승리한 뒤돌아와 궁중의 보석 세공사에게 자신을 위해 아름다운 반지를 만들라고 명령했다고 합니다. 그러면서 반지에는 "내가 승전해 기쁨이 넘칠 때 교만하지 않고, 절망에 빠졌을 때 좌절하지 말고 용기와 희망을 줄 수 있는 글귀를 적어 넣으라"고 하였습니다. 세공사는 아름다운 반지는 만들었으나 적당한 글귀가 생각나지 않았습니다. 그래서 세공사는 곰곰이 생각한 끝에 지혜로운 솔로몬 왕자를 찾아가 물었답니다. 그러자 솔로몬 왕자가 대답한 것이 바로 이 구절이었습니다. 성공했거나 승리한 순간에 이 경구를 보며 자만심을 경계하고, 실패하고 낙심했을 때 다시 일어설 수 있는 용기와 희망을 가지라는 뜻입니다.

솔로몬 왕이 노년에 인생을 돌아보며 기록한 책이 전도서입니다. 그는 인생을 헛된 것이라고 정의했습니다(전 1:2, 12:8). 다 헛되이 바람같이 지나가 버리는 것이 인생이더라는 고백입니다. 그는 인생은 허무하고 덧없이 지나가는 것이라는 것을 깨달았습니다. 그 인생은 명암과 음양이 교차합니다. 행불행, 승강과 승패가 엇갈립니다. 얻음과 잃음, 희망과 절망, 좋은 날과 하찮은 날, 잘될 때와 잘 안될 때, 웃을 때와 울 때… 생명과 죽음이 반복되고 갈립니다. 역사가 그렇고, 나라뿐 아니라 개인과 가정과 교회 모든 세상 전반이 그렇습니다. 곡절로 점철됩니다. 솔로몬은 온갖 부귀영화를 최고로 누리고 살았습니다. 형통하고 좋은 날을 누렸습니다. 그렇지만 그는 전도서 여기저기에서 인생은 허무한 것, 인생은 곤고한 것이라고 말하고 있습니다. 그는 형통한 날이 있으면 곤고한 날도 있다(전 7:14)는 것을 깨달았습니다. 사람의 일생이 형통과 곤고함이 반복됩니다. 곤고한 날이 느닷없이 닥칩니다. 가난, 결핍의 문제, 상실과 질병이 옵니다. 갑작스런 사고와 갈등이 생깁니다. 죽음이 찾아오기도 합니다. 갖가지 역경, 재앙, 재난, 시련의 때가 예고 없이 닥칩니다. 그 인생은 내가 선택한 것이 아니라 어쩔 수 없이 선택을 강요받아 내게 주어지는 현실이 되는 경우가 얼마나 많습니까? 그런 의미에서 인생은 내 것이라고 할 것이 못됩니다.

우리의 인생에서 형통하고 잘되는 날은 몰라도 어려운 날 곤고한 날을 잘 보내기가 어렵습니다. 더군다나 세기적 변고와 재앙인 코로나19가 팬데믹이 된 지 3년, 여전히 우리는 코로나19로 인한 충격에 떨고 있습니다. 그렇지만 이 또한 지나갈 것입니다. 역사의 흐름과 함께 넘어갑니다. 반드시 지나갑니다. 이 역사의 주인은 하나님이십니다. "깊도다 하나님의 지혜와 지식의 부요함이요 그의 판단은 측량치 못하며 그의 길은 찾지 못할 것이로다 만물이 주에게서 나오고, 주로 말미암고, 주께로 돌아감이라"(롬 11:33).

"큰 슬픔이 거센 강물처럼/ 너의 삶에 밀려와/ 마음의 평화를 산산이 조각내고/ 가장 소중한 것들을 너의 눈에서 영원히 앗아가/ 매일의 삶이 눈물로 이어질 때, 너의 가슴에 대고 말하라/ "이것 또한 지나가리라"// 끝없이 힘든 일들이, 너의 감사의 노래를 멈추게 하고/ 기도하기에도 너무 지칠 때면/ 이 진실의 말로 하여금/ 너의 마음에서 슬픔을 사라지게 하고/ 힘겨운 하루의 무거운 짐을 벗어나게 하라/ "이것 또한 지나가리라"// 행운이 너에게 미소짓고/ 하루하루가 환희와 기쁨으로 가득 차/ 근심 걱정 없는 날들이 스쳐 갈 때면/ 세속의 기쁨에 젖어 안식하지 않도록/ 이 말을 깊이 생각하고 가슴에 품어라/ "이것 또한 지나가리라"// 너의 진실한 노력이 명예와 영광/ 그리고 지상의 모든 귀한 것들을 너에게 가져와/ 웃음을 선사할 때면/ 인생에서 가장 오래 지속될 일도/ 가장 웅대한 일도/ 지상에서 잠깐 스쳐가는 한순간에 불과함을 기억하라/ "이것 또한 지나가리라"//《이 또한 지나가리라》(This, too, shall pass away. Lanta Wilson Smith. 랜터 윌슨 스미스).

엄중한 시대, 우리 모두 역사의 주권자이신 하나님께 믿음과 소망의 닻을 내리고 거룩한 낙천주의를 우리 마음에 새기고 살았으면 좋겠습니다. "이 또한 지나가리라"

코로나19의 강을 건너는 2022년 사순절 절기

　금주는 기독교력(歷)으로 사순절 첫 번째 주일입니다. 금년도 사순절 절기는 3월 2일로부터 시작하여 4월 16일까지로 총 46일이지만, 주일을 뺀 사십일이라 사순절(四旬節)이라 부릅니다. 이 절기는 부활절을 기준으로 삼습니다. 부활절은 해마다 춘분이 지난 만월(滿月) 후 첫 번째 주일로 정합니다. 올해는 춘분이 지난 만월이 4월 15일이므로 다음 주일인 4월 17일이 부활주일입니다.

　그 부활주일로부터 거꾸로 소급해서 주일을 뺀 40일간을 '사순절'로 정하고 그 기간이 시작되는 수요일을 성회 수요일 또는 '재의 수요일'(Ash's Wednesday)이라 이름을 붙입니다. 이 사순절을 영어로는 렌트(Lent)라고 부릅니다. 렌트는 고대 영어 Lencten으로서 앵글로 색슨어 Lang에서 온 말입니다. 이는 독일어 Lenz(렌츠)와 함께 봄(Spring)을 뜻하며 라틴어 Quadragesima를 번역하여 사순절이라고 부릅니다. "렌트"의 유래는 초대교회에서부터 시작됩니다. 주후 6,70년경부터 초대교회에서는 구약의 유월절에 이어 니산월(히브리력으로 정월이나 태양력으로는 3~4월) 17일경 밤을 새우며 예배를 드렸다고 합니다. 이때 "우리의 유월절 양 곧 그리스도께서 희생이 되셨느니라"는 찬송을 불렀는데, 이날을 '빠스카'(Pascha)라고 하였습니다. 이날은 희생이 되신 어린양 예수의 공로로 새롭게 된 성도들이 그리스도의 지체로서 중재의 기도, 성찬의 교제에 참여했습니다. 그날 죄와 죽음의 세계에서 하나님의 자비로 자유와 사랑과 의의 나라 백성이 된 것을 감사드리는 날로 지켰던 것입니다. 이날은 초대교회의 중심이 되는 절기였고 성도의 신앙의 감격과 흥분과 희열이 최고조에 이르렀던 것입니다.

이 은혜로운 빠스카에 세례와 입교를 받기 위하여 두 주간의 준비기를 두고 금식기도를 드리며 신령한 훈련에 참가하였습니다. 그뿐만 아니라 이미 교인이 된 사람들과 세례받을 사람과 같이 금식과 기도생활에 힘썼던 것입니다. 이런 전통이 렌트 절기에 금식하는 기간으로 엄격히 지켜 내려오게 되었는데 점차 금식이 절식(節食)으로 바뀌었습니다. 이후 이 절기에 연극, 무용, 연회, 소설 읽기, 화려한 옷, 호화 음식, 허례 행동을 금했으며, 교회 예배에 적극적인 참석, 개인기도 힘쓰기, 자선 사업에의 협력 등을 요구했습니다. 사순절 여섯 번째 주일은 고난주일 또는 종려주일(예수님께서 예루살렘 입성 시에 사람들이 종려나무가지를 들고 환영한 것에서 유래)을 지킵니다. 예전 색은 대림절 기간(성탄절 전 4주간)과 함께 보라색을 사용합니다. 일반적인 전통을 따라 기독교에서는 이 절기 동안 회개와 경건을 훈련하는 절기로 지킵니다. 곧 성경읽기, 기도운동, 전도운동, 구제운동 등이 그것입니다.

금년도 사순절은 여느 해와 다릅니다. 3년째 이어진 코로나19 확진자가 25만을 넘어섰다고 합니다. 우리 교회도 몇몇 성도들이 코로나19 양성판정을 받고 집에서 치료받고 있거나 격리 중에 있습니다. 앞으로 정점을 찍으려면 얼마나 많은 확진자가 생겨날지 모릅니다. 어떤 이는 60만, 또 어떤 이는 100만까지 간다고도 합니다. 예측에 불과할 따름입니다. 단지 오미크론 확진이 되었으나 중증이 되기보다 감기 정도의 증세라고 합니다. 이렇게 코로나19 확진자가 급증하여 정점에 다다르면 코로나 확진자 수가 줄어들 것이고 자연히 엔데믹(Endemic)으로 전환될 것입니다. 아마도 그 시점이 3월 중순이나 말경이 될 것이라고 예상합니다. 그러면 일상 회복으로 나아가게 될 것입니다. 그런 의미에서 올해 사순절은 코로나19의 강을 건너서, 팬데믹에서 엔데믹으로 넘어가는 시기라고 하겠습니다. 더 이상 4차 접종이나 새로운 변이 등의 변고가 없으리라 기대합니다.

올해 사순절은 '코로나19 극복의 과도기'인 셈입니다. 올해 사순절 절기에, 우리 교회는 "기도연대 참여하여 함께 기도하기"를 실시하고자 합니다. 코로나19로 인해 예배, 교제, 기도 모임이 약화되고 폐하여진 가운데 있습니다. 이제는 허물어진 기도의 제단을 회복하여 함께 기도하여 영적 부흥과 하나님의 회복을 갈구하고자 합니다. 기도연대는 전반기 50일, 후반기 50일입니다. 우리 교회는 4인 1조로 기도연대를 편성하여 개인별로 가정별로 10가지기도 제목을 공유하여 동일한 내용의 말씀을 묵상하고 하루 세 번 기도하고자 합니다. 이 기간에 대면, 비대면 새벽기도를 동일한 묵상교재로 말씀을 나누고 기도할 것입니다. 일주일에 한 번 기도모임(온라인 또는 오프라인)을 갖도록 하겠습니다. 영과 몸, 삶의 회복을 위해 개인과 가정, 교회와 한국교회, 나라와 민족을 위해 함께 기도하고자 합니다. 코로나19을 넘어서는 중요한 시점에 온 교우들이 함께 기도하는 기도연대에 참여하기를 기대합니다.

비온드(Beyond) 코로나19, 새로운 세상 새 출발의 부활절

꽃피는 춘삼월이라 했던가요? 음력 춘삼월하고도 중순이 지났습니다. 온 길가와 산야에 꽃이 만발합니다. 새봄의 전령사인 매화, 개나리는 이미 꽃잎을 떨구고 새잎을 피워내기 시작했습니다. 만개했던 벚꽃, 목련화도 분분히 지고 있습니다. 그나마 늦게 피는 자목련 꽃도 마지막 피날레 목청을 높이는 듯합니다. 이토록 지는 꽃이 있는가 하면 새로운 이름의 꽃들이 저마다 자신의 때를 기다리고 있습니다. 겨우내 움츠렸던 세상에 하나님께서 새 생명의 기운을 보내셔서 온 산야 대지에 새로운 생명의 바람이 왕성하게 피어납니다. 꽃이 진 자리, 새 생명을 토해내는 나무마다 연초록 새 옷으로 갈아입는 새로운 계절이 펼쳐지기 시작했습니다. 우리 가락에 나오는 "정이월 다 가고 삼월이라네/ 강남 갔던 제비가 돌아오면은/ 이 땅에도 또다시 새봄이 온다네/ 아리랑 쓰리랑 아라리요/ 아리랑 산나물 캐러 가세"(김형원)라는 노랫말처럼 강남 갔던 제비는 보지 못했지만, 이 땅에 새봄이 돌아와서 한창입니다. 울긋불긋 새로운 꽃잎과 나뭇가지마다 새잎 연초록의 세상!

언필칭 봄(spring)은 스프링(spring), 도약이고 새롭게 뛰어오르기 계절입니다. 더구나 2022년 봄은 더욱 그렇습니다. 지난 2년여 코로나19로 인해 세상은 움츠러들고 멈추다시피 했습니다. 눈에 보이는 세상은 봄이었지만 우리네 마음은 春來不似春(춘래불사춘), 봄이 왔지만 정작 봄 같지 않은 봄이었습니다. 그래도 때가 되어 봄다운 봄을 맞게 되었으니 "세월이 약"이란 말이 허언이 아닌가 봅니다. 과연 '춘심(春心)으로 봄'을 보니 '제대로 봄'을 보는 것 같습니다. "기다리지 않아도 오고/ 기다림마저 잃었을 때에도 너는 온다//..... 눈 부비며 너는 더디게 온다/ 더디게 더디게 마침내 올 것이 온다... 가까스로 두 팔을 벌려 껴안아 보는/ 너, 먼데서 이기고 돌아온 사람아" (이성부,《봄》)이라 했던가요? 새로운 세상이 오기는 오나 봅니다. 내일 18일부터 코로나19 거리두기를 없앤다고 합니다. 얼마 있지 않으면 확진자 격리도 폐지하고, 어쩌면 코로나19를 일종의 감기 정도로, 풍토병으로 취급하는 앤데믹(endemic)이라 명명할 것이라고 합니다. 또 얼마간 지나면 아마 마스크도 자율에 맡길 모양입니다. 코로나19에 걸려도 '알아서 치료받고 나으라'는 정책 아닌 정책을 펴려고 하는 듯합니다. 과연 2022년 새로운 스프링의 계절임에 분명합니다. 지난 2년여 코로나19 세상을 보낸 경험을 소환해 보면 얼마나 우리가 코로나19 앞에서 전전긍긍하고 허둥지둥했는지 모릅니다. 팬데믹 역병의 수명이 보통 2~3년이라지만 때가 되니 코로나19로부터의 자유와 해방을 노래하는 세상이 오기는 왔나 봅니다. 그런 의미에서 올해 봄은 새로운 만남의 설렘과 새로운 세상에 대한 기대와 새 희망을 품게 하는 계절임에 틀림없습니다.

올해 부활절은 4월 17일입니다. 3월 마지막 주일이 부활주일인 경우도 있지만 올해는 4월 중순을 지나는 시점에 부활절을 맞게 되었습니다. 예수님께서 십자가에 죽으시고 무덤에 들어가셨다가 사흘 만에 다시 사신 부활은 인류사의 영원한 신기원이요 새로운 역사의 분수령입니다. 새로운 세상이 열렸음을 천지간에 선언하는 선포일이기도 합니다.

부활절이 새봄에 들어있음은 특별한 의미가 있습니다. 새봄은 새 계절, 새 출발 새로운 세상을 열어주는 창이요, 도약판입니다. 새봄에 맞는 부활절은 부활하신 예수님과 새롭게 새 출발 하는 새로움의 뜻이기도 합니다. 예수님께서는 부활하심으로 인류 구원의 대업을 완수하셨습니다. 우리에게 구원을 확증해 주셨습니다. 영생을 누리게 하셨습니다. 예수님의 부활은 영원히 사는 영생, 소망의 표증입니다. 과연 예수님이 절대 절망 죽음의 권세를 이기시고 부활하셔서 절대 소망을 우리에게 주셨습니다. 예수님의 부활은 산 소망의 증거요 절대 불가능을 절대 가능으로 바꿔주신 획기적이고 역사적인 사건입니다.

벗님들이여! 우리 앞에 펼쳐진 새봄과 함께 맞는 새 출발의 세상입니다. 부활하신 주님과 더불어 새롭게 도약하는 계절입니다. 새 출발을 노래하고 새 희망을 선포하는 계절입니다. 그동안 의기소침하여 닫아버린 우리의 마음을 활짝 열어봅시다. 코로나19 때문에 뒷걸음질 치고, 세상 주변 때문에 움츠러든 우리의 발걸음을 다시 새 출발 할 채비를 갖춥시다. 그놈의 '거리 두기 코로나19' 때문에 세상 눈치를 보느라, 정체성도 잊고 마땅히 지켜야 할 자리마저 내팽개친 나의 위상을 되찾아 봅시다. 새봄 새 출발 '비온드 코로나19' 세상이 열렸습니다.

부디 우리 모두, 부활하신 주님과 함께 신앙의 새 출발, 힘찬 도약과 뜀박질의 대열에 함께 어우러져 봅시다. 부활하신 주님을 소리 높여 찬양!

대강절에 밝혀 올리는 촛불

목하 모든 교회는 구주강생을 준비하고 그리스도의 재림을 대망하는 대강절 한가운데 있다. 기독교의 최고의 명절 구주강생 성탄절을 앞둔 4주간의 대강절은 겨울철의 사순절이라고 할 만큼 중요한 교회력이다. 대강절은 2000년 전에 이 땅에 초림하신 그리스도의 성탄을 회상하면서, 그 분을 맞을 준비를 하는 절기다. 즉 우리의 마음속에, 우리의 삶의 현장에 말씀과 영으로 새롭게 임재해 주실 것을 기다리며, 또한 아직도 그리스도를 영접하지 않고 거부하고 있는 불신의 세계와 역사 속에 주님께서 임하시기를 간절한 마음으로 기다리는 의미가 있다. 그뿐만 아니라 그리스도의 다시 오심(재림)을 기다리는 절기이기도 하다. 즉 앞으로 마지막 때에 영광의 주, 심판의 주로 다시 오실 그리스도를 기다리며 준비하는 절기다. "아멘 주 예수여 오시옵소서"(계 22:20b). 이 기간에 강단 예전색은 그리스도의 영광과 권위를 표시하고 경건과 회개를 의미하는 보라이다. 대강절은 구주성탄을 기다릴 뿐 아니라 오실 주님을 기다리면서 종말론적인 삶을 사는, 경건을 훈련하는 기간이다. 이 기간에 성도들은 주님 오심을 기다리며 어두운 밤의 일들을 -방탕과 술에 취하며 음행과 호색과 쟁투와 시기하는 일들- 청산하고 엄숙한 분위기 속에서 경건과 절제의 절기로 지켜야 한다.

대강절에는 전통적으로 주일마다 강단에 촛불을 밝힌다. 일반적으로 초를 밝히는 것은 헌신과 연합과 경건을 뜻한다. 기독교의 절기에 초를 켜는 것은 초의 주인이신 예수님을 내 안에 밝히는 의미가 있다. 곧 경건을 의미한다. 대강절 촛불은 일반적으로 둥글게 엮어 만든 화환과 5개의 초를 사용한다. 이 화관은 시작도 끝도 없는 하나님의 영원하신 사랑을 상징하는 것이며 초는 어두운 세상에 빛으로 오신 예수님을 나타낸다. 미국에서는 재림을 전적으로 강조하는 대강파(Adventists)라는 파까지 있다고 한다. 구미(歐美) 선진 교회 지역에는 교회와 가정 그리고 큰 거리에까지 대강절 촛불을 켜는 관습을 고수하고 있다. 첫째 주일에는 촛불 하나가 켜지고 둘째 주일엔 두개를 켠다. 그렇게 더해가다가 성탄절 아침에는 네 개의 촛불 가운데 중앙에 커다란 다섯 번째의 촛불을 밝힌다. 일명 아기 예수 촛불이다. 대강절 기간 밝히는 다섯 개의 촛불마다 각기 다른 이름이 있다. 곧 소망, 평화, 기쁨, 사랑, 환희의 촛불이라는 이름으로 불린다.

대강절 첫째 주일에는 기다림과 소망의 촛불로서 임마누엘의 메시아 오심을 대망하고 하나님의 나라를 소망함을 나타내는 촛불을 켠다. 이는 이 세상에서 지치고 곤고한 자들에게 어두움에 있는 자들에게 빛이 소망이 되는 것이다. 둘째 주일에는 회개와 빛, 평화의 촛불로서 하나님의 나라가 이루어지는데 등한히 한 나의 모습을 회개하고 잘못된 제도를 비판하고 구유에 누인 그리스도를 찾아 나서는 의미의 촛불을 켠다. 셋째 주일에는 사랑과 나눔, 기쁨의 촛불로서 구유에 누인 사람을 찾아가(찾아갈 수 있는 대상일 때) 같이 사랑을 나누고 나의 몫을 나누는 실천의 의미인 촛불, 기쁨의 촛불을 켠다. 넷째 주일에는 만남과 화해, 사랑의 촛불로서 너와 나와 우리와 같은 사람으로 오신 아기 예수와의 만남과 화해를, 그리고 '너' 꼭 '나'의 만남과 화해를 의미하는 사랑의 촛불을 켠다.

성탄절에는 흰색의 초로 감사와 환희의 축제, 아기 예수의 촛불을 의미한다. 성탄절에는 그리스도를 통해 화해를 이루어 주심에 대한 감사, 구유의 아기를 통해 세상과 화해를 이룰 수 있게 된 것에 대한 환희와 축제의 촛불을 켠다. 이 촛불은 광장에서 한데 모여 소리치며 밝히는, 부서지고 우울한 마음이 담긴 촛불이 아니다. 구주로 오신 주님, 다시 오실 주님을 간절히 대망하며 내 안에 충만하게 담은 경건한 의미의 촛불이다. 이는 세상과 이웃을 향해 비추는 거룩한 촛불이다.

우리가 사는 세상은 늘 피 흘리는 전쟁, 쟁투, 굶주림, 사건·사고, 고통, 역경, 질병으로 언필칭 난마(亂麻)같이 복잡하게 얽혀 있다. "곧 오소서 임마누엘"(104장 찬송)의 고백을 소리 높여 찬양하자. 이 거룩한 절기에 내 안에 생명의 빛으로 이 땅에 오신 예수그리스도의 빛을 담아 소망, 평화, 기쁨, 사랑과 환희의 촛불을 피우자. 2000년 전 이 땅에 강생하신 주님을 내 안에 모시고, 다시 오실 주님을 간절히 사모하는 마음을 담아 촛불을 밝혀보자. 마라나타의 심정으로!

"나는/ 당신 앞에/ 촛불 하나를/ 이런 마음으로 밝힙니다// 기도의 마음으로/ 감사의 마음으로/ 사랑의 마음으로/ 은혜의 마음으로/ 축복의 마음으로// 이 마음/ 따뜻하게 받아 주옵소서"《우리 가슴에 촛불 하나를 켜요》(채바다).

착(着) 마스크 시대와 헤어질 결심

지난 월요일부터 27개월여 지속한 실내 마스크 착용 의무에서 권고로 바뀌었다. 이제 병원, 약국, 지하철 버스 등 감염 취약 공간을 제외하고 마스크를 벗어도 된다. 마스크 착용 의무에서 해제된 것이다. 그런데도 많은 이들이 여전히 마스크를 착용하고 있다. 뉴욕타임스(NYT)가 지난 1일(현지시간) "한국인들이 여전히 자발적으로 착용하는 것은 마스크 착용이 하나의 습관이 되어 민낯을 드러내는 것에 대한 불편함을 느낀다. 한국의 일부 여성들은 마스크를 착용하면 화장을 하거나 웃을 필요가 없다는 것을 편안하게 여기고, 마스크를 벗으면 다시 '꾸밈 노동'에 대한 압박을 느끼는 것 같다"고 분석했다. 착(着) 마스크 습관에서 벗어나기가 쉽지 않나 보다.

우리는 지난 3년간 마스크로 자신을 가린 채로 사는 생활에 익숙했다. 여성들은 화장 대신 눈썹만 손보면 된다고 생각하고 살아왔다. 이제 얼굴 전체를 드러내며 자신을 노출해야 하는 일이 불편하고 다시 화장을 해야 하는 일이 번거롭다고 생각할 수도 있겠다. 그동안 마스크를 착용하면 표정을 감출 수 있어 표정 관리를 위해 굳이 어색하게 애쓰지 않아도 된다고 생각할 수도 있겠다. 이토록 얼굴 가리개를 하는 것을 편리하게 여기는 것이다. 어쩌면 그동안 우리 사회는 마스크로 자신의 얼굴을 가림으로 자신을 숨기고 사는 생활에 익숙했는지도 모른다. 사람들은 얼굴 가림으로 인해 마음도 감출 수 있으리라 생각하고 마스크 착용에 길들여져 살아온 것은 아닐까. 얼굴이라는 말이 '얼'이 들락날락하는 '굴'이라는 의미라고 하지 않는가? 얼굴에 사람의 희노애락애오욕(喜怒哀樂愛惡慾)의 제 감정이 다 드러나는 법이다. 그러니 얼굴을 가려 자신의 정체나 마음을 숨기려는 한다는 것은 합리적인 추측이다. 얼굴을 가려 자신을 가리려고 하는 것은 개인의 권리일 수도 있겠으나 착 마스크 시대는 많은 폐해를 가져다줬다.

마스크 시대를 살면서 우리 사회는 얼굴을 대하지 않고 소통하고 교감하는 일에 익숙해졌다. 사람들은 만나서 대화하기는커녕, 상대방에게 실례가 될까 봐 전화도 꺼려하는 세상에 젖어 들었다. 그래서 문자로 인사하거나 의견을 교환하는 것을 더 편하게 여긴다. 얼굴도 마음도 감춘 채로 얼굴 없는 소통, 기계적이고 사무적인 소통이 편하다고 느끼는 것이다. 자신을 감추고 싶어 하는 시대에 마스크, 얼굴 가리개는 안성맞춤이다. 마스크는 이런 인식을 정당화하여 익명의 시대를 심화했는지 모를 일이다. 그러나 마스크는 사람과 사람 사이의 원활한 소통과 교감을 막는 일종의 벽이다.

마스크를 여는 날 유치원 아이들이 서로의 얼굴을 보면서 어색해하는 장면을 방영하는 것을 보았다. 전문가들에 따르면 마스크를 오래 착용하면서 아이들은 단순한 불편감을 넘어 신체·정서적 발달에 영향을 미쳤다는 분석이다. 지난해 서울·경기지역 국공립 어린이집 원장 및 교사를 대상으로 설문 조사한 결과에 따르면 응답자의 74.9%가 마스크 사용으로 인해 아동들의 언어 노출과 발달기회가 감소했다고 응답했다. 더구나 코로나 시대를 겪으면서 아이들의 두뇌가 위축되었다는 보고가 있다. 얼굴 표정과 입을 가려서 언어와 정서발달, 사회성 발달을 방해했기 때문이다. 마스크를 열면 서로의 표정이 드러나고 언어가 소통이 원활하게 되어 막혀버린 인간(人間) 사이가 열린 시대로 나아가게 될 것이다. 얼굴을 열면 그동안 막혔던 친밀감과 우정을 되살리게 될 것이다. 얼굴 마개를 벗으면 약화되었던 사람 간 소통과 연대감도 회복할 수 있으리라.

지난 월요일 새벽기도회에 참석한 교우들 모두가 마스크를 착용했다. 필자야 물론 그동안 가림막을 설치한 강대상에서 마스크를 벗은 채로 예배를 인도하고 설교했기에 마스크를 여는 것이 자연스럽지만 성도들은 마스크를 여는 것이 불편한 모양이다. 예배 후에 아래 강대상의 투명 아크릴 가림막을 철거했다. 회중석이 훤히 보였다. 벽이 하나 없어진 기분이었다. 아무리 투명 벽이라 해도 벽은 벽이다. 다음 주일날 탈 마스크 시대를 맞아 회중석에 앉은 교우들과 서로 눈을 맞추고 얼굴과 얼굴을 마주 대할 일이 기다려진다. 그동안 얼굴 가리개로 막았던 웃음 띤 얼굴, 반가움이 가득한 표정, 사랑과 친절이 묻어나는 인상을 노출하며 성도 간의 격의 없는 진정한 교제가 이루어졌으면 좋겠다. 더구나 얼굴을 가린 채, 어쩌면 마음을 숨기고 서로가 서로를 만났다면 이제는 서로를 드러내며 서로서로를 위로하고 격려하고 기꺼이 용납하는 거룩한 성도 간의 교류를 경험하기를 소망해 본다. 행여나 하나님 앞에 얼굴을 가리고 우리의 마음을 숨기려 한 일이 있다면 이제는 하나님 앞에 우리 자신을 온전히 노출하여 하나님을 만나는 즐거움을 누리면 좋겠다. 하나님께서 우리의 얼굴과 마음을 보여주기를 원하신다.

탈 마스크 시대를 맞이하며 지혜와 믿음과 성령이 충만하여 천사와 같았던 스데반의 모습처럼(행 6:15), 우리의 민낯 얼굴도 그렇게 보일 수는 없을까? 벗님아! 착 마스크 시대와 이별할 결심을 하라.

행복을 얻는 계절 5월, 행복을 함께 만드는 사람들

봄의 전령사 개나리, 벚꽃, 목련이 분분히 지고 나니 계절의 여왕 5월이 막 찾아왔습니다. 거리에는 벌써 하얀 밥 알갱이 꽃을 매단 이팝나무가 흰 옷으로 성장(盛裝)하여 자태를 뽐내고 있습니다. 교회 입구 화단에선 한 그루 산딸나무는 어느 샌가 네 개의 꽃잎을 피웠고 중앙에는 초록색 열매가 얼굴을 빼꼼히 드러내고 있습니다. 푸른 하늘 아래 초록 옷으로 치장하기 시작한 나뭇잎들이 따사로운 햇볕에 살랑살랑 춤추고 있습니다. 과연 행복한 계절 5월이 찾아왔습니다. 꽃들이 만발하고 산과 들, 거리 나무마다 푸릇푸릇 녹색으로 물들어가는 5월은 계절의 여왕이란 이름을 붙이기에 충분합니다.

이 아름다운 꽃 피는 계절을 만난 사람들의 마음속에는 봄날의 기쁨과 환희가 가득합니다. 거리를 오고 가는 사람들의 표정에 행복이 묻어나는 듯합니다. "내 어깨 위에 내려앉은 햇볕이 나를 행복하게 하누나"(John Denver, "Sunshine on my shoulder"). 아무리 세상살이 어렵더라도 이 봄을 즐길 일입니다. 하나님께서 이런 행복한 계절을 즐기라고 주셨습니다.

영국이 낳은 시인 브라우닝은 "봄날 아침"이라는 시에서 "때는 봄/ 날은 차림. 아침 일곱 시. 언덕에 이슬 어리고/ 종달새 하늘에 날며/ 달팽

이 기어 나오고/ 하나님은 하늘에 계시니/ 세상은 평화롭구나"라고 행복한 봄날 아침을 노래했습니다.

이 아름답고 행복한 계절 5월에는 사람을 생각하는 축일이 많습니다. 아마도 사람과 더불어 행복하라는 의미가 있는 듯합니다. 근로자의 날, 어린이날, 어버이날, 스승의 날, 성년의 날, 부부의 날. 온통 사람을 사람으로 예우하라는 의미의 날들로 가득 찼습니다. 당연히 5월은 가정의 달로서 가정의 울타리에서 엮어진 사람과 사람, 나아가 학교와 일터에서 관계를 맺는 사람, 온통 사람을 생각하는 축일들입니다. 이는 인간관계의 기본단위인 가정에서의 가족 관계뿐 아니라 학교에서의 학생과 스승, 직장과 사회생활 속에서 맺는 인간관계를 망라하고 있습니다.

사람은 인간관계를 벗어나서 살 수 없습니다. 인간관계는 곧 사회라는 조직을 이룹니다. 곧 가정 사회, 학교 사회, 직장 사회 등이 그렇습니다. 사람은 가정이라는 가족 관계가 평온할 때 행복을 누리고, 학교에서는 친구 동료, 선생과 학생과의 관계가 원만할 때 행복한 것입니다. 나아가 직장과 일터에서 인간관계가 건강할 때 행복한 법입니다. 교회 사회 안에서의 관계도 그렇습니다. 우리가 함께 소속한 교회라는 공동체도 사람의 모임이기 때문에 일종의 사회입니다.

우리는 함께 부름 받아 하나님을 아버지로 모시고 어머니의 품으로 여기는 교회공동체입니다. 교회 사회 안에서의 관계가 예수그리스도를 중심으로 믿음과 소망과 사랑을 꽃피울 때 행복한 것입니다. 성도 개개인은 교회 안에서 하나님과의 신앙적인 올바른 관계를 유지하는 것이 신앙생활의 기본입니다. 그 관계 속에서 성도 간에 아름다운 교제를 통해 바람직한 성도 간 관계를 나누고, 주님의 종 목회자와의 관계도 온당할 때 행복한 것입니다. 그 행복한 관계가 행복한 신앙생활과 직결되는 것입니다. 복은 히브리어의 "아슈레" 즉, "바르다"라는 말에서 나왔습니다. 즉 바른 관계가 행복을 가져다주는 것입니다. 외부의 조건이 반듯할 때 우리는 행복합니다. 외적 환경, 주위 사람이 나에게 행복의 조건입니다. 그러나 진정한 행복은 내가 만드는 것입니다. 요컨대 우리가 행복해질 수 있는 길은 우리 자신이 행복의 관계를 얼마나 잘 만들었느냐에 달려 있습니다.

예수님께서 성공적인 인간관계를 만드는 행복론을 말씀하셨습니다. "남에게 대접받고자 하는 대로 먼저 남을 대접하라."(마 7:12). 소위 황금률입니다. 공자는 "너는 남이 싫어하는 것을 남에게 하지 말라"고 소극적인 윤리를 가르쳤으나 예수님은 남에게 먼저 선을 베풀고 대접하라고 적극적인 윤리를 말씀하셨습니다. 또한 "주라 그리하면 너희에게 줄 것이니..."(눅 6:38)라고 가르쳐주셨습니다. 행복은 내가 먼저 행복 공장을 돌려 행복이라는 제품을 생산해 내는 것입니다. 내가 먼저 이해하고, 용서하고, 내가 먼저 손 내밀고, 인사하고, 베푸는 생산 라인을 갖추어 가동함으로 행복이라는 상품을 만들어 낼 수 있는 것입니다. 이는 내가 소속하고 있는 모든 사회에서 공히 적용되는 행복공식입니다.

5월이 펼치는 자연의 세상이 주는 행복을 온몸으로 호흡하며 체득하는 계절의 여왕 5월, 우리가 관계 맺고 있는 모든 사회 속에서 우리 모두가 행복의 메이커가 되어 함께 누리는 계절이 되기를 기대해 봅니다.

어린이 없는 어린이날, 꽃이 보이지 않는 꽃주일⁽²¹⁾

　오늘은 5월 첫째 주일로 어린이 주일이다. 이전에 어린이 주일을 꽃주일로 불렀다. 어린이 찬송가 가사에도 "꽃과 같은 우리 동무"라는 내용이 나온다. 어른들은 어린아이들을 인화((人花)라 부른다. 아이들은 "우리 집에 왜 왔니… 꽃을 찾아 왔단다…"라며 놀았다. 부모들과 주위 어른들은 어린아이들을 꽃처럼 예쁘게 바라보고 사랑스럽게 여긴다. 형형색색의 꽃들이 저마다의 자태와 향기와 기품을 뽐내는 봄꽃 향연이 펼쳐지는 5월 첫째 주일, 어린이 주일을 꽃주일이라 할 만하다. 그런데 꽃들을 보기 쉽지 않다. 아이들의 웃고 뛰놀며 재잘거리는 소리가 들리지 않는다. 어린이 주일날인데도 교회에 어린이들이 눈에 띄지 않는다.

　가장 최근 통계청이 내놓은 추계에 따르면 출산율이 심각하다 못해 재앙의 수준이다. 여자 1명이 가임기간 동안 낳는 자녀수의 평균치인 합계 출산율은 1960년에 6.0명이었다. 그 후로 계속 감소하여 1998년 1.5명이었던 것에서 2000년 1.47명, 2005년 1.09명, 2018년 0.98명으로 급격히 감소해 왔다. 2022년 0.7대로 추락하고 2023년 12월 인구동향 자료를 보면, 지난해 4분기 합계출산율은 0.65명으로 집계됐다. 그래서 문을 닫는 산부인과, 어린이집이 속출하고 초등학교도 문을 닫거나 통폐합한다는 슬픈 소식이 들린다. 출산율 감소는 재앙 중에 재앙이다.

초등학교 학생 수의 추이를 보면 1999년도 393만 5537명, 2024년도에는 248만 1248명으로 조사되었고, 2029년도에는 172만 9805명으로 줄어들 것으로 예상한다. 어린이가 보이지 않는 것이 현실이다. 그러면 교회는 어떤가? 2022년 12월 31일 기준 예장통합 전체 교인 수가 230만 2,682명으로 조사됐다. 전년보다 5만 6,232명(-2.38%)이 감소했고 10년 사이 50만 7,849명(-18%)이 줄었다. 교회 안에도 아이들이 점차 사라지고 있다. 우리 교단 통계에 따르면 2022년에 26만 7,876명으로, 이는 2012년 47만 3,069명에서 20만 5,193명이 줄어 10년 만에 절반 가까운 43%가 떨어진 것이다. 6세에서 7세 유치부 학생들은 2013년 5만 8천 293명이었으나, 2022년 기준 3만 2천 388명으로 감소했다. 12세에서 13세 소년부의 경우 6만 8천 175명이었던 2013년에 비해 2022년에는 4만 2천 307명으로 줄었다.

예장통합의 성장위원회 자료에 따르면 다음 세대를 교육하는 교회학교가 없는 교회가 전체 교회의 50%에 육박한다고 한다. 한국교회는 교회학교의 앞날이 한국교회의 명운과 직결된다. 교회학교 부흥이 없으면 한국교회의 장래는 없고 다음 세대의 신앙부흥이 없으면 신앙 가정의 전통은 끊어지고 마는 것이다. 문제는 일반 학령인구의 감소 보다 교회학교 인구감소가 두 배가 빠르다는 것이다. 일반 학령인구의 경우 2013년 653만 명에서 2022년 527만 명으로 10년간 19% 감소한 반면, 교회학교 학생(예장통합)은 2013년 34만 명에서 2022년 21만 명으로 10년 새 37%가 줄어들었다. 이런 현상은 출산율의 급격한 감소가 제일원인이지만 신앙의 대 잇기에 실패한 결과라고 할 수밖에 없다. 교회학교의 수치는 청장년 수의 13%에 해당한다. 대학청년부는 전체 교인의 5% 정도라는 보고가 있다. 앞으로 10년 20년 이후에 현재의 교회학교 자녀들과 청년들이 교회에 얼마나 자리를 잡고 있을지 참으로 암담한 수치가 아닐 수 없다. 이런 문제는 한국교회의 문제요 우리 교회 교회학교의 문제다. 이 문제를 출산율 개선으로 해결할 수 없을까?

수년 전 우리나라 초등학교 3학년의 '행복감'이 세계 최하위권이라는 조사 결과가 나왔다. 아동보호단체인 '세이브 더 칠드런'과 서울대 사회복지연구소는 '초등학교 3학년 아동의 행복감 국제 비교 연구' 결과를 내놨다. 연구진이 알제리, 콜롬비아, 영국, 에스토니아, 독일 등 대륙별 선진국과 개발도상국, 후진국 중 16개 나라의 만 8세 아동 1만 7496명(한국 2,432명)에게 직접 답을 적는 방식으로 조사한 결과 한국 아동의 '삶의 만족도'는 14위였다. 절대빈곤에 시달리는 에티오피아(15위), 대지진의 여파로 신음 중인 네팔(16위)만 한국보다 아래에 있다. 물질적 욕구 충족 측면에서는 한국이 16개국 가운데 최상위권이지만 우리나라의 어린이들은 행복하지 않다는 통계다. 우리는 아이를 낳아 행복하지 않은 아이로 기르고 있는가?

어린이 없는 어린이날, 생각만 해도 끔찍하다. 아이들의 행복한 웃음소리를 언제 다시 들을 수 있을까? 단지 꿈에 불과한가? 정부에서는 출산율을 높이기 위해 출산 유도책을 쓴다고 하지만 실익이 없다. 어마어마한 재정만 투입할 뿐이다. 더구나 아이들을 행복하게 해 주지 못하면서 아이들을 낳으라고 재촉하는 것은 아이러니다. 우리는 어린이를 미래의 희망으로, 내일 우리 사회와 교회와 국가를 책임질 꿈나무로 행복하게 키우고 있지 못하고 있다. 문제는 뚜렷한 대책이 우리 사회에도 없고 교회에도 없다는 것이다. 오호라 이를 어찌할까나(?!)

어버이날에 피우는 한 송이 카네이션 꽃의 마음

5월 하늘은 눈이 부시게 파랗고, 산야 길가마다 봄꽃이 만발합니다. 가로수 산 언덕배기마다 신록으로 갈아입은 나무에는 푸름이 더해갑니다. 나무마다 피운 이파리들이 눈부시게 따사로운 햇볕을 받아 도란도란 이야기를 나누는 듯합니다. 세상은 전쟁, 난리, 역병, 기후변화, 재난 소식으로 넘쳐나고 곳곳마다 진영마다 갈등과 쟁투, 범죄, 사건·사고 소식에 하루도 빠짐없이 바람 잘 날 없습니다. 그럼에도 계절 하나만은 찬사를 받기에 충분합니다. 이 아름다운 신록의 봄을 조금이나마 즐기고자 지난 월요일에 나 홀로 뒷산을 넘어 나무숲 사이를 걸으며 흠씬 신록의 향기를 들어 마셨습니다.

"연둣빛 물감을 타서 찍었더니/ 한들한들 숲이 춤춘다// 아침안개 햇살 동무하고/ 산허리에 내려앉으며 하는 말// 오월처럼만 싱그러워라/ 오월처럼만 사랑스러워라/ 오월처럼만 숭고해져라/ 오월 숲은 푸르른 벨벳 치맛자락/ 엄마 얼굴인 냥 마구마구 부비고 싶다// 오월 숲에 물빛 미소가 내린다/ 소곤소곤 속삭이듯/ 날마다 태어나는 신록이 다정한 몸짓/ 살아있다는 것은 아직도 사랑할/ 일이 남아 있다는 것// 오월처럼만/ 풋풋한 사랑으로 마주하며 살고 싶다(오순화, 《5월 찬가》).

이 5월에는 사람을 생각하는 날로 가득 차 있습니다. 근로자, 어린이,

어버이, 스승, 성년, 부부의 날. 서로를 5월의 마음으로 배려하고 사랑하고 존중하며 아껴주는 세상은 절로 행복이 꽃피는 낙원이 될 수 있으리라는 생각이 불현듯 듭니다. 어떤 이는 말할 것입니다. '그런 세상이 도대체 어디 있냐고'. 하긴, 이상향이라는 의미의 '유토피아'라는 말도 본래 '없음'이라는 말에서 나왔다고 합니다. 아무리 세상이 각박하고 아슬아슬해도 그래도 5월입니다. 그 5월의 마음으로 우리네 마음에 오월 꽃한 송이씩 피웠으면 좋겠습니다. '사랑, 순결, 고결, 희망, 감사, 그리움, 진실, 열정...'의 마음.

오늘은 5월 둘째 주일 어버이 주일입니다. 우리 교회에서 전통적으로 주일 예배 중에 어르신들 회중석 앞으로 모셔서 어버이 날 노래도 불러드리고 선물도 드립니다. 이때 어르신들 가슴에는 예배당 입구에서 미리 달아드린 카네이션 한 송이가 달려 있습니다. 흔하디흔한 한 송이 꽃이지만 사랑과 감사와 존경의 의미가 담겨 있습니다. 1907년 미국의 안나 자비스라는 이가 살아생전 타인을 위해 애쓰고 노력했던 어머니를 기리기 위해 버지니아의 한 교회에서 추도식을 열었다고 합니다. 이때 교회에서 어머니가 좋아하시던 흰 카네이션을 이웃들에게 나눠주었고 그 후 세상 모든 어머니를 위한 어머니의 날을 만들고 캠페인을 시작했습니다. 그 결과 1914년 미국 제28대 대통령인 토머스 우드로 윌슨이 5월 2주 일요일을 어머니의 날로 선포한 것이 어머니날의 시발이 되었다고 알려져 있습니다. 우리나라는 1956년 국무회의에서 처음으로 어머니의 날이 제정되어 내려오다가 1973년 각종 기념일 등에 관한 규정에 따라 어버이날로 변경하여 부모 모두에게 감사하는 날로 지키고 있습니다. 이때 달아드리는 붉은 색 카네이션은 건강을 비는 사랑, 존경 감사의 의미로, 분홍색은 '당신을 영원히 잊지 않을께요 당신을 열렬히 사랑합니다'는 뜻으로, 흰색은 '내 애정은 살아있습니다. 아직 당신을 사랑합니다.'라는, 추모의 뜻으로 사용한다고 합니다. 일찍이 조선 시대 군왕 중에 효성이 가장 뛰어난 것으로 알려진 정조대왕은 어머니(혜경궁 홍씨)의 한을 위로하고 무병장수를 기원하는 의미로 어머니의 회갑연을 대대적으로 열고 어머니에게 꽃을 바쳤다고 합니다. 이때 준비한 꽃이 3천 송이 복숭아꽃(도화, 桃花)이었습니다. 이에 효 사상의 미덕을 복숭아꽃으로 대체하여 감사의 마음을 담은 꽃을 효도화(孝桃花)라 부릅니다.

이 세상에 어버이 없이 이 땅에 온 사람이 어디 있겠습니까? 하나님께서 당신을 대리하여 사람이 나게 하셔서 온 세상에 퍼져 살게 하신 것입니다. 나를 낳아주시고 길러주신 부모에게 효도하는 것은 아무리 강조해도 지나치지 않습니다. 인륜지대본입니다. 나의 부모님은 이 세상에 안 계십니다. 꽃 한 송이 달아드리지 못합니다. 더 이상 효하고 싶어도 할 수 없습니다. 그 대신 어버이 주일에 내 가슴 한편에 한 송이 카네이션을 달고, 부모님 은혜, 그리운 마음 가슴 속에 절절이 새겨보렵니다.

여보오! 벗님 여러분, 부모 내 곁을 떠나버린 뒤에 "껄껄…" 후회하지들 말고요 살아계실 적에 열심히 효도합시다. "어버이 살아실 제 섬길 일란 다하여라// 지나간 후면 애닯아 엇지하리// 평생에 고쳐 못할 일이 이뿐인가 하노라…"(정철의 훈민가 4). "樹欲靜而風不止"(수욕정이풍부지), "子欲養而親不待"(자욕양이친부대), "나무는 고요하고자 하나 바람이 그치지 않고, 자식은 봉양하고자 하나 부모는 기다려 주지 않는다"(공자).

카네이션 한 송이 달아드리는 어버이날, 그 한 송이 이상의 존중과 사랑과 감사의 마음이 듬뿍 담긴 효심이 넘쳐났으면 좋겠습니다.

이스라엘 성지순례 길에 만난 사람들 (1)

　금번 교회로부터 안식월을 받아 런던과 파리에 일주일간 머무른 후에 이스라엘 성지순례를 다녀왔다. 필자의 이번 여행은 여행사 일정표대로 가이드를 따라 거동하는 패키지여행이 아니라 내 맘대로 다니는 자유여행이었다. 이런 여행은 자유롭기는 할지 모르지만, 불편한 것이 이만저만이 아니다. 비행기와 숙소를 정하는 것은 제외하고라도 하도 목적지를 찾아다니는 과정 자체에 많은 어려움이 따른다. 자유여행에는 자연스럽게 예기치 않은 비상 상황이나 우연찮은 일들을 경험한다. 어쩌면 그것이 자유여행의 묘미일 수도 있겠다. 금번 여행 중에 많은 이들을 만났다. 모두가 필자의 필요로 인해 먼저 말을 건 사람들이다. 사진을 부탁하느라고 말을 걸거나, 특별히 길을 묻고 차를 타느라고 사람들을 만나기도 했다.

　여행에서 돌아와 생각해 보면 여전히 생각나는 고마운 이들이 많다. 그들은 나의 여행을 도운 이들이다. 동행자 옆 지기 아내와 이스라엘 입국 후 텔아비브에서 하루를 묵고 욥바를 찾았다. 그날 오후 버스를 타고 티베리아스로 넘어와서 갈릴리 호숫가에 숙소에 여장을 풀었다. 이튿날은 갈릴리 해변 마을 가버나움에 가는 날이다. 가버나움은 예수님의 주요 공생애 활동지로 "예수의 도시(town) 가버나움"이라고 이름을 붙인다. 그곳은 예수님께서 오병이어 기적을 베푼, 타브가 기념교회, 도보로 한 5분 거리에 부활하신 예수님께서 제자들에게 식탁을 베풀고 베드로에게 사명을 맡기신 베드로 수위권교회가 있다. 우리가 이곳에 도착했을 때 12시를 5분쯤 남기고 있었다. 그곳 담당 신부가 2시 오후 개방 시간에 오라고 한다. 그래서 도보로 3, 40여 분 거리에 있는 베드로의 집과 회당 터가 있는 가버나움을 들렀다가 수위권교회로 다시 돌아올 요량으로 길을 걸어 가버나움에 도착했다. 복음의 둘레길(Gospel Trail, 타브가-팔복교회-가버나움)은 예수님의 발자취를 묵상하는 코스이지만, 40도를 육박하는 햇볕 따가운 길을 걸어가야 하는 힘든 여정이었다. 가버나움을 들른 후 시계를 보니 1시 20분이다. 40분 동안 걸어가면 되는 길. 걸음을 옮기다 누군가 태워주기를 부탁하려고 어느 중년을 넘긴 SUV 차량 여성 운전자에게 말을 거니 자신들이 갈 방향이 다르기에 태워줄 수 없어 미안하다고 한다. 잠시 후 가버나움을 빠져나오는 다른 차, 젊은 남성 운전자에게 부탁하니 흔쾌히 태워주겠다고 했다. 그의 배려로 우리는 일찌감치 수위권교회까지 수월하게 올 수 있었다. 차에서 내리며 감사 인사하며 이름을 물으니 아브라함이라고 했다. 그가 왔던 곳으로 차를 돌려서 가는 것을 보니 감사한 마음이 더욱 컸다.

또 다른 차를 세 번이나 얻어 탄 것은 갈릴리 북쪽 50km 지점에 있는 빌립보 가이사랴를 찾은 날이다. 그날 우리는 배차 시간이 한 시간이 넘는 버스를 두 번에 걸쳐 타고 겨우 빌립보 가이사랴에 도착했다. 그곳 위치 외에는 사전 정보나 학습이 없이 찾는 성지. 헤롯의 아들 빌립이 지중해변의 가이사랴와 달리 가이사랴에게 바치는 도시라는 의미로 가이사랴 빌립보라고 이름 붙였다. 2000년여 전 판(Pan), 제우스 신전이 있었던 곳으로 "바니야스"(city of Banias)라고 불리며 해발 1147피트나 되는 산지에 자리 잡고 있다. 버스를 두 번 갈아타고, 목적지에 제대로 내리긴 했지만, 차도 사람도 보이지 않고 어디가 어디인지 멀리멀리 산만 쳐다보이는 곳이다. 찻길에 내 던져진 두 이방인은 당황스럽기 짝이 없었다. 우리의 목적지는 버스 두 개의 정거장 중간 위치에서 산 쪽으로 들어가야만 하는 곳에 있었다. 정류장과 정류장 사이는 수 km가 넘는다. 뜨거운 해를 머리에 이고 걸음을 옮기는데 신혼부부처럼 보이는 두 사람이 그들의 차에서 내렸다. 여자는 무슬림 히잡을 썼다. 그들에게 길을 물으니 우리의 목적지를 가르쳐준다. 그래서 걸음을 재촉하며 도로를 따라 얼마 동안 내려오는데 그 차가 우리를 따라 내려와 태워주겠다고 한다. 차를 타고서 막 결혼했는지 물으니 답이 없다. 그들이 영어를 모르는지, 나의 영어가 이상한지? 무사히 우리의 목적지 입구 매표소까지 도착했다. 영어를 쓰는 한 스무 명 남짓한 순례객이 그곳을 찾았다. 만년설 이스라엘의 최북단 헐몬산에서 발원해 내려온 폭포가 있고 몇몇 신전(판신전, 제우스 등 신전)과 방앗간, 아그립바 2세 궁전터 등이 그대로 남아 있고, 수량이 풍부하여 물이 쉴 새 없이 쏟아져 내려오고 있는 수원지(springs), 유료 공원이기도 하다. 그러나 필자가 이곳을 찾은 것은 베드로가 예수님을 향해 위대한 신앙고백을 남긴 곳이기(마 16:13) 때문이다. 핫 플레이스를 둘러보고 시계를 보니 4시 30분이 지나고 있다. 어떻게 숙소까지 돌아갈까! 노숙자(?) 심리가 발동한다. 입구 매표소에 있는 직원에게 말을 걸었다. 버스 정류장까지 좀 태워줄 수 없겠는가라고. 직원은 우리의 사정이 딱해 보였는지 조금 후에 자신의 매니저에게 부탁해서 정류소까지 태워주도록 하겠다고 했다. 그러면서 조금 앉아 기다리란다.

이스라엘 성지순례 길에 만난 사람들 (2)

언제까지 기다리라는 것인가? 5분이 지나도 차를 태워줄 기미가 없었다. 안내 창구 직원마저 보이지 않는다. 시간은 자꾸 가는데. 그래서 한 쪽 편에 있는 사무실과 같은 곳에 가서 한 직원에게 물어본다. "직원한 사람이 매니저에게 부탁해서 우리를 정류소에까지 태워준다고 했는데…" 갈 길 바쁜 나그네의 급한 마음을 알기나 할까? 한 10분여를 기다렸을까. 필자에게 말한 직원보다 나이가 든 한 사람이 자신의 차를 타라고 한다. 그래, 그럼 그렇지! 아마도 매니저가 퇴근길에 우리를 자신의 차에 태워주는 모양이다. 내심, 그가 우리를 저 아래 다운타운에까지 데려다줄 것이라 기대했다. 희망과 현실은 항상 괴리가 있는 것. 매니저 사내는 한 1km 정도 떨어진 정류소에다 이방인 둘을 떨어뜨려 주었다. "토다"(히. 감사합니다). 시간은 5시 30분이 넘고 있었다. 양방 2차선 도로, 사람 하나 지나가지 않는 길바닥에 덩그러니 남은 두 일행은 우리를 싣고 갈 버스가 속히 오기만을 기다리는 수밖에 없다. 디지털 기기 사용에 게으름뱅이, 젬병인 내가 핸드폰으로 구글 지도를 검색한다. 세계적인 검색 시스템은 현 위치와 목적지를 입력하면 버스가 언제 도착하는지를 알려준다. 우리를 바니야스에 데려다준 58번 버스가 ××에 출발. 우리의 정류소에 ××에 도착이라는 메시지가 찍힌다. 그런데 시간이 지나도 감감무소식이다. 다시 검색하니 지연 출발, 그리고 내일 오전 6시에 차가 온다는 메시지가 눈에 들어왔다. 오후 6시를 넘긴 시간에 두 이방인은 이른바 '멘붕'에 빠졌다. 옆지기의 안색을 살피니 초조한 빛이 역력하다. 지나가는 차를 빌려서 타고 가는 방법밖에 없다는 생각이 들었다. 좌측에서 달려오는 선한 사마리아인 드라이버를 기대하며 오른손을 뻗어 아래위로 흔들기를 시작했다. 차들이 무심코 그냥 지나친다. 혹간 태워주지 못해 미안하다는 표시인지 아니면 '참 안됐군요'라는 신호인지, 운전자와 눈이 마주치기라도 하면 어깨를 위쪽으로 움츠린다. 그렇게 수십 대의 차를 그냥 보냈다. 산 위에 걸린 해 그림자가 내려오기 시작한다. 이러다가 노숙자가 되는 것은 아닌가? 건너편 한 1km 정도 떨어진 곳 마을에 가서 차를 태워달라고 부탁이나 해볼까? 어둠이 짙으면 어떡하나…. 옆에 선 동행 여성의 얼굴에는 이미 먹구름이 뒤덮였다.

　그렇게 팔을 뻗어 올렸다 내렸다 반복하기를 한 20분이 지났을까? 흰색 차량 한 대가 속도를 줄이며 우리 앞에 선다. '캔 유 테익 아스 투 다운 타운?…..땡큐'(!). 40대 초반이나 되었을까 한 젊은 사내가 문을 열어준다. 필자는 티베리아스로 가야 하는데 버스가 오지 않아 기다리고 있었다고 사정을 이야기를 했다. 그는 한 7~8분여를 달려 산 아래 다운타운 버스정류소에 내려주었다. 차를 대고서 자신의 앱으로 검색하더니만 4분 뒤에 문제의 차가 도착할 것이라고 하며 자신의 모바일을 보여주었다. 그러면서 자신이 사용하는 'Moovit' 앱을 깔아서 도움을 받으라고 일러주고 만약 차가 안 오면 엄지 척을 하여 차를 세워달라고 부탁하라고 했다. 토다! 한 5분여 후에 그의 말 대로 우리가 기다리던 58번 버스가 우리 앞에 와서 섰다. 그래서 그 차를 타고 센터럴 스테이션에 가서 티베리아스 행 버스를 기다려, 이른 오후에 우리가 탔던 버스를 다시 타고 티베리아스 터미널까지 무사히 도착했다. 두 이방인의 얼굴에 밝은 화색이 돌았다. 벌써 시간은 8시를 넘고 있었다. 이렇게 십 년 감수한 날은 자기 위로를 위해 따뜻한 국물이 필요하지. 그날 저녁 우리는 터미널에서 내려오는 길가에 있는 CHAN(일식집)에 들러 닭고기가 들어간 매콤한 수프를 연신 떠먹었다. 나다나엘을 만나게 하신 하나님의 은혜 감사! 나다나엘은 필자가 바니야스에서 다운타운까지 태워준 남성에게 그냥 붙인 이름이다('하나님의 선물'이라는 뜻).

갈릴리(티베리아스)에서 이틀을 묵은 후에 두 나그네는 중앙역에서 시외버스를 타고 두세 시간 후에 예루살렘에 입성, 올드 시티에서 1.3km 정도 떨어진 힐렐 로드에 위치해 있는 숙소에 여장을 풀었다. 숙소에서 순례객들이 즐겨 찾는 예루살렘 핫 플레이스까지 도보로 한 20여 분이면 갈 수 있는 거리다. 그곳에서 예루살렘과 주변 지역을 찾아볼 요량이었다. 예루살렘에 들어간 다음 날인가? 구 도시를 들러 몇몇 곳을 둘러보고 서쪽 통곡의 벽까지 방문한 뒤, 예루살렘 동남쪽 골짜기 건너 편 동산, 감람산을 찾기 위해 사자 문(스데반 문)에서 버스를 기다렸다(이스라엘에서는 명함 크기의 충전용 교통카드를 사용한다). 그것에 '키파'를 머리에 쓴 한 노인이 정류소 도로가 벤치에 앉아 있었다. 버스를 기다리는지 산책을 나와 앉았는지 모를 일이다. 필자 보다 제법 나이 들어 보이는 그에게 나이를 물으니 69살이란다. 올리브 산 방향 버스가 오기까지 노인과 한 5, 6분 대화가 이어졌다. 이스라엘 노인과 동양에서 온 여행객, 함께 만나 이야기 나눌 기회가 쉽지 않을 두 사람이다. 듣고 싶은 이야기가 많을 터. 노인은 할아버지가 예멘에서 살았고 아버지 때부터는 예루살렘에서 살고 있다고 했다. 노인은 정통 유대교인이다. 우리와 달리 아직도 메시야가 오지 않아 기다리고 있다고 했다.

이스라엘 성지순례 길에 만난 사람들 (3)

그는 다윗의 후손 중에서 메시야가 올 것이라고 말했다. 진지하게 자신의 신념을 피력하는 그의 말에 고개를 끄덕이며 그의 눈을 빤히 쳐다보았다. 유대인들은 메시야가 와서 자신들을 구원하고 무너진 성전이 회복되기를 갈망하고 있다. 현재 예루살렘에는 성전 흔적이 없고 파괴된 성전 한쪽 축대 벽만(높이 12m, 길이 50m) 남아 있다. 유대인들은 A.D 70년 로마의 침공으로 완전히 파괴된, 헤롯 대왕이 건축한 제2의 성전 서쪽 벽(또는 통곡의 벽, wailing wall)에 와서 경전을 들고, 상체를 앞뒤로 흔들며 기도한다. 예루살렘 성전의 역사는 예루살렘의 역사와 떼어놓고 생각할 수 없다. 예루살렘의 역사는 3000년이다. B.C 1000년에 다윗이 통일 이스라엘의 왕이 된 후 여부스 족속에게서 시온 산 예루살렘을 빼앗아 수도로 정했다. 솔로몬 왕이 B.C 957년 부왕 다윗의 뜻을 받들어 하나님의 임재를 상징하는 언약궤를 모시는 성전을 건축하였다. 그러나 400년 만이 B.C 587년 바벨론 느부갓네살에게 파괴되었다. 이후 B.C 538년 바사왕 고레스의 칙령으로 포로에서 귀환하여 B.C 516년에 재건되었으니 곧 스룹바벨 성전이다. 이후 페르시아의 통제 아래 있던 예루살렘은 헬라 알렉산더 대왕에(B.C 333) 의해 정복당했다가 그의 사후 네 개로 분열된 왕국 중 프톨레미 왕조와 뒤이어 셀루크스 왕조의 지배를 받았다. 이 왕조의 안티오커스 에피파네스 4세는 예루살렘을 철저하게 짓밟았다. 원수들은 성전 기명들을 끌어내고 돼지를 잡아 피를 성전에 뿌렸다. 또 제우스 신에게 제사를 지내고 제사장들을 살해하며 성전을 철저히 유린했다. B.C 165년 이스라엘 마카비 형제가 셀루커스 왕조에 항거하여 독립한 후 성전 수리를 단행하고 하스몬 왕조를 수립하였다. 그러나 100년 정도 지속했을 뿐, 로마가 새로운 시대를 열고 이스라엘을 지배하기 시작했다. 이후 가이사 아구스도 황제의 재가를 얻어 왕으로 부임한 헤롯 대왕이(B.C37-B.C4) 유대인들의 환심을 사기 위해 성전을 화려하게 건축하였다. 이 성전이 예수님의 예언대로 A.D 70년에 로마의 티토(Titus) 장군에 의해 완전히 파괴되어 2000년이 지나도록 성전은 재건되지 않은 채로 남아 있다.

예루살렘 구 도시는 유대인 구역, 아랍인 구역으로 구분되어 있다. 종교상으로 보아 유일신을 믿는 세 종교의 성지다. 그러나 엄격히 말하면 세 종교의 신은 서로 다르다. 기독교는 예수가 신의 아들이요 메시야로 받아들이며 성 삼위일체 유일신관을 갖다. 이슬람교는 알라가 유일신으로 선지자 마호메트가 600년대 초반 알라의 계시를 받아 창설했다. 그들은 마호메트가 승천했다는 곳이라 하여 예루살렘 중심부에 황금 사원을 세웠다. 유대교는 기독교의 믿음의 조상인, 아브라함으로부터 시작되었다고 본다. 그들은 아직도 메시야가 오지 않았다고 하며 메시야를 속히 보내주시어 성전을 회복하게 해달라고 기도하고 있다. 현재 이스라엘의 종교인구 분포를 보면 유대교 77%, 이슬람교 17%, 정교회 가톨릭교회 등 기독교 2%로 파악하고 있다. 유대인들은 메시야가 임하기를 갈구하지만, 메시야 그리스도가 자기 땅에 오셨을 때 영접하지 아니했고(요 1:11) 지금도 여전히 예수그리스도를 선지가 중 하나라고만 인정하고 있다. 예수님께서 무화과나무가 새 잎을 내면 다시 오신다고 하신(마 24:32) 말씀은 재림의 징조로, 유대인의 상당한 수가 회개하고 예수께로 돌아오는 것으로 해석한다. 바울은 동족의 구원을 위해 기도하는 가운데 이방인의 충만한 수가 들어오기까지 이스라엘이 우둔하게 되었다고 (롬 11:25) 했다. 이후 유대인들의 남은 자가 구원받을 것이라고 했다(롬 11:26). 그날 아직도 메시야를 기다리는 유대인 노인을 만나고 나서 예루살렘 성 맞은편 동쪽 겟세마네 동산이 있는 감람산으로 버스를 타고 가면서 '도대체 이스라엘의 구원의 때가 언제일까'하는 생각을 떨칠 수 없었다.

고도(古都) 예루살렘은 로마에 의해 멸망하였다. 로마가 A.D 313년에 기독교를 공인한 이후, 기독교 초기교회 발흥기인 비잔틴 시대(A.D324-638)는 성당들이 활발하게 건립되고 기독교 유적이 발굴 보존되는 시기였다. 이슬람교가 시작된 초기 이슬람 시대(638-1099)에 는 이슬람이 예루살렘을 정복하여 다스렸다. 이 시기에 제2 성전 서쪽 축대 위에 바위 돔 사원(황금 사원, Dome of the Rock, 691년 건립)과 알하크 모스크 사원이 건립되었다. 십자군 전쟁, 예루살렘 성지 탈환기에(1099-1187) 예루살렘 성을 재건할 기회를 얻었으나, 이후 살라딘이 십자군을 물리치고 예루살렘을 정복하였다. 이후 예루살렘은 아랍의 아유비드 왕조(Ayyubid)시대 (1187-12600와 마믈룩 왕조(Mamuluk)시대(1260-1517)에 이어 오토만(Ottoman) 투르크 정복 시대(1517-1917)까지 이슬람의 영향 하에 놓여 있었다. 이후 이스라엘은 1차 대전 끝난 이후 1917년부터 영국으로부터 관리를 받아오다, 시온을 회복하자는 시온이즘(zionism)의 영향으로 2차 대전 종전 후 1948년에 독립했다.

이스라엘 성지순례 길에 만난 사람들 (4)

이스라엘 독립 직후 아랍이 도발하여 1차 중동이 발발했다. 이후 4차에 걸친 전쟁과 크고 작은 이스라엘, 아랍 간 분쟁이 끊임없이 있어 왔다. 그때마다 아랍에 비해 병력과 무기가 절대 부족한 이스라엘이 강력한 선제 타격으로 승리를 거두었다. 현재 이집트와 국경을 맞대고 있는 시나이반도의 비무장을 차치하고라도 이스라엘 남서부 팔레스타인 가자지구와 시리아와의 접경 골란고원 등은 분쟁의 불씨가 잠재해 있다. 특히 요르단강 서안 팔레스타인 자치 구역, 소위 West Bank가 구획되어 있지만(동예루살렘, 남쪽 헤브론 포함), 이스라엘은 이스라엘 정착촌(Israelite Settlement)을 건설한다는 명목으로 그 지역을 야금야금 빼앗는 형국이기에 이스라엘과 팔레스타인 사이의 영토분쟁은 늘 긴장 국면을 조성하고 있다. 성지 순례객이 필수 코스로 찾는 곳 중에 여리고와 베들레헴도 팔레스타인 자치 구역에 속한다. 양국 국민이 그 국경을 출입할 때 허가증이 있어야 하고, 외국인은 체크 포인트에서 여권 검사를 받아야 한다. 우리는 베들레헴이 팔레스타인 자치 구역이라는 것만 알고 순례 일정의 막바지에 그곳을 방문하였다.

나그네의 길은 무조건 묻는 것이 상책이다. 그날 아침 호텔 데스크 직원에게 물으니 예루살렘 구 도시 다마스커스 문에 가서 버스를 타라고 했다. 그런데 무슨 생각인지, 구글 앱 안내에 따라 우리 호텔과 가까운 자파(Jaffa)역에서 트램을 타고 대여섯 정거장에 가서 베들레헴행 버스를 탈 수 있다는 정보를 따르기로 했다. 트램을 타고 그 역에서 내렸지만, 우리의 버스를 어디서 탈지 그것이 문제다. 쉰이 좀 넘었을까 하는 아주머니는 버스가 딱 한 대가 있다고 하며 정류소를 알려주는데 주위를 서성거리다, 긴 소총을 어깨에 차고 진흙 색 군복을 입고 더블 백을 멘 여군에게 물어본다. 매니큐어를 바른 긴 손톱 손으로 검색하더니 나름 친절하게 방향을 알려주는데 확신이 없는 듯했다. 그런 확신에 대한 판단은 전적으로 이쪽의 감정일 뿐이다. 아마도 베들레헴이 팔레스타인 자치 구역이어서 그런가!? 정류소가 어디에 있는지, 있어도 과연 베들레헴행 버스를 만날 수 있을지도 모를 일이다. 그때 옆 지기 동행자가 말을 건다. 호텔 직원이 소개한 대로 다마스커스 터미널로 가보는 것이 좋겠다는 것이다. 그 제안에 따라왔던 방향으로 세 정거장을 거쳐 다마스커스 터미널에 도착했다. 이것 보게, 우리가 기다리던 버스가 기다리고 있는 것이 아닌가. 그래도 확증을 위해 기사에게 묻는다. 이 버스가 베들레헴으로 가느냐고. 기사의 확답을 듣고 차에 올라타 창밖으로 펼쳐진 관경을 두런두런 내다보는 중에 얼마 가지 않아 베들레헴에 도착했다. 예루살렘에서 남쪽으로 10km 정도 떨어져 있고 버스로 2~30분이면 충분히 갈 수 있는 거리다.

우리가 버스에서 내려 베들레헴 국경을 넘을 때에 검문이 없었다. 버스를 내리자마자 승용차와 SUV 차량 여러 대가 줄을 서서 주차해 있고 그 옆에는 기사인 듯한 사람들이 손님을 태우기 위해 늘어서 있었다. 가이드 겸 드라이버 노릇을 하는 팔레스타인 사내들이다. 베들레헴 지역은 그쪽 사람들만 가이드 일을 할 수 있게 되어 있다고 한다. 그들 중 한 젊은이가 와서 우리를 맞으며 영업을 시도한다. 베들레헴 차로 가이드하는데 400세겔을(1세겔은 360원이다) 내란다. 한화로 14만 5천 원 돈이다. 우리 부부는 조그만 베들레헴 동네 안에 몇 군데를 잠깐 방문하는데 너무 비싸게 바가지를 씌운다는 생각에 일치했다. 그렇지 않아도 며칠 전에 멀지 않은 귀갓길에 택시를 탔다가 미터기를 꺾지 않고 태연히 운전하는 기사와 사전 요금 협상을 하지 않아 요금 문제로 실랑이를 겪은 경험이 있어(다툼 끝에 150세겔 달라는 것을 50세겔만 주었음) 우리는 바가지를 조심하기로 단단히 결심한 상태였다. 우리는 그들의 작업을 외면하고 되돌아서 총총걸음으로 이스라엘 방향 국경 검문 창구 쪽으로 발걸음을 옮겼다. 무슨 대책이 있는 것도 아니면서, 어쩌면 그쪽 모객꾼들이 홍정을 걸어오기 바라는 심산도 있었는지 모른다. 한 사내가 달려와 영업을 시도한다. 300 이야기를 하기에 고개를 돌리니 200 세겔만 내라는 것이다. 절반으로 줄었다. 베들레헴을 보러왔다가 돌아갈 수 없는 일이다.

비위가 상해버린 동행자에게 그냥 200으로 가자고 하고서 영업차를 타기로 했다. 드라이버는 처음 영업을 시도한 이가 아니었다. 기사는 다른 기사들의 대장 같은 풍모를 갖췄는데, 다소 몸이 두껍고 구레나룻 수염에다 팔뚝에는 털이 북슬북슬 나 있고 통으로 짠 흰색의 긴 옷을 걸친, 전형적인 팔레스타인 사람의 모습을 했다(이스라엘에서는 아랍 남자라도 머리에 터번을 쓰지 않는 듯함). 기사는 여러 차례 투명 테이프를 붙여 변색이 될 정도로 오래된 듯한 몇 장의 리플렛을 내보이면서 베들레헴 어디어디를 가고 싶으냐고 묻는다. 필자는 세 군데를 지목했다. 예수탄생교회, 목자들의 들판교회, 또 애굽으로 피신할 때 성모가 아기 예수께 젖을 먹였다는 동굴수유교회 등이다.

이스라엘 성지순례 길에 만난 사람들 (5)

팔레스타인 자치구 베들레헴은 빈한한 도시 풍경이 물씬 풍겼다. 우리가 가기로 한 예수탄생 교회는 그리 멀지 않았다. 택시를 타자마자 우리는 서로를 브라더라 부르는 관계가 되었다. 그는 자신을 소개하기를 65세 자카리아라는 7남매를 둔 가장이란다. 그의 말을 받자 내가 형님(!), 내가 한 살 많은 엘드 브라더요, 폴리스 채플린(police chaplain), 경목(警牧)임을 밝혔다. 내게 함부로 굴지 말라는(?) 의미로 일렀는데 내 뜻이 통했을까? 그는 폴리스 채플린이라는 말에 두 손가락을 입에다 갖다 대었다가 앞으로 떼기를 두세 번하며 야릇한 미소로 고개를 끄덕였다. 그는 팔레스타인 사람들이 가난하게 사는 것을 강조했다. 미국의 달러 지원으로 부유하게 된 이스라엘과 가난한 팔레스타인인과의 경제 격차에 대해 불만을 터뜨렸다. 팔레스타인 사람들은 직업도 없고 돈도 없어(no money, no job) 어렵게 산다는 것을 강조하며 사우스 코리아는 부자 나라라고 알고 있다고 했다. 손님의 측은지심을 자극하는 것인가? 기사는 미국이나 유럽에서 온 여자들은 자기들과 멀찍이 떨어지려고 하는데 자신과 가까이하는 사우스 코리아에서 온 나그네는 굿이라고 추켜세우며, 자신 이야기를 온갖 제스처와 함께 신나게 늘어내 놓는다. 나의 미혼 자녀 이야기를 듣고 자신의 딸을 내 아들과 결혼시키면 어떻겠느냐는 능글맞은 혼사 이야기로부터, 북한에 김정은이 미국 트럼프한테까지 미사

일을 쏘는 대단한 사람이라고 국제적인 이슈(?)까지 걸걸한 목소리로 쏟아놓았다. 그는 드라이버 겸 여행 가이더일 뿐 아니라, 동네 기념품 가게도 챙겨주는 영락없는 비즈니스 가이다. 이스라엘 기념품 상점 대신에 자기의 지인이 운영하는 기념품 가게에 들러 달라는 부탁까지 아끼지 않았다. 베들레헴 탄생교회를 들른 후 가까운 팔레스타인 기념품 상점에 들러 선물용 사해 비누를 구입하여 그의 체면을 세워주었다.

우리의 베들레헴 방문은 오랜 시간이 걸리지 않았다. 예수 탄생교회는 120cm 가량 높이와 80cm 정도의 좁고 낮은 문으로 들어가게 되어 있다. 그곳 핫 플레이스는 몇 계단 아래 지하에 있는 예수 탄생 기념 은색별 지점과, 바로 옆에 붙은 계단 아래쪽 아기 예수를 뉘었다는 곳이다. 평소 같으면 오랜 시간 줄을 서서 기다렸다가 지하로 내려가야 하는데 그날은 방문 그룹이 많지 않아 한 10분여쯤 기다렸을 뿐이다. 출구 계단을 따라 올라오면 1층에 채플이 있고 좌측 회랑 옆 출구 밖 정원에는 성경을 라틴어로 번역한, 제롬(히에로니무스)의 동상이 손에 성경과 펜을 든 채로 서 있다. 그곳에서 얼마 떨어지지 않은 곳에 들판교회가 있다. 천사로부터 아기 예수 탄생 소식을 들은 목자들이 양을 치던 곳을 기념하여 세운 기념교회다. 이어서 방문하기로 한, 5분 정도 거리에 위치에 수유 동굴교회가 있다. 이 교회는 요셉과 마리아가 아기 예수를 데리고 애굽으로 피신하는 길에 아기에게 수유한 것을 기념하는 교회인데 그날 문이 닫혀 있어 들어가지 못했다. 이렇게 팔레스틴 기사와의 약속한 짧은 일정 끝이 났다.

기사는 합의한 200세겔을 요구했다. 그래서 팔레스타인 은행 앞 ATM 기계에서 비자카드로 세겔을 인출했다. 아직 오후 두 시가 되지 않은 시간이다. 가이더는 가지고 있는 리플렛을 보이면서 유대 광야와 삭개오

나무, 시험산 등이 있는 여리고까지 가지 않겠느냐고 영업을 시도했다. 결국 200세겔을 더하여 유대 광야와 오래된 수도원을 보는 것으로 합의했다. 기사는 자신의 자그마한 수첩을 열어 합의금액 200을 썼다. 그는 꼬불꼬불 이어진 비포장 길을 요리조리 운행하여 베들레헴 남서 방향으로 펼쳐진 황량한 유대 광야를 보여주고, 또 얼마간 먼지 법석거리는 비탈과 고갯길을 운전하여 비잔틴 시대에 지어졌다는 고대 사바 수도원을 보여주었다. 저 멀리에는 사해가 보이고 바로 아래 협곡낭떠러지 끝에 사바 수도원이 서 있다. 기사는 협곡 골짜기 맞은편 언덕 병풍같이 펼쳐진 벽에 붙은 몇몇 동굴 기도처를 소개해 주고, 저 아래 골짝으로 기드론 시내가 흘러 사해로 들어간다는 설명을 해주었다. 과연 예루살렘 구도시와 감람산 사이 골짝 아래의 기드론 시내가 여기까지 이어지고 있는 것이다. 예수께서 그 기드론 시내를 오르내리셨을 것이라고 했다. 길지 않은 시간에 광야를 보여준 기사는 처음에 소개했던 여리고를 다시 이야기하며 여리고행을 권했다. 그리고 100을 더 달라고 한다. 기사의 바가지 전략이다. 낯설고 길을 모르는 눈뜬 맹인과 방불한 여행객은 을이다. 그는 이곳 나아바리를 주름잡고 있는 갑이 아닌가? 잘못하면 아무도 없는 황량한 광야에서 봉변을 당할 수도 있겠다 싶어 우리는 그만 여행을 끝내고 돌아가겠다고 했다.

다시 출발 지점, 베들레헴으로 돌아오는 도중 한 ATM 기계 앞에서 200세겔을 더 인출했다. 베들레헴 일을 더 해 400을 주면서 팁으로 10을 더 줄 생각을 했다. 그런데 기사가 돌연 100을 더 달라고 요구하는 것이 아닌가. 이럴 수가? 베들레헴에서 만나 '브라더'라고 주고받는 형제 사이가 비용 문제로 탈이 났다. 달라는 기사와 못 주겠다는 손님 간 국제적 분쟁이(?) 발생한 것이다.

이스라엘 성지순례 길에 만난 사람들 (6)

왜 비용을 더 요구하느냐 물으니 먼 길을 운전하여 광야를 보여주었기 때문이란다. 분명히 이는 오버차지(overcharge), 언필칭 바가지다. 기사는 반 협박으로 100을 더 내라며 큰소리를 지른다. 광야를 보여주는 것은 미리 이야기 안 했다고 거짓말을 둘러댄다. 그러면서 그의 자그만 수첩을 앞창 쪽으로 던지는 것이 아닌가? 필자도 화가 났다. '브라더! 왜 화를 내니? 나도 화났어. 이건 오버차지야!' 팽개친 그의 수첩을 뒤적여 여기 200이라 적지 않았느냐고 따졌다. 약속한 400 세겔도 적지 않은 경비인데 약속도 안 한 것을 달라는 것은 잘못이다. 설왕설래 실랑이 벌어졌다. 그는 자기 홈그라운드를 십분 활용하는 모양새다. 자신의 구역이라 생각하고 큰소리치는 것이다. 나는 그가 쓴 200을 가리키며 '네가 200이라 썼지 않느냐 그건 좋지 못해, 내가 폴리스 채플린이야...'라며 따졌다. 피차 자유로운 언어 구사는 없어도 화난 감정은 어쩔 수 없었다. 둘 사이에 잠시 침묵이 흘렀다. 그가 더 이상 할 말이 없나 보다. 결국 약속된 경비에다 팁 10을 더해 주었다. 그는 짧은 시간을 수고한 것을 생각하면 과하게 챙긴 것이다. 그는 체크 포인트(국경 검문)에서 내릴지 다른 곳에서 내릴지 선택하라고 했다. 우리는 체크 포인트가 없는 곳을 부탁하여 그와 악수하고 차에서 내렸다. 몇 시간의 짧은 만남도 인연이다.

우리는 팔레스타인 기사의 차에서 내리자마자 대기 중인 예루살렘으로 행 버스에 급히 몸을 실었다. 그는 차에 앉아서 우리를 보고 있었을 것이다. 그는 어떤 생각을 하고 있었을까? 그에게 있어 나는 많은 손님 중의 하나라 특별한 기억 거리가 아닐지 모른다. 그는 내가 성지 베들레헴에서 우연히 만났지만 잊지 못할 특별한 추억을 남겨준 한 사람이다. 아마도 그는 지금도 여전히 자신의 영업에 충실하고(?) 있을 것이다. 일행 일정을 스스로 정하여 움직이는 자유여행에서는 짜여진 일정한 코스를 따르는 패키지여행에서 경험하지 못하는 돌출 변수를 만나기도 한다. 우리가 탄 예루살렘행 버스가 출발한 지 한 5분여 정도가 지나 국경 검문소가 나왔다. 이스라엘 군인들이 차에 올라와 출입증이나 여권을 확인한다. 어떤 경우는 차에서 내려서 검문을 받는 경우도 있다고 한다. 팔레스타인 주민은 출입국 증명서를 지참해야 한다. 스무 살이 갓 지났을까 말까 한 앳된 여군 하나가 올라와 내 앞에 와서 나의 여권을 집어 들고서 어디서 왔느냐고 묻는다. "아엠 프롬 코리아"라는 말이 채 떨어지기도 전에 여권을 돌려주었다.

이스라엘 여행 마지막 날을 맞았다. 출국 비행기 시간이 밤 10시가 넘고, 예루살렘에서 텔아비브까지 빠른 기차로 1시간이면 충분하기에 일찌감치 짐을 호텔에 맡기고 사해와 광야 체험을 나섰다. 우리는 숙소에서 시내버스로 10분 정도 떨어진 예루살렘 종합터미널에서 사해를 가는 버스를 탔다. 예루살렘을 벗어난 지 10여 분이 지났을까 유대 광야가 펼쳐지기 시작했다. 여리고 가는 길을 좌측에 두고 오른쪽으로 방향을 틀어 얼마 가지 않아 좌측에 사해가 펼쳐졌다. 해수면보다 400m 낮고, 지구상에서 가장 낮은 수역으로 알려져 있다. 사해는 길이 80km, 너비 18km의 넓이로 북쪽은 요르단이, 남쪽은 요르단과 이스라엘의 일부로 되어 있다. 성경에는 염해라고 소개된 곳인데, 염도가 높아 생물이 살지 못하고 사람도 드러누워 둥둥 떠 있는 소금 바다. 소알 땅(창 19:23), 소돔과 고모라가 사해 남쪽에 있었다(창 14:1-3). 롯의 처가 어디에선가 소금기둥이 되었다(창 19:23-26)고 기록하고 있다. 도로 우측은 전체가 황량한 광야다. 황무하고 척박하여 들짐승만 노니는 곳, 사람이 살 수 없는 땅이다. 우기 때에 쏟아진 비로 인해 크고 작은 골짜기와 언덕이 이어진다. 비가 오지 않는 건기에는 뜨거운 태양 볕으로 메마를 대로 메마른 불모지다. 구약의 다윗이 사울왕의 추적을 피해 방랑하는 곳이요(시 63:1), 세례요한이 광야에서 외치는 자의 소리로 외로이 수련했던 곳, 예수님께서 공생애 직전 세례요한에게 세례를 받으신 후 성령에 이끌리어 40일 동안 금식하시면서 마귀에게 시험받으신 곳이다. 한 시간가량을 달렸을까 한데, 아무리 달려도 광야의 끝이 보이지 않는다. 다윗이 사울과 그 부하들의 추적을 피해 이 광야 이곳저곳을 방랑했을 것이다. 예수님께서 광야 어느 쪽에서인지 모르게 마귀와 맞닥뜨렸을 것이다. 세례요한이 자기에게 나아오는 자에게 요단강 어디에선가 회개의 물세례를 베풀었을 터인데 그 강물이 사해로 흘러 들어가는 것이다.

버스는 일정한 정류소에 잠깐 정차했다가 건널목 하나 없는, 좌측에 사해를 끼고 왕복 4차선 도로 위를 달릴 뿐이다. 우리는 리무진에 몸을 싣고 저 광야를 관망하지만 오래전 세상 사람들은 오직 샌들 하나로 저 길을 누볐을 것이다.

차도에서 4~500m 정도는 바다 쪽으로 들어가야 해안가에 가까이 갈 수 있을 듯 한데, 비치 정류소는 어디인지 모를 일이다. 사해 가까이로 가는 길도 보이지 않고 사람 하나 얼씬거리지 않는다. 예루살렘에서 출발한 지 한 시간여 지났을까 싶을 때 버스가 우회전하여 올라가 나무가 무성하게 서있는 숲, 오아시스 같이 생긴 한 곳에 정차했다. 알고 보니 엔게디 숲을 배경으로 만든 호텔 휴양소다. 우리의 목적지는 엔게디가 아닌지라 그 정류소를 지나치고 버스를 계속해서 타고 가기로 했다. 버스는 좌회전하여 내려와 사해를 끼고 90번 도로를 따라 또다시 남쪽으로 달린다. 알고 보니 사해 바다 해안가 비치에는 아직 도착하지 않은 것이다. 이 길을 따라 한참 남쪽으로 내려가면 이집트 국경 항구도시 에일랏이 나온다. 우리의 버스가 한 5~6분여 달렸을까? 또다시 우측으로 방향을 돌려 광야 산 쪽으로 올라간다. 알고 보니 정차한 정류소는 저 유명한 마사다이다. 우리는 사해 바다 체험을 하는 대신 마사다를 찾아보기로 했다. '마사다'는 히브리어로 요새라는 뜻으로 예루살렘 다음가는 관광지다. 이 요새는 이스라엘 사람들에게 슬픔의 장소이기도 하고 일종의 유적지이기도 하다. 이스라엘에서는 군인들의 수료식 때 필수적으로 찾는 성지요, 학생들에게 정신 무장과 국가관을 심어주기 위한 교육 장소로 알려져 있다. 우리가 도착했을 때 이미 관광객으로 북적거렸다. 마사다는 AD 70년 티토(Titus) 장군이 지휘하는 로마군이 예루살렘을 함락시키자 이에 저항하기 위해 열심 당원 등 약 900명의 유대인이 피신한 곳이다. 마사다는 정상까지 약 450m의 높이다. 걸어서 가는 길이 있고 케이블카를 타고 가기도 한다. 케이블카로는 5~6분여 만에 가지만, 소위 스네이크 로드(snake road)를 따라 걸어 올라가면 한 시간 정도 걸린다고 한다. 마사다 정류소에 내렸을 때 두 여학생이 도보로 마사다를 오르겠다며 호기롭게 우리를 앞서갔다.

이 요새는 마름모꼴 형태의 천연요새로, 동서로 약 250m이고 남북으로 약 600m나 된다. 그곳에 피신한 유대인들이 로마 군대에 저항했으나, 로마군이 손으로 쌓은 토담으로 공격해 들어와 함락되었다. A.D 73년 5월이다. 그 당시 엘리아자르 벤 야이르라는 지휘관의 통제 하에 3년을 버티다가 함께 목숨을 던졌다. 놀라운 것은 함락 당시 식량과 무기는 그대로 있고 시체들만 남아 있었다는 것이다. 전쟁 포로로 사는 것보다 죽음을 선택한 것이다. 당시 자살을 금기시했기 때문에 군사를 뽑아 찔러 죽이고 남은 한 사람만 자살했다고 알려진다. 이는 로마군이 요새를 정복했을 때 남아 있던 몇 아이들과 노인들의 증언을 통해 알려진 사실이다. 요새의 정상에 오르면 멀찍이 떨어진 저 아래에 사해가 굽어보이는데 바다 건너편은 요르단이다. 언덕 위에는 여러 유적이 있다. 당시에 살았던 집터가 잘 보관되어 있는가 하면. 회당과 물 저장고, 식량 저장실, 공중목욕탕, 지휘부, 화장실이 있고 먹거리를 위해 비둘기 등 새를 잡아 키우는 장소도 있다. 서쪽으로는 로마 군대가 마사다를 정복하기 위해 쌓은 토담이 길게 이어져 있고 요새의 서북쪽 아래에는 로마군 캠프 흔적이 그대로 남아 있다. 특별한 것은 요새 북쪽 방향 아래 낭떠러지 난간에는 테라스처럼 넓은 집터 같은 것이 남아 있다. 바로 헤롯대왕의 궁전터 유적이다. 왕이 상주하는 궁전이 아니고 일종의 왕의 임시 거주 별궁이었을 것이다. 어떻게 이런 곳에 별장을 만들 생각을 했을까? 권력 무상, 세월 무상을 절감한다. 구약시대에는 성벽과 망대를 인공 요새로 삼았으나 마사다는 천연요새인 셈이다. 마사다가 아무리 최적의 자연 요새라고 하지만 끝내는 적으로부터 정복될 수밖에 없었다. 이 세상에는 난공불락, 영원한 요새는 없는 것이다. 다윗이 사울왕의 추적을 피해 피난 생활할 때 유대 지역과 블레셋 온 지역을 숨어 다녔다. 그의 행적이 노출되기도 했고 피신 정보가 누설되기도 했다. 그는 이 세상에서의 진정한 요새가 없음을 깨닫고 하나님을 향해 신앙을 고백할 때 "여호와는 나의 요새"(시 18:2, 59:9,16,17, 91:2, 시 144:2, 삼하 22:2,3,33)라고 고백했다.

우리는 3~40분 정도 마사다 이곳저곳을 살펴보았다. 오후 두어 시가 될까 한 시간인데 무척 뜨거운 날씨다. 케이블카를 타고 수월하게 내려왔지만, 매표소 입구에서 버스 정류장까지 내려오는 길은 만만치 않다. 그리 멀지는 않지만, 더운 날씨가 문제다. 무릇 여행은 체력과 다리의 힘으로 한다고 해도 지나친 말이 아니다. 다시 예루살렘 행 버스를 타야 한다. 정류소에 내려오니 한 중년 남자가 정류소 앞에서 서성이며 기다리고 있었다. 털이 보송보송한 맨 가슴을 드러낸, 짧은 바지 운동화 차림의 사내다. 따가운 햇볕을 피해 정류소 그늘에 앉아 있을 법도 한데 그는 햇빛을 즐기는 모양새다.

이스라엘 성지순례 길에 만난 사람들 (8)

　그와 눈이 마주치자, 어디로 가는지 어디서 오는지 말을 걸었다. 그는 이탈리아에서 성지순례 자유여행을 온 올해 60세의 로랜조(?)라고 했다. 처음 만난 사람과 말을 터는 데는 날씨만 한 것 없다. 그래서 날씨 이야기부터 이야기를 주고받는다. 더운 날씨가 공감대다. 그의 나라나 우리나라나 덥고 습하기(hot and humid)는 마찬가지. 그는 이스라엘 이곳저곳을 투어 중이란다. 그러면서 햇빛 아래서 제자리걸음을 한다. 저 양반 덥지도 않나? 웃통을 벗어 던지고 마냥 날씨를 즐기는 언필칭 쾌남(fun guy)이다. 그야말로 몸도 영혼도 자유로워 보여 보기에 좋았다. 정류소에서 우리의 버스를 기다리는 시간이 무료하다. 그래도 우리 차는 얼마 후에 도착할 것이라는 운행 정보가 스크린에 뜬다. 빌립보 가이사랴 그날의 상황과는 전혀 다르다. 우리가 정류소에서 한 30분 이상 기다렸나 싶었는데 버스가 도착했다. 우리는 기사에게 예루살렘행인지 묻고 또 물어 안심하고 몸을 실었다. 버스가 마사다에서 돌아 내려와 좌회전하여 얼마간 달리는데 엔게디 휴양지가 나오고 또다시 한 5분여 달리니 마사다를 갈 때 보지 못했던 엔게디 공원 팻말이 보인다. 그곳에 내려 광야 언덕으로 더 들어가면 폭포가 있고 그 아래 자그마한 소(沼)가 있어 사람들이 많이 찾는 휴양지다. 그들이 붙인 대로 사막의 심장(An oasis in the of the desert)이다.

엔게디는 '하사손다말'로 부르기도 하는데(창 14:7) 아브라함이 아모리 군대를 쳐서 그들에게 사로잡힌 롯을 구출한 곳이다. 엔게디는 가나안 정복 후 유다 지파가 제비 뽑아 차지한 땅이다(수 15:20). 다윗이 사울을 피하여 엔게디 황무지와 굴에 피신했으니(삼상 23:29) 그곳은 요새이기도 하다. 누군가 이를 사울에게 보고하여 군대가 다윗을 추적했다(삼상 24:1). 술람미 여인은 왕을 엔게디 포도원의 고멜화 송이라고 칭할(아 1:14) 정도로 물이 풍족하고 햇볕이 좋아 식물이 생장하기에 적합한 곳이다. 또한, 여호사밧 왕을 치려고 아람 군사들이 진을 쳤던 곳이며(대하 20:2) 새로운 성전에서부터 물이 흘러나와 점점 넘치게 되는 에스겔의 환상 중에 언급된 곳이다(겔 47:10). 그 주위에 오아시스가 있어 식물뿐 아니라 사람이 모여든다. 잠깐 내려서 가볼까 하는 마음도 있었으나 더운 날씨, 항공 시간 등을 고려하여 다음에 다시 오면 되리라 아쉬움을 안고 창밖을 바라다보았다.

얼마 가지 않아 한 초로(初老)의 남자가 자전거 하이킹을 한 듯한 가벼운 복장으로 차에 올랐다. 옆에 있는 두세 남자와 한참 이야기를 하더니만 누군가가 중간에 내리니 조용해졌다. 예루살렘에 가까이 온 듯한데 차가 밀리기 시작한다. 그 남성이 자신의 옆에 있는 사람과 대화 중에 나에게 동의를 구하듯 말을 건다. 예루살렘 다윗성이 너무 멋있다는 것이다. 그리고 자신은 이곳 생활이 너무 행복하단다. 그는 자신을 소개하기를 20년 전 45세에 미국 샌프란시스코에서 이스라엘로 이주해 왔다고 한다. 그러면서 미국에서의 삶보다 예루살렘에서의 이민 생활이 훨씬 행복하다고 한다. 필자가 사우스 코리아에서 왔음을 밝히며 그의 말을 거들었다. 이 곳에 팔레스타인 사람과 이스라엘 사람 간에 갈등이 크지 않느냐고 물었다. 그는 둘 간의 갈등이 있지만 그렇게 크지 않고 상호 코오퍼레이션(cooperation)이 잘 되고 있다고 본다고 했다. 그러면서 의사와 간호사 관계처럼 협력이 잘 된다는 것이다. 그는 다시 한 번 자랑스러운 듯 예루살렘의 삶이 행복하다고 하며 흐뭇한 표정을 짓는다. 예루살렘 다마스커스 정류소를 지난 듯 한데서부터 교통 체증이 풀리기 시작하더니만 얼마 있지 않아 우리 버스가 예루살렘 종합터미널에 도착했다. 5시가 채 되지 않은 시간이다. 까다롭고 악명 높기로 소문난 이스라엘 공항 출국 심사를 위해 여유가 있게 공항으로 갈 수 있겠다.

시내버스를 타고 호텔에 맡긴 짐을 찾아서 다시 센터럴 터미널로 와야 한다. 짐을 찾아서 터미널 기차역에 도착하니 5시 30분이 조금 넘었다. 그동안 우리는 이스라엘에 와서 구매한 '라브카르'라고 하는 충전식 교통카드를 사용했다. 버스에서는 카드 하나로 몇 명의 버스비까지 차감되지만 트램을 타는 데는 한 사람당 한 장이 필요하다. 우리가 가진 카드에 12세겔이 남아 있어 공항까지 가는데 쓸모가 없다. 키오스크에서 공항 행 18세겔짜리 표 두 장을 샀다. 교통카드는 30세겔부터 충전이 가능하여 직원에게 가지라고 주고 지하 1층 탑승구로 내려가 한 10분여를 기다렸다가 텔아비브로 가는 고속열차를 탔다. 그 열차를 타고도 공항 가는 방향이 맞는가를 묻고 또 묻는다. 나그네 여행객이 살아남는 길은 묻고 묻는 것이 큰 대수다. 그래 맞아! 이제 공항에 내려 우리가 타고 갈 비행기를 타기만 하면 된다.

허둥지둥 묻고 묻는 사이에 우리는 인천공항에 도착해 있었다. 순례 길을 선히 인도자 해 주신 하나님 찬양!

5부

열등감 _(낮은 자존감)을 어떻게 극복할까?

우리나라에도 이슬람이 확장하고 있다 (1)

이슬람교에 관한한 청정지역이라 알려진 우리나라에 이슬람이 점점 그 세력을 넓혀가고 있다. 현재 우리나라의 이슬람교 인구는 미미하지만, 중동의 거대자본을 투자하여 곳곳에 모스코를 세워나가고 있고 공공연하게 포교 활동을 하고 있다. 심지어 그리스도인들에게 접근하여 포교한다. 우리나라에 들어와 있는 무슬림들이 집단으로 시위나 집회를 일삼고 있다. 이슬람은 한국을 이슬람국가로 만들겠다는 목표로 접근하고 있는데, 한국 사회는 '다문화 정책'을 내세워 이슬람의 한국진출을 돕고 있는 형국이다. 지난달 초, 대구 대현동 경북대 인근에 이슬람 사원을 건축하려 시도했다가 주민들의 반발로 중단된 상태에 있다. 처음에는 주택을 짓는 줄 알았는데 알고 보니 모스크였다. 이슬람 포교와 이를 반대하는 주민들과의 갈등은 첨예화될 것이 불 보듯 뻔하다.

세계 3대 혁명 중의 하나인 소위 68혁명(1968년 프랑스) 이후 유럽은 기독교는 급감하고 있는 반면 이슬람교는 급증하고 있는 추세다. 68혁명은 동성애를 받아들이고 이슬람을 허용하는 등 포용과 똘레랑스(tolerance, 관용)가 주된 혁명의 기조이다. 유럽에서는 이슬람 난민들을 대대적으로 받아들였고 종교포용정책을 통해 이슬람 포교를 허용했다. 그 결과는 사뭇 심각하다. 현재 무슬림들이 유럽 각국에 정착하여 곳곳에 사원을 짓고 포교 활동에 집중하고 있다. 유럽에 이슬람 인구가 급증하고 있는 추세다. 그들은 조혼과 일부다처제로 다자녀 출산을 통해 무슬림으로 세계를 점령하겠다는 전략을 가지고 있다. 1930년 이슬람 인구가 2억 3백만 명에 불과했으나 1970년에 16억이 되었고 2020년 현재 전 세계 인구 77억 가운데 약 18억 명이 이슬람 인구라고 한다. 이런 추세로 가면 전 세계가 이슬람화할 수도 있다. 또한, 다자녀 출산으로 이슬람으로 외국문화를 점령할 수도 있다.

한국 사회를 이슬람화하려는 시도는 오래전부터 계속되었다, 1988년 서울 올림픽이 열리기 바로 전 7월 11일 아랍 연맹이 발행하는 아랍 신문(Arab League News)에서는 "한국은 3만 명의 무슬림들이 있다. 한국의 종교성향에 비추어볼 때, 향후 수십 년 안에 이슬람이 기독교를 앞지를 수 있을 것이다. 머지않아 한국은 이슬람 국가로 불리게 될 것이다"라는 기사가 실렸다. 2008년 한 교계 신문에는 이슬람 포교전략이 소개되어 있다. 재단 법인 한국 이슬람교와 이슬람 중앙회가 중심이 되어 이루어지는 선교전략은 다양한 부분에서 전개되고 있는 것으로 알려졌다. 이주 근로자로 위장하는 선교전략, 유학생으로 위장하는 학원선교 전략, 주요 전략 도시에 모스크 건축 지원전략, 이슬람 문화센터 설립과 문화행사를 통한 간접포교, 이슬람 대학 등 교육기관을 통한 포교전략, 한국 기업 및 금융기관에 대한 투자 등의 경제협력을 통한 포교전략 등이다. 불과 5년 만인 2013년에 우리나라에 무슬림들은 약 13만 5천 명에 달했고 2018년 현재 한국인 토종 무슬림 숫자는 6만 명이 넘어선 것으로 알려졌다. 이슬람교 중앙회는 국내에 있는 무슬림 인구를 약 26만 명으로 추정하고 있다. 우리나라 인구의 0.4%에 불과하지만 그들의 포교전략은 공공연하게 이루어지고 있다. 공식통계자료에 빠져있는 수치까지 합하면 이미 40만 명이 된 것으로 추정하고 있다. 2020년 현재 전국에 분포된 이슬람 사원은 18개, 기도처는 124개에 이른다. 무슬림이 우리나라에 위협이 되는 주요 이유 중의 하나는 저출산 고령화로 인한 인구의 급격한 감소로 이주민 정책을 활발히 펴게 되는 것이다. 그러면 무슬림 인구가 우리나라를 잠식하게 되는 결과로 나타날 수도 있다.

　이슬람에서는 기독교와 유사한 점을 내세우며 기독교와 형제종교라고 포교전략을 쓴다. 그들은 기독교에서 믿는 하나님과 그들이 믿는 하나님 곧 유일신 알라와 동일한 신이라고 하며 접근한다. 그들은 아브라함을 예언자로 믿으며 이삭의 형제 이스마엘이 이슬람의 조상이라는 것이다. 그들은 아브라함, 모세, 예수 등 기독교 성경에 등장하는 주요 인물들도 이슬람교의 예언자로 존경한다. 그들는 유대교의 야웨, 이슬람의 알라, 기독교의 하나님은 이름과 섬기는 방식만 다를 뿐 동일한 신이라는 것이다. 또한, 경전에 있어서도 그렇다. 이슬람교는 모세오경, 다윗의 시편, 예수 복음서, 꾸란 등 4가지 경전이 있고 이 중에서 꾸란을 가장 완벽한 경전으로 인정한다는 점에서 기독교와의 공통점을 내세운다. 그들은 천사에 대한 믿음을 갖고 있는데 가브리엘 천사를 가장 중요한 천사로 여기고 있으며 최후의 심판에 대한 신앙도 가지고 있다고 하며 기독교와 유사점과 공통점을 들며 기독교인들에게 접근한다. 과연 그들의 교리와 주장이 어떠한가?

우리나라에도 이슬람이 확장하고 있다 (2)

한마디로 이슬람의 꾸란의 교리와 기독교의 교리는 전혀 일치하지 않는다. 무슬림들은 꾸란을 '알라의 말씀'이라고 믿는다. 꾸란은 알라가 지브릴 천사를 통해 무함마드(마호메드)에게 내려준 책이라고 한다. 무함마드가 이 계시를 받은 때가 610년이다. 무함마드가 한 분 "알라"를 믿으라고 한 것이 나중에 "이슬람" 종교라는 이름으로 불리었다. 꾸란에 입각한 이슬람과 교리와 기독교의 성경과 무엇이 다른가?

1) 단일신 알라와 삼위일체 하나님: 무슬림들은 이슬람의 특징을 "알라 이외에는 신이 없다"라고 하는데 오직 이슬람의 알라만이 진정한 신이라는 주장이다. 물론 구약의 배경 속에서 성경에 하나님의 속성과 알라의 속성과 유사한 면이 있지만, 기독교에서도 유일신 하나님을 믿되, 성 삼위일체 한 분 하나님을 믿는다. 이슬람에서 주장하는 절대적인 단일성을 강조하는 신론과 다르다.

2) 인간 알마시흐(메시야)와 구주 예수: 이슬람에서는 예수그리스도를 이싸라고 하며 한 선지자로 받아들인다. 이슬람에서의 이싸는 단지 인간일 뿐이다. 꾸란에 나오는 이싸는 알라가 '있으라'라는 말로 창조되었다. 무슬림들은 이 이싸는 십자가에 죽지 않았고, 알라가 이싸의 몸을 하늘로 올리어갔다고 한다. 이싸는 지금 살아있고 종말에 내려와서 돼

지를 죽이고 십자가를 부순다고 했다. 꾸란의 이싸는 성경의 예수그리스도가 아니다. 예수그리스도는 하나님의 아들이요 그리스도이시다. 그들에게 있어서 무함마드가 최고의 예언자이다. 요컨대 이싸와 예수는 같을 수가 없다.

3) 루흐와 성령: 꾸란에 나오는 루흐가 무엇인가? "루흐 만후"는 알라의 명령과 허락을 받은 지브릴의 입김이라고 해석한다. 무슬림들은 "루흐"의 실체를 모른다. 그것은 알라가 인간에게 밝혀주지 않았기 때문이다. 그런고로 꾸란의 루흐를 영 또는 성령으로 해석하는 것은 무슬림들이 기독교에 접근하려는 전략일 수 있다. 꾸란에 영이나 성령이란 말이 없으므로 이슬람의 영 또는 알라의 영이라는 말도 틀린 말이다. 히브리어 루아흐는 영, 입김, 성령을 의미한다. 이슬람에서 말하는 루흐와 루아흐와는 서로 무관하다. 기독교의 성령은 하나님의 영, 그리스도의 영, 진리의 영이다. 꾸란에는 인간과 함께 인간 뒤에, 인간의 눈에 보이지 않는 다른 종(種)으로서 존재인 진이 있다고 한다. 사람의 요구를 들어주는 지니와 요술램프 제니는 여기서 나왔다고 한다. 꾸란에서 인간과 함께 땅에 사는 존재라고 하는 진은 성경에 나오지 않는다. 무슬림에게는 성령의 존재를 알지도 못하고 믿지도 않는다. 그래서 무슬림들은 영적 교제가 아닌 아끌(이성, 숙고, 이해, 사고)을 통하여 사실을 이해하려고 한다. 그런데 오늘날 무슬림들이 아끌의 능력과 역할을 신뢰하지 못하고 그 결과 종교와 삶이 분리되고 윤리와 종교가 분리되었다고 무슬림들이 주장한다.

4) 꾸란의 용서와 성경의 구원: 꾸란에는 성경에 나오는 구원의 개념이 없다. 꾸란에서 알라는 죄를 지워주고 단브(불순종, 위반, 이슬람 율법 샤리아를 지키지 않은 것)를 용서해주므로 알라를 가푸르(많은 용서를 주는 분)라

고 한다. 꾸란에는 알라에게 순종하는 신자가 죄와 실수를 하면 알라가 용서한다고 한다. 단브와 쿠푸르(알라를 안 믿는 것)를 회개하고 알라를 믿고 선행을 하는 자를 용서해준다. 그러나 꾸란에서 말하는 회개로는 영원한 벌에서 구원받을 수 없다. 오직 그리스도만을 믿어야 구원받는다. 즉 회개하고 그리스도를 구주로 믿어야 한다.

5) 잔나와 천국: 이슬람에서 종말론과 내세는 이슬람 신앙에서 가장 기본적인 사항이다. 그들에게 잔나(극락)와 지옥, 희열과 비참함에 대한 개념들이 이슬람에서는 넓은 스펙트럼을 갖고 있다. 그들에게 있어 알라에게 순종하고 알라가 명한 대로 행한 자는 잔나로 간다. 잔나에 들어갈 필수요건은 이만(믿음)과 쌀리흐(선행)이고 이 둘 중에 하나가 빠지면 충분치 않다. 잔나에 들어갈 요건을 가진 자들에게 무엇이 기다리고 있는가? 잔나에는 눈이 즐거운 것이 숨겨져 있다. 잔나는 높은 곳에 있고 문들이 열려져 있다. 성경에 나오는 낙원 천국과 잔나는 전혀 다르다. 예수 믿고 구원받은 자라야 천국으로 간다. 천국은 하나님과 예수님이 계신 거처로, 하나님이 지으신 영원한 집이다. 영원한 생명은 하나님의 자녀에게 하나님이 주신 약속이다.

요컨대 무슬림들이 기독교와 이슬람이 한 뿌리라고 하면서 자신들도 이싸(예수)를 믿는다며 접근한다. 그러나 610년 이후에 세워진 이슬람과 기독교가 결코 뿌리가 같거나 유사하지도 않을 뿐 아니라 진리도 다르다. 진리에 대한 올바른 분별력을 가지고 이슬람을 대처해야 할 것이다.

열매의 계절, 잃어버린 썸머 스토리(summer story)

바야흐로 장마가 끝나고 본격적인 무더위가 시작되려나 보다. 이맘때쯤이면 초중고 학생들이 기말고사를 마치고 여름방학에 들어갈 채비를 갖춘다. 7, 8월은 따가운 햇볕을 온몸으로 받은 산야의 식물들이 무럭무럭 자라는 계절이다. 여름은 과연 자라남과 성숙의 계절이다. 여름의 태양이 생장과 결실을 가져오게 한다. 여름은 뜨겁고 더워야 한다. 어떤 이는 여름은 식물마다 열매가 맺히고 많은 열매가 주렁주렁 열린다는 "열음"이란 말에서 왔다고 한다. 또. 용비어천가에 나오는 "...곶 됴코 여름 하나니"는 '꽃이 좋고 열매가 많이 열리니'라는 뜻이다. 고어의 '여름'은 열매라는 뜻이다. 과연 여름은 열매 맺는 열매의 계절이다. 우리 교회 교육관 옥상 농원에도 여름이 무르익고 있다. 장맛날을 비껴 찾아온 따가운 햇볕이 하룻날만 내리쬐어도 방울토마토가 줄기줄기마다 발그레한 탐스러운 열매가 익는다. 가지는 어떤가? 덜렁덜렁 뻗어 내린 녀석들은 그 크기가 어제와 다르고 오늘도 바뀐다. 푸른 고추도 잎사귀 뒤에 숨어 씩씩하고 탱탱하게 자란다. 우리네 세상에 여름은 결코 없어서는 안 될 계절이다. 열매도 줄기도 나무 둥치도 모두 모두 우뚝우뚝 튼실하게 자라난다. 그 어떤 식물도 왜 이리 햇볕이 뜨겁고 날이 더우냐고 불평 한마디 하지 않는다. 신비로운 하나님의 은혜, 장하디 장한 식물들. 과연 여름은 열매의 계절이다.

　교회는 어떠한가? 교회의 여름은 계절의 여름을 닮았다. 전통적으로 해마다 7말 8초가 되면 교회는 그 어느 때보다 분주하다. 여름 행사 준비 때문이다. 교회마다 6월 중순쯤에 여름 행사 계획을 다 마친다. 6월 말경에는 여름성경학교 강습회가 노회별로 열린다. 7월에 들어서면서 부서별로 기도회와 전달 강습을 실시하며 여름 행사 준비에 만전을 기한다. 아이들이 방학하기가 무섭게 7월 하순부터 부서별로 여름 잔치가 벌어진다. 한 해의 큰 농사와 결실의 때이다. 교회학교 교사들이 총동원된다. 보조교사도 이때 영입한다. 여전도회는 조를 짜서 점심과 간식 봉사에 나선다. 온 교회가 여름 행사에 집중한다. 모두가 시간과 물질을 들여 섬기고 후원을 아끼지 않는다. 이때는 교회학교가 부흥하는 때다. 방학한 동네 조무래기들이 친구와 함께 교회를 찾는다. 이렇게 여름 행사를 잘 치르고 난 이후 돌아오는 가을에는 각급 부서가 반별로 부흥되어 있는 것이 확연하다. 보통 중고등부 청년부에서는 일정한 시간을 정하여 외부 기도원이나 수련원을 찾는다. 그야말로 신앙수련 공동체 훈련 모임이다. 성경공부 물놀이 공동체 놀이 기도회 캠프파이어 등과 저녁부흥회,.. 함께 울고 웃으며 즐겁게 여름 행사를 만끽한다. 이때 예수님을 인격적으로 만나고 성령을 체험한다. 심지어 이때 주의 길을 가리하고 헌신하기도 한다. 장년부는 어떤가? 교회에서 여름 수련회를 갖든지 그렇지 않으면 기도원 부흥회나 수련장을 찾아 함께 교제하고 뜨겁게 기도한다. 저러한 여름교회가 한국교회 부흥의 밑거름이 되었다. 이런 이야기는 언젠가부터 "아 옛날이여..."가 되고 말았다.

　저러한 여름 행사가 2000년도 중반에 들어서면서부터 축소되기 시작했다. 물론 인적자원이 있는 교회야 행사를 계속할 수 있었을지 모르지만, 그마저도 약화되고 기간도 단축되어버렸다. 많은 교회가 명목상의 여름 행사를 유지하는 정도였으나 코로나19로 인해 여름 행사 자체가 축소를 넘어 폐지되다시피 되어버렸다. 평일에 시간 내기 어려운 아이들과 교사, 그래서 토요일을 몇 번 나누어서 행사를 갖든지 아예 주일날 모이고 만다. 중고등, 청년들은 1~2천 명이 모이는 대형 집회에 끼어 억지춘향으로 행사에 참여한다. 장년부도 여느 부서처럼 행사 동원이 어렵다. 그나마 동원의 능력과 자원이 있는 교회는 그래도 행사를 갖지만 대부분의 교회가 여름 행사에 대한 관심이 점점 사라지고 있는 것이다. 행사에 대한 의미를 잃어버렸다.

예전 교회의 여름 행사는 말 그대로 열매 행사였다. 교회가 단합하고 공동체 의식을 함양할 뿐 아니라 신앙이 확장하고 성숙하는 행사였다. 이 행사를 잘 치르면 과연 수확 계절 가을에는 교회가 튼실하게 세워져 있음을 보게 된다. 모이지 못하니 여름 행사가 실종되고, 여름 행사가 실종되니 교회공동체가 축소될 우려가 다분하다. 교회는 모여야 비로소 교회인데. 이미 한국교회의 절반이 주일학교가 없다는 보고가 있은 지 여러 해다. 코로나19는 교회의 예배와 교제 모임의 급격한 감소와 축소를 불러왔다.

우리 교회에 교회학교 각 부서가 있다. 5~6년 전부터 감소하기 시작했는데 코로나19가 더욱 어렵게 만들었다. 온 교회가 관심을 갖고 협력하는 것이 절실한 때다. 열매가 열림, 이 열음의 계절 여름에 열매 맺기를 기대하며 함께 힘을 모아야 하겠다. 자녀들이 교회에 나오도록 해야 하겠다. 그러기 위해 자녀를 교회에 데리고 함께 오시라. 자녀들이 교회 생활을 바르게 하도록 격려해주시라. 교회학교를 위해 기도해주시라. 함께 모여야 열매를 맺을 수 있음을 아시라.

잊어버린 성탄절, 그 시절 그 추억

올해도 어김없이 성탄이 일주일 앞으로 다가왔습니다. 구주강생 성탄일은 우리 기독교에서 최고의 절기입니다. 과연 성탄은 "온 백성에게 미칠 큰 기쁨의 좋은 소식"입니다. 구주강생의 날은 참으로 기쁘고도 즐거운 날입니다. 만민이 축하하고 즐거워해야 할 명절 중의 명절입니다. 그런데 아무리 코로나19 시대 속에 놓여있다고 하지만, 성탄을 맞는 우리의 마음은 어딘가 모르게 쓸쓸하고 무겁기조차 한 것은 필자만의 생각일까요? 성탄절이 가까워오니 이전 추억이 새록새록 되살아납니다.

해마다 11월 셋째 주일 추수감사주일이 지나면 교회마다 성탄절 준비에 돌입합니다. 교회 마당이나 예배당 안에 성탄 추리를 세워 울긋불긋하게 장식합니다. 예배당 바깥 십자가 탑에 붉은색의 별이 달리고 밤에는 불을 밝힙니다. 삼각 고깔 교회 종탑에다 반짝이 등을 내리달아 성탄이 다가왔음을 알립니다. 성탄축하행사를 위해 찬양대가 칸타타를 준비하는 것은 물론이거니와 주일학교 각 부서에서는 성탄 계획을 세우고 교사들이 아이들을 불러서 행사를 준비합니다. 유치부에서 청년부에 이르기까지 부서별로 성탄전야 행사 계획을 공유하고 준비에 들어갑니다. 성탄 찬양과 율동뿐 아니라 마리아 수태고지를 위시하여 천사들이 목자들에게 예수 탄생을 알리는 일, 베들레헴 마구간에 아기 예수를 누인

일, 동방의 박사들이 아기 예수를 찾아오는 이야기 등, 성탄의 차서를 따라 아이들이 한 줄로 서서 성경을 암송합니다. '고요한 밤 거룩한 밤' 찬양 촛불 퍼포먼스, 캐럴과 무용은 단골 메뉴입니다. 행사의 백미는 성탄극입니다. 전통적으로 내려오는 "여기 방이 없어요", "크리스마스 캐럴" 등을 위시하여 성탄에 맞게 각색한 성극집을 참고하여 연극을 무대에 올립니다. 아이들은 성탄을 준비하기 위해 거의 매일 오후마다 교회를 찾습니다. 유치부의 가장 인기 있는 탄일 노래는 "탄일종이 땡땡땡 멀리멀리 퍼지네..."입니다. 아이들이 소리 높여 부르던 그 노랫소리가 지금도 쟁쟁하게 들리는 듯합니다.

성탄절 전야 오후 5시쯤, 날이 어둑어둑해지기 시작할 때가 되면 조무래기 아이들이 모여 와자지껄 소란스럽고 축하 행사 연습하는 여기저기서 소리도 들립니다. 여전도회에서는 축하 행사를 준비하는 교사들과 아이들을 위해 떡국을 끓여 냅니다. 땀 흘리며 수고하는 여전도회 회원들의 손길에는 즐거움이 묻어나고, 만두를 듬뿍 넣어 끓인 떡국을 오물오물 씹는 아이들의 얼굴에는 웃음꽃이 피어오릅니다. 과연 성탄절은 최고의 잔칫날입니다. 이브 날 저녁 행사는 어른, 아이들이 총동원합니다. 행사에 출연하는 교회학교 자녀들, 이를 구경하러 온 성도, 평소 교회는 안 다니지만 자녀의 성탄 행사를 구경하기 위해 모여든 부모들까지 처음 보는 얼굴들이 눈에 띕니다. 이때 교회 장로님이나 권사님들 중에 산타복장을 한 이가 등장하면 아이들이 환호의 박수로 환영합니다. 축하 행사가 끝나면 부서별로 흩어져 성탄 축하 2부 순서를 갖습니다. 달콤한 케익, 과자를 나눠 먹으며 캐럴 노래, 게임, 놀이, 선물교환 등으로 자정을 넘겨 25일 이른 새벽까지 함께 성탄을 즐깁니다.

25일 새벽 한 두 시가 되면 구주 강생을 알리는 새벽송을 나가기 위해 다시 모여듭니다. 이때 방문가정 구역이 정해진 대로 모여 간단한 성탄 찬양을 부르며 "메리 크리스마스, 새해 복 많이 받으세요" 보조를 맞춰 인사를 연습합니다. 새벽송 천사들은 초를 밝힌 등을 들고 성도 가정을 방문합니다. 새벽송 대원들의 방문을 받는 가정에서는 선물을 준비하여 내놓습니다. 힘센 청년이나 교사가 선물 자루를 어깨에 메고 동행합니다. 이전 차가 드물 때에도 걸어서 산을 넘고 들을 지나서 성도 가정을 방문하곤 했습니다. 새벽 서너 시가 넘어가면 구주강생을 알리는 새벽송 대원들이 속속 도착합니다. 밤을 지새워 피곤한 가운데서도 성도들은 성탄이 주는 기쁨과 즐거움이 넘칩니다. 교사들은 성탄절 아침 예배 시간에 아이들에게 나눠줄 선물과 과자를 포장하는가 하면, 교회 난로 앞에서 도란도란 이야기꽃을 피웁니다. 어떤 이는 집으로 돌아가기도 하고, 어떤 이는 교회 공간 한 귀퉁이에서 눈을 붙이기도 합니다. 그렇게 예배당에서 부스스한 얼굴로 교회에서 탄일을 맞는 이, 밤을 새운 뒤 늦잠이 들어 헐레벌떡 성탄 예배에 참석하는 이들도 있습니다.

이젠 옛이야기, 전설이 되고 만 성탄 추억담입니다. 이전 성탄절의 아름다운 낭만과 추억을 다시 경험할 수 있을까 생각하면 아무래도 쉽지 않을 듯합니다. 언젠가부터 성탄을 준비하는 소리도 사라져버렸습니다. 언제 성탄이 왔는지도 모르게 너무나도 조용합니다. 거리에 캐럴도 들리지 않습니다. '라떼는 말이야'가 절로 나오는 필자의 나이. 이전 성탄절의 추억과 낭만이 절실하게 그리워집니다. 좋은 세상(?)이 와서 이전 그 시절을 다시 재현할 수 있을지.

아무리 그래도 성탄은 축복의 날입니다. 구주로 강생하신 주님의 평강을 기원합니다. 메리 크리스마스!

아기 예수 빠진 성탄절 (?!)

우리가 사는 세상은 사건과 사고가 끊임없고, 갈등과 다툼이 쉴 날이 없습니다. 연일연야 슬픔과 아픔과 질고들이 끊어지지 않습니다. 성탄의 계절을 맞아 '임마누엘 그리스도 예수님 여기에 임하소서 우리에게 오시옵소서', '험한 세상 가운데 임하여주소서'라는 대망으로 구주 성탄을 맞았습니다. 성탄의 주인공은 구주 예수그리스도이십니다.

그 성탄의 주인공이신 예수가 빠진 성탄을 상상해보았습니까? 한 에피소드가 있습니다. 이전에 미국의 보스턴의 섬머빌이라고 하는 작은 동네에서 일어난 사건입니다. 시 당국은 크리스마스를 맞이해서 일찌감치 시청 앞 광장에 화려한 크리스마스 장식을 했습니다. 그것은 첫 성탄의 배경이 되었던 베들레헴 마구간 풍경을 밀랍으로 그대로 재현한 것입니다. 작고 초라한 마구간 안에 예수의 어머니 마리아가 아기 예수를 안고 앉아있고 그 옆에는 요셉이 든든하게 지켜 서 있습니다. 그 앞에는 목자들이 경배하고 있고 양옆에는 말과 나귀들이 고개를 내밀고 있는 장면입니다. 얼마나 정교하게 만들어졌는지 보는 사람마다 감탄을 자아내었습니다. 많은 사람이 이곳에 와서 성탄을 축하하고 사진도 찍는 도시의 명물이 되었습니다.

그런데 크리스마스를 며칠 앞두고 큰 사고가 일어나고 말았습니다.

누군가가 장난삼아 장식 가운데 마리아의 품속에 있는 아기 예수의 밀랍인형을 훔쳐 가버렸습니다. 다른 것들은 하나도 손대지 않고 그대로 있는데 하필이면 주인공인 아기 예수만 사라진 것입니다. 당황한 시 당국은 '아기 예수가 없는 이 장식을 그대로 두어야 하는지, 아니면 주인공이 없는 장식을 철거해버려야 하는지', 고민 끝에 시 당국은 아기 예수를 가져간 이에게 이렇게 마지막으로 호소해보기로 했습니다. "성탄의 주인공인 아기 예수를 돌려주세요. 아기 예수가 없으면 우리는 성탄절을 지킬 수 없습니다. 우리 시민들에게서 성탄절을 빼앗지 말아 주세요"라고 방송을 했습니다.

결국, 다행스럽게도 아기 예수를 훔쳐 갔던 범인은 마음을 바꿔 아기 예수를 그 자리에 다시 돌려놓았습니다. 시 당국은 놀란 가슴을 쓸어내렸습니다. 그 일로 인하여 사람들은 아무리 성탄 행사가 다양하게 펼쳐지고 멋진 선물이 넘친다 해도 아기 예수가 빠진 성탄은 아무 소용이 없다는 것을 배웠습니다. 또한, 그곳 사람들은 성탄의 주인공은 다른 어떤 누구도 아닌 아기 예수라는 사실을 똑똑히 깨닫게 되었다고 합니다.

독일의 신비적인 종교시인 앙겔루스 실레시우스(Angelus Silesius 1624-1677)는 "그리스도 베들레헴에 태어나심이/ 천 수백 번을 헤아리건만/ 그리스도 네 자신의 마음에 나시지 않으시면/ 그 영혼은 아직 버림받은 채로니라/ 오직 십자가 뿐, 네게 구원을 주리니/ 골고다 언덕의 십자가 내 마음에 세워지지 않는다면/ 네 영혼은 영원히 잃어진 것이니라"《네 자신의 마음 안에》라고 읊었습니다.

성탄을 맞는 성도에게 화려한 장식, 캐럴과 추리, 카드만 있고 예수가 계시지 않는다면 그 무슨 소용이 있겠습니까? 이전에 한 미국의 젊은 선교사 부부가 일본 지찌부에 처음으로 발을 디뎠는데 그때가 크리스마스 계절이었습니다. 그들은 이후에 이런 소감을 말했습니다. "일본인들은 미국에서 행해지는 것과 같은 성탄 관습을 가지고 있다. 카드도 보내고 트리도 세우고 아이들은 산타클로스를 기다린다. 그러나 그들은 성탄의 주인공인 예수님이 그들 곁에 오셨다는 사실에는 관심이 없다"고 했습니다. 그런 일이 가까운 일본 만의 일이겠습니까? 어느 나라 사람들에게든 그럴 수 있습니다. 비 그리스도인들에게야 어쩔 수가 없을 것입니다. 그러나 그리스도인에게도 그럴 수 있을 것이라고 상상이나 할 수 있겠습니까? 얼마든지 그럴 수 있습니다.

세상 사람들은 아기 예수 없어도 산타와 루돌프 사슴, 번쩍이는 추리 불빛, 쇼핑센터 산더미처럼 쌓아놓은 선물만 있어도 되지만 우리 믿는 자들에 있어서 아기 예수 없는 성탄은 아무런 소용이 없는 것입니다. 성도들에게는 생명의 빛으로 오신 그리스도, 우리를 구원하기 위해 이 땅에 임하신 구주 예수그리스도가 반드시 계셔야 합니다. 그래서 그분의 오심을 진정으로 축하하고 기뻐하며 경배하는 성탄이 되어야 할 것입니다. 부디 모든 것을 다 놓친다 해도 예수님만은 꼭 붙들고 놓치지 마세요. 예수로 충만한 성탄이 되시길 소망합니다. "홀리 크리스마스"(!)

새해 새 희망을 품고 살게 하소서

2023년 새해가 밝았다. 새해 첫날이 마침 주일이다. 여느 해와 달리 토요일 밤늦게까지 송구영신을 교회에서 보내고 또다시 숨을 돌리고 나니 새해요 첫 주일이다. 묵은해, 새해라 구분하지만, 그날이 그날이고 그 해가 그 해인 셈이다. 아무리 해가 바뀌었다 해도 하늘의 해는 어제와 똑같은 해일 따름이다.

"어허 또 새해라니/ 어이없어하면서도... 오늘도 다름없이 거저/ 해를 지워버렸다"(조 운《원단》). 어이없이 거저 해를 지워버리고 마지막 2자를 3으로 바꿔버린 것이다. 그렇게 또 한해가 시작된 것이다. 과연 영원한 시간 앞에서, 사람들이 정한 시간에 따라 또 한 해의 시작이라지만 여전히 그 시간이 그 시간이다.

"모든 것이 뒤바뀌어/ 질서를 잃을지라도/ 성신의 운행만은/ 변하지 않는 법도를 지니나니// 또 삼백예순날이 다 가고/ 사람 사는 땅 위에/ 새해 새 아침이 열려오누나// 처음도 없고 끝도 없는/ 이 영겁의 둘레를// 뉘라서 짐짓 한 토막 짤라/ 새해 첫날이라 이름 지었던가..."(조지훈《새 아침에》).

인간의 시간은 영원하신 하나님의 일월성신 운행 아래 놓여 늘 교환되는 해와 달의 반복일 뿐이지 새로운 것이 아니다. 그 반복은 이미 있던 것이 다시 있는 셈이다. 지혜자 솔로몬은 늘 반복되는 유한한 시간을 이렇게 표현했다. "해는 뜨고 해는 지되 그 떴던 곳으로 빨리 돌아가고… 바람은 그 불던 곳으로 돌아가고…"(전 1:5-6). 유한한 세상은 해의 반복일 뿐이다. 과연 덧없고 무상한 이 땅의 인생은 하나님의 목전에는 "천년이 지나간 어제 같으며 밤의 한순간 같을 뿐"(시 90:4)이다. 그저 우리는 무한하시고 영원하신 하나님의 주권 앞에 머리 조아릴 따름이다.

지난 한 3년가량, 우리는 코로나19에 우리의 시간과 삶이 유린당하고 삶의 방식이 뒤틀렸다. 이제 코로나19가 사라지지 아니하고 엔데믹으로 자리 잡을 듯하다. 아무도 코로나19의 종말을 쉬 말하지 못한다. 언제 어떻게 변심하여 또 다른 변종으로 우리를 침공해 올지 모를 일이다. 코로나19는 차치물론이고 우리의 삶은 예측 불허다. 어떤 일이 우리 앞에 전개될지 모를 일이다. 아무리 그래도 "수고와 슬픔뿐인"(시 90:10b) 세상사를 살지만, 우리가 새해를 또다시 살아서 맞이할 수 있음이 얼마나 귀한가? 새해 365일의 시간을 내다보고 살아 숨 쉬게 하신 하나님의 은혜에 감사할 따름이다. 생명의 여탈권이 하나님의 손에 있으니 말이다. 우리에게 지나간 시간은 실패와 근심의 연속이었다. 오지 않은 내일도 불확실하고 불안할 뿐이다. 그렇지만 과거에 매일 것도 아니고 오지 않은 내일에 대한 걱정에 사로잡힐 일도 아니다. 그저 오늘을 선물로 주신 하나님께 감사할 따름이다. 과연 현재는 선물(present)이다.

누가 그 선물을 누리는가? 생명 있는 자이다. 인생의 희로애락을 다 경험한 노년의 전도자는 인생철학을 논할 때 "모든 산 자들 중에 들어있는 자에게는 누구나 소망이 있음은 산개가 죽은 사자보다 낫기 때문이라"(전 9:4)고 했다. 살아있는 현실이 소중한 것은 소망 때문이다. 생명이 없으면 아무것도 없다. 그런즉 살아있음이 희망이다. 우리는 우리의 인생을 하나님 주신 생명과 시간을 희망으로 살 따름이다. 생명 있음이 희망이고 삶이 희망이다. 희망이 생명을 풍요롭게 한다. 미래는 확실치 않다. 그래서 미지의 내일은 불안의 대상이다. 그러나 소망이 있는 자는 소망 중에 오늘을 인내하며 소망을 향해 달려간다. 하나님께서 우리에게 주신 금보다 더 귀한 믿음은 소망과 통한다. '믿음이라 쓰고 소망이라 읽는다'라고 하면 지나친가? "믿음은 바라는 것들의 실상이요 보이지 않는 것들의 증거다"(히 11:1). 현실이 녹록치 않아 희망을 말하기조차 사치라고 하는 이들이 있다. 그렇지만 내일은 희망하는 자의 것이다. 우리에게 찾아온 새해는 새로운 희망이다. 새로운 해!

"간밤의 어둠 헤치고/ 매일 동트는 아침// 새날 새 아침마다/ 눈부시게 떠오르는 태양// 이렇게 지상에서/ 우리의 하루하루는// 날마다 새로운 날/ 새 태양으로 시작된다// 지나간 일은/ 강물같이 흘려보내고/ 오늘 하루를/ 희망의 태양 우러러 살라고"(정연복《희망의 태양》).

"묵시가 없으면 백성이 방자히 행하거니와..."(잠 29:18a). 여기서 묵시는 비전이라는 뜻이다. 방자히 행한다는 말은 '망할 짓을 골라서 한다'는 뜻이다. 비전은 어디로 향해 나아가야 할지 방향을 선포하는 것이다. 비전은 희망을 보여주는 것이다. 비전은 희망의 미래를 바라보게 한다. 아무리 난마같이 꼬인 현실이라도 희망은 품어야 한다. 희망을 말해야 한다. 희망을 품는 자에게 희망이 현실이 된다. "큰 희망이 큰 사람을 만든다."(토마스 풀러). 새해를 주신 하나님을 찬양!

코로나19 3년, 한국교회 현상과 예배 회복 과제

코로나19가 창궐하기 시작한 지 만 3년이 되었다. 코로나19 펜데믹은 우리로 하여금 새로운 일상을 직면하게 하였고 그런 세상을 살도록 강요당했다. 다른 생활은 차치물론하고 교회 생활에 큰 영향을 주었다. 소위 사회적 거리 두기로 인해 그동안 어떤 제약도 없이 마음만 있으면 자유스럽게 모일 수 있었던 모임에 큰 애로를 불렀다. 예배, 음식 나눔, 교제, 기도회, 성경공부, 소그룹 모임 등 교회 고유의 모임에 큰 제재가 있었다. 전체적인 모임이 자유스럽지 못했다. 그로 인해 교회는 큰 어려움을 겪게 되었다. 한국교회는 단기간에 급성장한 유례가 없는 나라다. 70년대에서 1990년대 중반까지 급성장하여 1천만 성도를 자랑했다. 그러나 이후 한 30년 어간에 850만 성도로 감소했다. 열심히 모여 예배하고 찬양하며 기도했던 한국 교회가 열의가 떨어질 대로 떨어지고 말았다. 특히 다음 세대 자녀들이 급감했고, 수많은 젊은 세대가 교회를 떠났다. 교회 내에 3~40대를 찾아보기가 어렵게 되었다.

이미 교인감소를 경험한 서구 유럽의 교회가 SBNR(Spiritual But Not Religious)화 되어버렸듯이 한국교회와 성도들도 이런 흐름을 피해갈 수 없는 상황이 되어버렸다. 즉 '영성은 추구하나 종교는 갖지 않고, 교회는 안 나가나 하나님은 믿는다'고 하는 그런 현상이다. 지난 3년 전 전혀 새로운 개념이 소위 "비대면 예배"라는 무서운 도전 앞에서 전통적으로 고수해왔던 현장예배 대신 그 대안으로 영상예배를 선택했다. 그래서 많은 성도가 교회에 안 나가도 문제가 되지 않는 상태에 이르렀다. 안방과 거실에서, 올바른 예배 자세는 온데간데없이, 소파에 묻혀 리모컨으로 이리저리 채널을 바꾸어가며 마음에 드는 예배와 설교를 구경하는(?) 신앙행태에 익숙한 이들도 있다. 어딘가에 정착하지 않고 떠돌아다니는, 이른바 유목민(nomad)과 같은 사이버 신앙인으로 바뀐 것이다. 그래도 자신들은 예배드렸다고 자위(自慰)한다. 작년 4월부터 거리 두기가 폐지되었지만, 여전히 교회 현장예배로 복귀하지 못하는 이들이 많다. 청장년 20%, 교회학교 40%가 교회로 돌아오지 않고 있다는 통계가 있다. 누군가의 말마따나 한국교회 일부 성도는 코로나19로 인해 "플로팅 크리스천"(floating christian) 즉 부평초처럼, 어딘가 붕 떠 있는 상태가 되어 버리고 말았다. 교회에 뿌리를 내리지 못하고 뿌리에서 떨어진 상태를 말하는 것이다. 카페, 맛집은 열심히 모이지만 교회 예배는 등한히 하고, 안방에서 TV 앞에 앉아 영상으로 예배 아닌, 예배를 드리는 일에 익숙하여 일부 성도들이 가나안 교인으로 전락하고 말았다. 예배와 모임에 대한 열의가 식을 대로 식었다. 성도의 발길이 끊긴 상가 교회가 재정 부담을 이기지 못해 문을 닫는 일이 이어지고 있다. 필자가 2020년 4월 5일에 '기독공보' 신문에 투고한 졸고("현장예배를 고수하는 이들을 위한 변명")에 쓴 현상이 그대로 나타나고 있다.

혹자는 "이런 코로나19 시대의 영향으로 비록 팬데믹이 종식되더라도 한국교회는 시간이 지나갈수록 메타버스 채플(Metaverse Chapel) 속으로 동화, 흡수될 것이라는 전망을 내놓고 있다. 즉 코로나19를 경험하면서 전통적인 종교들과 교회들은 앞서 말한 SBNR의 문화 속으로 흡수되는 속도가 가속화할 것이며 이러한 영적 흐름은 피해갈 수 없을 것이라고 본다. 그러면 가시적인 성당, 교회들의 건물들은 '열린 무덤들'이 되어갈 것이다. 중세의 박물관이나 도서관, 납골당처럼"(https://blog.naver.com/jdewpoint/222741729299. 1월 14일 검색). 필자는 저 이론이 설레발에 불과하기를 바라지만!

이런 심각한 위기를 만난 한국교회는 이 위기를 타개해야 할 과제가 남아 있다. 그것은 곧 복음과 예배의 회복이다. 복음과 예배는 교회가 목숨 걸고 사수해야 할 절대 가치다. 성도는 복음을 받아들인 자요, 교회는 복음을 증거해야 한다. 복음을 받은 성도의 신앙은 예배로 연결되어야 한다. 예배 없는 신앙은 허상이요, 예배 없는 성도는 허수아비다. 복음 없는 교회는 존재 가치가 없고, 예배 없는 교회는 정체성을 상실한 것이다. 우리 대한예수교장로회는 107회기 주제로 "복음의 사람, 예배자로 살게 하소서"라는 주제를 선정했다. 신앙의 회복, 교회의 회복은 어디에 있는가? 복음의 사람으로서 진정한 예배자가 되는 데 있다. 그래서 예배자로 사는 데 있다. 새해에 예배를 회복하는 목표, "한 번 더 예배드리는 성도, 자녀를 예배자로 세우는 가정, 예배를 삶으로 실천하는 교회"가 되는데 성도 여러분의 배가의 협력과 기도와 관심을 기대한다.

설날과 나이 먹음에 대한 단상(斷想)

2023년 1월 22일, 음력 정월 초하루 설날이다. 한자로 설을 "근신하여 경거망동을 삼간다"는 뜻의 신일(愼日)이라고도 한다. 한편 '설'이란 말은 나이를 한 살, 두 살 먹는다고 할 때의 살에서 나왔다고도 한다. 우리는 새해를 맞아 한 살을 더 먹으며 우리 앞에 펼쳐진 새로운 세상에 대한 기대와 우려로 근신과 삼가는 마음을 갖게 된다.

새해가 되면 너도나도 수(壽)에 하나가 더해진다. 이를 두고 흔히 '나이를 먹는다'고 한다. 나이가 많아지는 것을 두고 나이가 든다고 표현한다. 모든 살아있는 인간은 새해에 생존해 있는 한 나이를 먹는다. 사람은 물질세계의 영향으로 노화를 뜻하는 생물학적인 나이를 먹는다. 뿐만 아니라 사회학적인 의미에서 나이를 먹는 것은 쌓는 것을 의미한다. 혹자는 한 살 두 살에서의 '살'은 살이를 뜻하는 말로서 '인생살이', '살림살이' '머슴살이' '타향살이' '더부살이' 등에서 보듯이 살이는 '삶'을 가리킨다고 했다. 그런 의미에서 한 살은 삶이 하나, 두 살은 두 개의 삶이라고 보면 '살'은 삶의 축적을 의미한다. 세월과 더불어 인생 삶이 쌓여가는 것이다. 사람이 한 살씩 먹는다, 즉 나이 먹는다는 것은 시간이라는 세월과 함께 인생살이 속에서 인생 지식, 삶의 경험, 희로애락 등의 제 감정, 사람이 타자와 갖는 관계 등을 쌓는 것을 의미한다. 사람은 삶을 쌓아갈수록 아름다운 추억도 많지만 험한 일, 욕스러운 일도 쌓여간다.

구약의 야곱이 애굽의 총리가 된 요셉의 인도로 70인 가족과 함께 애굽으로 이주해갔을 때 바로 왕이 야곱을 맞았다. 그때 바로가 야곱에게 "네 나이가 얼마냐?"(창 47:8)고 물었다. 야곱이 바로에게 "내 나그넷길의 세월이 백 삼십 년... 험악한 세월을 보냈다"고 대답했다. 야곱의 인생은 어머니 리브가의 태중에서부터 형을 속이고 장자권을 취한 후, 살아오면서 파란만장한 세월, 험악한 세월의 연속이었다. 어쩌면 그것은 누구나 느끼는 인생 길이고, 영적 생활은 보다 더 험악하다고 할 것이다. 수즉다욕(壽則多辱)이라 했던가. 장자(莊子) 천지(天地) 편에 나오는 이야기이다. 한 관원이 요 임금에게 "아들이 많아지면 걱정이 많아지고, 부자가 되면 귀찮은 일이 많으며, 장수하면 욕된 일이 많아집니다."라는 말을 했다. 이에서 "나이 먹고 오래 살면 그만큼 좋지 않은 일도 많이 겪게 된다"는 '수즉다욕'이란 말이 나왔다. 세월과 함께 많아지는 나이와 더불어 욕된 일도 많이 쌓이나 보다. 그마저도 우리 인생은 나그네 길이다.

생물학적 나이는 사람을 노쇠하게 하고 신체를 약하게 하는 몸의 나이다. 그러나 사람의 정신 나이는 몸의 나이와 평행하는 것이 아니다. 나이가 들어도 철이 없는 이가 있는가 하면, 나이가 어려도 정신적으로 성숙한 이도 있다. 철들자 망령이라고 하지 않는가? 나이 들어갈수록 고상하고 세련되고 존귀해질 수 없을까? 나이가 들어도 더 알치고 승하여진다면 나이를 잘 먹는 것이 아니겠는가? 그렇지만 혹자는 인생은 "없고, 없다가 없어지는 것"이라고 했다. 어려서는 철이 없고, 젊어서는 정신이 없고, 중년 때는 틈이 없고, 늙어서는 형편이 없고... 그래서 결국 없다고 했다. 어린 시절에는 먹는 것에 끌려가고, 젊어서는 정에 끌려 살고, 장년에는 돈에 끌려 살고, 노년에는 병에 끌려 살다가 가는 것이 인생이라는 것이다. 그래도 세상은 나이 먹는 이에게 인생에 쌓은 경험치를 통해 지혜라는 것을 축적한 것이 인생을 짧게 산 젊은이보다 더 나은 자산이라고들 한다. 세월 살이를 지내오면서 경험하고 쌓아온 것이 얼마나 가치가 있는가? 나이는 결코 그 사람이 살아온 햇수로만 헤아릴 것이 아니다. 나이는 숫자에 불과하다. '내 나이가 어때서...'라고 하지 않는가? 문제는 나이가 많고 적고가 아니라 사람답게 하는 것이 중요하다는 것이다. 세상은 나이를 먹은 만큼 잘 살기를 바란다. 나잇살을 먹으면 나잇값을 해야 한다는 것이다. 그렇지 못하면 나이를 거꾸로 먹었다고 힐난한다. 나잇값이다!

2023년부터는 만 나이를 쓴다고 한다. 해마다 먹는 나이인데. 세월 가는 것, 나이 먹는 것을 마뜩찮게 생각하는 이들에게 복음이다. 필자는 호적상 나이에 따라 올해 10월이면 지하철 공짜로 타는 어른, 이른바 지공선사(地空禪師)가 된다. 나라가 노인 대접해준단다. 좋아해야 할지. 않아야 할지? 2차 대전과 6.25 전쟁 영웅 맥아더 장군은 "신념이 있으면 젊고, 의심이 있으면 늙는다. 자신을 가지면 젊고, 두려움을 가지면 늙는다. 희망을 품으면 젊고, 절망을 품으면 늙는다. 모든 사람의 마음 한 가운데에 녹음실이 있는데 이 녹음 소리에 아름다운 희망과 격려와 용기에 관한 말이 들어오는 동안에는 우리가 젊을 수 있다"고 했다. 바울 사도는 그리스도인들은 "겉 사람은 낡아지나 속사람은 날로 새로워지도다"(고후 4:16)라고 했다.

벗님들이여! 우리 모두 한 살 더 먹으며 신앙이나 인격이나 삶이 더욱 고양되기를 기원합니다.

3월, 새봄 새 출발, 새 희망의 창이 열리는 달

입춘이 지난 지 꼭 한 달 만인 3월6일이 경칩이다. 대동강 물도 풀린다는 우수가 보름 전, 잠자던 개구리도 놀라 깨어난다는 절기다. 옛 조상들이 '우수경칩 다 지나면 얼어 죽을 내 아들놈도 없다'고 했던가? 우수가 지나면서 공기가 확연히 달라졌다. 봄(春)의 말의 어원은 흥미롭다. 혹자의 말에 의하면 봄은 조어 '볻'에서 '볼〉볼옴〉보옴〉봄'으로 변천한 말이라고 한다. 어떤 이는 '봄'의 어원에 대해 불(火)에 근원을 둔다고 한다. 불의 옛말 불(火)과 오다의 제 일 명사형 '옴'(來)이 합해져 "불+옴"에서 ㄹ이 탈락되어 '봄'이 된 것이므로 우리 말 봄의 근원적인 뜻은 따뜻한 불의 온기가 다가옴을 가리킨다고도 한다. 새롭게 찾아온 봄은 새봄이다. 이는 우수를 지나면서 얼어붙었던 얼음이 녹고 나면 그 가녀린 새움에 용솟음치는 활기찬 생명의 힘이 솟아 굳은 땅덩이를 불쑥 밀어 깨뜨려 솟아오르고, 잠들었던 미물들이 꿈틀거리고 나오며 생명이 소생하는 활기찬 모습을 사람의 눈으로 '새로 본다'는 뜻을 담은 새봄의 준말이라고도 이해한다(최창렬, "꽃샘과 봄의 의미"아름다운 민속어원).

이제 새봄, 움츠렸던 대지와 만상이 기지개를 켜고 생명의 기운을 돋우기 시작하나 보다. 사람들은 일상 세상살이에 함몰되어 계절이 바뀌는 줄 모르고 다람쥐 쳇바퀴 돌 듯하여 자연의 엄숙한 질서에 무심해도, 새봄의 강력한 기운이 시나브로 우리에게 찾아든다. 그래서 누군가는 봄은 오는 것이 아니라 드는 것이라 했나 보다. 그러다 문득 둘러보면 어느새 보이도록 만들어 제대로 보는 '봄'이 되나 보다. "무심히 지나치는/ 골목길/ 두껍고 단단한/ 아스팔트 각질을 비집고/ 솟아오르는/ 새싹의 촉을 본다// 얼랄라/ 저 여리고// 부드러운 것이!!// 한 개의 촉 끝에/ 지구를 들어 올리는/ 힘이 숨어있다."(나태주《촉》). 시인은 지구를 들어 올리는 새싹의 강력한 위력을 보고 '얼랄라'라며 감동의 환호를 지른다. 새로운 생명의 기운은 하나님만이 불어넣을 수 있는 권세이다. 하나님께서 사람을 생령으로 만드실 때 코에다 생기를 불어넣으셨듯이(창 2:7) 만물에 새로운 기운을 보내셔서 새봄(新春)을 맞게 하신다. 하나님께서 자연 만상에 새 생명의 기운을 보내셔서 사람으로 하여금 눈으로 보는 '봄'이 되게 하신다. 얼마 있지 않아 온 산과 들이 새 이파리 새 꽃으로 덮일 일이다.

새봄은 있어도 새 가을, 새 겨울, 새 여름은 없다. 봄은 새 출발의 의미를 담고 있다. 자연도 만물도 새 출발이다. 겨우내 묵은 옷을 벗고 새 옷으로 갈아입을 채비를 한다. 세상도 시간도 사람도 새 출발이다. 새 계획을 시작한다. 신입사원들이 새 출발 한다. 학교마다 졸업생을 세상으로 내보내고 새 학생을 맞아들인다. 새 학년, 새 학교, 새 학기를 새 친구들과 더불어 시작한다. 농부들은 새롭게 밭과 논을 새롭게 만들어 새로운 농사를 준비한다. 새봄은 새로운 행진이다(March is March). 봄은 도약이다(Spring is spring). 행진과 도약, 도약과 행진은 친구다. 봄은 3월과 더불어 새로운 발진이요 진군의 나팔소리다. 새봄은 새로운 출발, 새로운 세상을 여는 창이요 도약판이다. 그 누구도 새로운 새 출발을 막을 수 없다. 그러니 새봄은 새 희망의 계절이다. 교회도 신앙생활도 새 출발이다. 새로운 성경공부, 새로운 전도, 새로운 일꾼, 새로운 훈련, 새로운 중보기도, 새로운 부흥...

'매경한고(梅經寒苦)'라고 했던가. 봄소식을 알리는 매화는 혹독한 추위의 고통을 참고 이겨낸다는 뜻. "추위가 한차례 뼈에 사무치지 않는다면 어찌 코를 찌르는 매화의 향기를 얻을 수 있겠는가." (황벽 선사, 전심법요)라고도 했다. 지난겨울 한때나마 혹독한 추위를 잘도 이겨 내었다. 4월이면 지난 3년여 코로나19 마스크에 닫히고 묶였던 세상에서 해방될 것이라고들 한다. 마스크에서 자유로운 새로운 봄과 새로운 세상이 열릴 것이다. 새봄이 시작될 것이다. 이제 새봄의 기운을 마음껏 받아 새 희망을 열 때다. 다시 찾아온 3월 그리고 새봄(新春), 신(新)은 칼과 도끼와 나무로 이루어져 '새로울 신(新)'이라는 글자가 되었다고 한다. 계절은 '새' 이지만 여전히 세상은 늘 난관과 고충과 애로로 둘러싸여 있다. 범인(凡人)들은 "이 풍진세상에서 무엇을 새롭게 하라는 거야?"라고 체념할지 모른다. 그렇지만 칼과 도끼로 나무를 다듬어 무언가를 창조해 내듯, 우리 앞에 펼쳐질 새로운 일들을 쪼개고 다듬기에 가장 좋은 때가 또 3월이기도 하다. 새로운 마음가짐, 새로운 결단과 결심으로 묵은 사고와 아무 쓸모없는 낡은 습관, 사고도 다 몰아낼 터다. 그래서 새로운 세상의 주인공이 된다. "어린애마다 알고 있습니다/ 봄이 말하는 것을// 살아라, 자라라, 꽃피라, 희망하라, 사랑하라/ 기뻐하라, 새싹을 내밀라// 몸을 던지고 삶을 두려워하지 말라?"봄의 말》(헤르만 헤세).

새봄을 주신 주님을 찬양!

당신은 MBTI, T형인가 F형인가?

최근 필자는 어떤 분이 이력서를 보내면서, 자신의 장단점을 언급하며 본인의 MBTI를 ISTJ 형이라고 소개하는 글을 읽었습니다. 그분은 성의를 다해 자신의 성격유형을 소개했을 터이나 필자는 ISTJ가 어떤 성격유형인지 알지 못하니 글을 보낸 이에게 미안할 뿐입니다. 주지하다시피 MBTI는 성격을 스스로 진단하여 16개의 유형으로 분류하는 성격 유형 검사의 하나입니다. 이전 에니어그램이라는 성격 유형 검사 시스템이 유행한 적이 있었는데 최근에는 이 검사가 대세를 이루는 것 같습니다. 이 자가 검사를 통해 자신의 성격 유형을 파악하여 자신을 통제하거나 대인관계에 있어 유용하게 활용할 수 있다고 하는 의미에서 볼 때 필요한 검사 중의 하나일 수 있습니다. 그래서 학교에 입학하거나 회사에 입사할 때도(심지어 아르바이트를 채용할 때) 이런 검사서를 요구한다고 합니다. 심지어 초등학생들도 이 검사를 통해 자신과 친구들을 어떤 유형의 사람이라고 판단한다고 합니다. 몇 년 전에 한 방송에서 띄운 이후로 이 검사는 우리 사회에 대세처럼 자리했습니다. 검사비가 딱히 없고 접근하기 용이하기에 더욱 유행을 타는 듯합니다. 과연 MBTI 열풍 시대라고 할 수 있겠습니다.

이 글을 읽는 독자들은 그 검사를 해보셨습니까? 그에 대한 대답이 어떠한지는 차치하고 과연 이 검사가 유용한지 무용한지, 옳은지 그른지, 완전한지 불완전한지, 과학적인지 비과학적인지에 대해서는 문외한인 필자는 논외입니다. 사실 우리 내면은 복잡합니다. 때로 복잡한 나의 내면을 스스로 알기도 어렵기도 하고 환경 따라, 조석으로 변할 수 있는 것이 사람의 마음입니다. 열 길 물속은 알아도 한 길 사람 속은 모른다는 말마따나. 성격 유형 검사를 통해 나를 어떤 성격의 사람이라고 한 틀에 가두어 버리기에는 우리 인간 이해가 만만치 않은 것입니다. 그런데도 이 성격 검사가 대중화되어 버린 듯합니다. 아무리 참고용으로 쓴다고 하나, 이 검사가 대인관계에 있어 족쇄가 되고 낙인이 될 수 있습니다. 조직 내에서 자신의 적성도 업무도 한 프레임에 갇혀 지배당하게 되므로, 자신 속에 잠재된 재능을 발휘하지 못하거나 진정한 면모를 보여주지 못할 수도 있습니다. 뿐만 아니라 자신 스스로 자신의 성격을 단정해 버리는 우를 범할 수도 있습니다.

그래서 MBTI가 한 좋은 검사임에도 불구하고 그 우려도 있는 것이 사실입니다. 그 성격 유형으로 크게 두 가지 사고형, T(Thinking)형과 감정형 F(Feeling)로 나눈다고 합니다. 전자는 이성형이요 후자는 감성형입니다. 문제는 상대방이 T형임을 알고서 상대방을 F를 모르는 사람이라고 예단하여 비판하거나 극 T형으로 낙인찍거나, 우울해하거나 답답한 성격을 가진 이를 향해서는 F라고 몰아세우기까지 한다고 합니다. 그래서 T형이냐, F냐에 따라 스트레스가 크다고 하니 MBTI가 주는 폐해인 셈입니다. F는 옳고 T는 무언가 잘못되었다고 여기면 서로 간의 소통에 문제가 있을 것입니다. 정태연(중앙대 심리학과 교수)은 "한국 사회는 관계 중심적이고 배타적 동류의식도 강하다. 정서적 공감을 과다하게 강조하면 강요로 이어질 위험이 있다"고 지적했습니다. 또, 만일 자신이 T형이기에 어떤 대상에 대해 공감할 수 없는 사람이라고 스스로 못을 박거나, 자신은 F형이기에 깊이 생각하는 능력이 부족한 사람이라고 단정해 버린다면 자신의 사고나 공감의 폭을 넓혀갈 기회를 스스로 차단해 버린다면 그 검사는 아니 한 것만 못할 것입니다. 그것은 점쟁이 앞에 가서 점쟁이의 말을 듣고 자신의 운명을 스스로 단정하여 운명론자로 사는 불운의 사람과 같다고 할 것입니다. 이를 아는 이들은 재미 삼아(?) 차원에서 이 검사를 하는 이도 있고 스스로 어떤 사람인지 이해하고 싶어 하는 이들도 있다고 합니다. 문제는 MBTI 검사 자체에 있는 것이 아니라 그것을 받아들이는 태도에 있습니다. 우리에게 사고도 필요하고 감성적인 태도도 필요합니다. 생각하는 이성과 감정적인 공감하는 능력도 반드시 필요합니다. 이는 자신이 어떤 유형인지를 떠난 문제입니다.

최근 우리 사회에 소통, 공감 능력이라는 말이 유행하고 있습니다. 코로나 이후로 개인주의화, 비대면 현상이 뚜렷해져서 서로를 이해하고 공감하는 지수가 떨어졌다는 통계가 있습니다. 그래서 그런지 최근 서울 강남의 한 스피치 학원에서 열린 공감 대화법 수업을 진행하고 있다고 합니다. 'T'(Thinking 사고형) 유형 사람들에게 공감 능력이 발달한 'F'(Feeling 감정형)처럼 보이도록 가르치는 학원입니다. 주로 스피치, 연기 학원 등에서 대화 기술이나 감정 조절법 등을 강의하는 식입니다. 공감 능력이 약화된 시대상의 한 방증입니다.

벗님네들! 여러분은 어떻습니까? 군이 T인지, F인지 밝히라고 몰아세우지 않겠습니다. T면 어떻고, F면 어떻습니까? 둘 중에 하나가 더 낫다고 할 수도 없고, T나 아니면 F로 바꾸라고 강요할 생각도 없습니다. 무리하게 바꾸려고 하지 마세요. 생긴 대로(?) 사십시오. 나 홀로 닫아버리거나 고립되지 마세요. 또한 "나는 나다", 그런 생각으로 자신을 존중하고, 그런 마음으로 상대를 존경하며 함께 더불어 어우러지며 살면 됩니다. 함께 만나고 대화하고 상대의 말에 반응(reaction)해 주고 함께 하면서 서로를 배우면 되는 것입니다. 무엇보다도 그리스도인들에게 구원의 책일 뿐 아니라 최고의 지혜의 책이 있고 최고의 인생철학을 가르쳐주는 책, 하나님의 말씀 성경이 있습니다. 성경을 읽고 말씀을 들으며 생각하고, 깨닫고, 마음에 새기고 함께 사는 법을 교회공동체 안에서 학습하고 경험하시면 됩니다. 우리는 함께 주 안에서 형제자매가 되었습니다. 세상 어디에서도 만날 수 없는 소중한 공동체입니다. 그 교회공동체 내에서 함께 조화하며 살아가는 법을 터득하세요. 누구든지 와서 함께 만나고 참여하고 공유하며 배우며 성숙을 기하시기를 바랍니다.

맥체인성경읽기(하) 탈고(脫稿)의 변(辯)

　지난 주간에 졸저, 맥체인성경읽기(하)를 탈고하여 출판사에 넘겼습니다. 상권이 나온 지 약 두 달여 만입니다. 상권이 4월 20일에 출간되었는데, 두 달여 만에 하권을 출판하는 것은 맥체인성경읽기 순서에 있어 하권이 7월부터 시작하기 때문입니다. 졸저 상권도 그렇지만, 하권 내용도 이미 작년에 작성이 된 상태였습니다. 다만 그 내용을 하루분의 분량에 맞게 정리하고 다듬는데 약 2개월여가 소요되었습니다. 작년에 "맥체인성경읽기"를 하는 동안 작성한 원고의 내용이 성경과 일치하는지, 글의 논리가 올바른지, 혹여 성경 본문의 내용을 왜곡하지 않는지, 각 장에서 중요한 것을 빠뜨리지 않았는지, 신학과 교리를 벗어나지는 않는지 등을 다시 한 번 살피는 데 집중하였습니다.

　필자가 이미 머리말에서 밝혔듯이(졸저, 머리말 참조) 졸저의 성경 읽기 순서는 단순히 성경 목차를 따른 것이 아니라 맥체인 목사가 구속사적 시대별로 성경읽기 순서를 분류한 것을 따랐습니다. 필자는 이미 "맥체인성경읽기"에 대해 알고 있었으나 교회에서 하루에 넉 장씩 읽기를 시도하는 것을 주저했습니다. 그것은 분량이 적지 않기 때문이기도 하지만, 새벽기도 시간에 각 장의 내용을 준비하여 교우들과 함께 나누는 것에 대해 부담감을 느꼈기 때문입니다. 내용을 정리하여 30분 정도의 기도회 시간에 일정한 분량을 함께 읽고 나누기에 벅차다는 생각 때문이기도 했습니다. 그러나 작년 정월 첫날부터 주보에 순서를 내면서 대장정을 출발했습니다. 새벽기도 시간에 맥체인 순서에 따라 읽고 내용을 언급하는 것으로 진행하고, 머리말에서 밝혔듯이 지난 한 해 내내 김강우 집사가 만든 오픈 채팅방에 해당 성경 본문 음원을 올리고 필자가 보낸 장별 내용을 온라인에 업로드하였습니다.

모든 글쓰기가 그렇습니다만 졸저 "맥체인성경읽기" 책 쓰기도 난제입니다. 논리에 맞게 글을 작문해야 하는 것은 차치물론하고, 장별 내용을 분명하게 보여주어야 하고, 일정한 분량에 맞게 치밀하게 다듬어야 하고, 무엇보다 교리에 어긋나지 않아야 하기 때문입니다. 필자는 지난 일 년 동안 정해진 매일의 분량을 차질이 없이 준비해야 하고, 그것을 채팅방에 하루도 빠짐없이 올려야 하는 심적 부담이 컸던 것이 사실입니다. 필자는 약속된 분량을 수행하기 위해 휴대용 노트북 컴퓨터 대신 딸이 사준 태블릿 PC를 사용했습니다. 이전에 군대 생활에서, 어쩔 수 없이 직무 때문에, 배운 타자 실력(?)을 유감없이 발휘하여 어느 곳에서든 활용하여 하루치의 분량을 김 집사에게 보낼 수 있었습니다. 심지어 작년 해외여행 중에도 차질 없이 내용을 보냈습니다. 이디오피아 공항 대기 중에도, 심지어 파리 발 텔아비브 행 비행기 안에서도 내용을 준비했습니다. 옆 좌석에 앉은 키파를 쓴 한 프랑스인은(이스라엘인?) 의아하다는 듯이 필자가 두드리는 태블릿 자판을 뚫어지게 바라보고 나를 쳐다보았습니다. 그러거나 말거나... 여행 중 호텔에서 하루치 분량을 채우느라 아침 투어 출발 시간이 늦춰지기도 했습니다. 투어 후에 돌아와서 늦은 시간까지 또다시 과제를 수행하느라 골몰하기도 했습니다.

그렇게 일 년이 지나고 나니 하루 2페이지, 일 년 730쪽의 분량이 태블릿 안에 저장되었습니다. 성경의 저자들은 하나님을 화자로 하여, 하나님이 말씀하시고 일하신 바를 직접 또는 간접 화법으로 하나님을 알려주고 예수그리스도를 증거했습니다. 저자들은 과연 성령의 감동을 입은 시인, 문학가, 예언자, 영성가, 역사가요 전도자들입니다. 그들이 쓴 성경 각 장은 사람이 썼다고 하지만 하나님의 감동으로 된 하나님의 말씀이요 하늘의 언어입니다. 하나님을 증거하려고 하는 저자들의 희생과 열정이 있었기에 오늘의 성경이 우리 손에 있게 된 것입니다. 졸저는 신약 27권 260장, 구약 39권 929장, 각 장별 이해를 돕는 성경연구의 자산이요 열매입니다. 졸저가 누군가의 손에서 설교용으로, 성경 묵상용이나 성경 이해용으로 사용된다면 제게는 큰 영광이요 기쁨입니다. 사실 성경 한 절 한 절 주석한 주경가들의 학식과 열정과 노고에 비하면 필자의 졸저는, 정말(!), 아무것도 아닙니다. 그러나 이렇게 책으로 내고자 하는 마음을 주시고 그 일을 마치게 해 주신 하나님께 영광을 돌립니다. 필자는 졸저 상, 하권을 예정대로 무사히 마친 자신에게 박수를 보내고 싶습니다. 벗님네들도 축하의 박수 보내주시기 바랍니다. 그나저나 이 책을 쓸 수 있게 동기를 부여한 우리 평강교회 성도 여러분께 감사를 드립니다.

사족. 아무리 철저하게 퇴고(推敲)를 한다고 해도 내용상, 오탈자 등의 문제점이 있을 수 있습니다. 이 모든 책임은 출판사보다 필자에게 있습니다. 책을 읽는 중에 교정을 필요로 하는 내용이 있으면 독자의 너그러운 양해를 구하고, 잘못된 내용을 필자에게 알려주기를 바랍니다.

지금은 회개 기도할 때

　목하 대한민국은 탄핵 시국이다. 지난해 12월 3일 대통령의 무모한 반헌법적인 계엄선포로 인해 정국이 혼란스러운 가운데 있다. 이미 계엄을 획책하고 계엄업무를 실행한 소위 내란 혐의자들이 줄줄이 구속당하여 재판을 받고 있다. 계엄선포 당사자인 윤 대통령이 탄핵소추 되어 헌법재판소의 판결을 기다리고 있다. 공수처에서는 윤 대통령을 체포 심문 후에 법적 책임을 따져 기소하고 이를 검찰에 넘기려 하고 있다. 이후 정국의 상황이 어떻게 전개될지 예단할 수 없지만, 수개월 내에 헌재의 판단으로 대통령의 파면 또는 복귀 여부가 가려질 것이다.

　계엄선포 이후 대내외적으로 우리나라는 큰 충격을 받았다. 앞으로 수개월 동안 대외적으로 경제적으로도 타격을 입을 것은 명약관화하다. 대외 신인도가 떨어지고 외교에서도 소외되어 국격이 현저히 떨어질 것이 예상된다. 안보 국방에 있어서도 컨트롤 타워가 불안정하여 불안하기 짝이 없다. 우리나라는 그동안 우리가 피 흘려 쌓아 올린 성숙한 민주국가로서의 자존심에 큰 상처를 입게 되었다. 그뿐만이 아니다. 향후 우리나라는 국내적으로 정파 간 갈등과 쟁투가 극에 달할 것이고 정치적 위기와 사회적 혼란은 극심해질 것이다. 권력을 뺏으려는 쪽과 뺏기지 않으려는 진영 간의 치킨게임으로 온 나라가 시끄러울 것이다. 한남

동에서는 밤낮을 가리지 않고 대통령 탄핵 찬반 양대 진영 간의 농성과 집회가 끊임없다. 한쪽은 대통령을 즉각 파면하라고 외치고, 또 한쪽에서는 대통령의 계엄선포를 옹호하고 대통령을 지켜야 한다고 소리를 높인다. 그들은 자신들 쪽에 서지 않으면 내란 동조 세력이라고 몰아붙이고, 한편에서는 종북 좌파라고 편을 가른다. 양극단은, 누가 들어도 흔쾌히 수용할 것이 되지 못하는데도, 자기 도그마에 빠져 이성적인 바른 판단을 갖지 못한다. 이러한 끝이 보이지 않는 극심한 좌우간의 갈등은 분단 조국 우리 대한민국의 부끄러운 민낯이다. 이런 상황으로 인해 온 국민은 불안해하고 민심은 흉흉하다. 그로 인해 소비는 얼어붙고 기업 환경은 점점 어려워져 갈 것이고 경제는 바닥을 모르고 떨어질 것이 예상된다.

이러한 혼란한 정국에 우리 그리스도인들은 어떻게 해야 할까? 물론 그리스도인들도 정치적인 입장에 따라 자신의 입장을 드러내고 연대하거나 집회에 참여할 수도 있다. 대통령의 반 헌법적이고 몰 시대적인 계엄선포 행위를 비판할 수 있다. 또한, 상식과 양심도 내팽개치고 권력욕에 빠져 의회 권력으로 국정을 농단한 정치세력들을 성토하고 비난하고 욕지거리를 할 수도 있다. 모두 일리가 있다. 그러나 우리 그리스도인들이 가져야 할 생각은 어떤 것인가? 한 마디로 회개 기도하는 것이다.

구약성경의 다니엘은 멸망한 나라를 떠나 바벨론에 포로로 잡혀 와 조국을 생각하며 하루에 세 번씩 윗방에 올라가 예루살렘을 향한 창을 열고 하나님 앞에 기도했다(단 6:10). 그의 조국을 향한 절절한 기도의 내용은 회개와 자복의 기도였다(단 9:3-19). 그는 금식하며 베옷을 입고 재를 뒤집어쓰고 민족의 죄를 자복했다. 민족이 저지른 범죄와 패역과 행악과 반역으로 하나님의 법도와 규례를 떠났음을(5절) 통탄하며 회개했다.

그는 민족을 자신과 동일시하여 자신의 죄책임을 고백했다(8-11절). 느헤미야는 어떤가? 그는 바벨론 포로귀환 이후에 바사 궁의 고위관리로 있었다. 그는 바벨론 포로귀환 이후의 예루살렘에 남은 자들이 큰 환란을 당하고 능욕을 받고 예루살렘 성은 허물어지고 성문들은 불탔다는 형편을 들었다(느 1:3). 그 말을 들은 느헤미야는 수일 동안 슬퍼하며 하나님 앞에서 금식 기도하며 조국을 위해 간구했다. 그 간구의 내용은 이스라엘 자손이 하나님 앞에 범죄한 죄를 자복하는 것이었다(4-7절). 그는 민족의 죄가 자신의 죄임을 절감하고 눈물로 회개했다. 이후 그는 예루살렘에 돌아가 성벽을 재건하고 야웨 신앙 회복과 개혁을 주도했다. 이런 회개의 기도가 이 시대를 사는 우리 그리스도인들의 현명한 자세다. 분단 조국, 대통령의 어리석음, 혐오스러운 정치의 행태, 진영 간 첨예한 갈등…. 이 모든 것이 나의 문제와 흠이요, 죄와 허물임을 깊이 깨닫고 회개하며 자복할 일이다. 나아가 비로 "내 탓"이라는 자기성찰이 뒤따라야 한다.

우리 교회는 2025년 들어서면서 매일 저녁 9시에 어디서든지 "회개와 간구"를 통한 "소원과 결단의 기도" 40가지 기도제목으로 함께 기도하고자 한다. 절절한 회개의 간구를 통해 나의 삶을 성찰하고 회개에 합당한 열매를 맺고자 한다. 그 기도 제목 안에 나라와 만족을 향한 기도 제목 9가지가 있다. 그중에 "나라의 어려움 속에서 정치인을 비난하고 판단하기만 하고 진정으로 기도하지 못했음을 회개한다."(23항). "분단 조국을 위해 안타까워하기만 하고 나라를 위해 기도하지 않았음을 회개한다(25항)." 등이 있다. 우리 모두 위기의 시대를 맞아 회개하며 기도함으로 하나님의 은혜를 구해야 하겠다. 나아가 회개 기도에 동참함으로 자신의 신앙과 삶을 성찰하여 지혜롭고 성숙한 그리스도인이 되어야 하겠다.

분노(화)를 어떻게 다스릴까?

사람의 네 가지 주요 감정 희로애락(喜怒哀樂) 중 분노(화)는 누구든지 하시라도 드러낼 수 있는 일반적인 감정표현이다. 산 사람은 분노한다. 분노는 일반적으로 거부감, 싫은 감정, 적개심이나 한편 의분의 감정으로 정의된다. 즉 자기 존재가 수용되지 않는다고 느껴질 때, 좌절에서 일어나는 감정 모욕, 멸시, 좌절감에서 온다. 이는 가상적인 위협이나 실제적인 위협, 부당한 처사로 인한 강열한 불쾌감 때문에 생기는 흥분된 감정이다.

가인은 그의 제사가 열납되지 못해 제사현장에서 질투, 미움, 분노를 참지 못해 살인을 저질렀다. 경쟁 사회 속에서 사람들은 인정받기 위해 힘쓴다. 그러한 욕구가 좌절되고 인정받지 못할 때, 사랑과 관심을 받고 싶은 사람에게 실망했을 때 원망과 분노가 생긴다. 때로 분노는 자신이 처한 주위상황을 잘못 판단함으로써 상대방의 행동을 오해하여 섣불리 결론을 내리고 화를 내는 경우도 있다. 자신이 받고자 하는 욕구에 반해 부당한 대우를 받았다고 느낄 때, 자신을 다스리는 조절능력이 부족해서 분노한다. 분노는 한마디로 굶주린 정서와 마음의 표현이다. 채워지지 못한 허한 마음의 표현이다. 육체적 정신적인 고통이 있을 때 본능적으로 분노하기도 한다. 때로 자신에게 실망했을 때도 그렇다. 또 자신이 가진 자존심에 상처를 받거나 셈에서 손해를 보거나 자신의 불행이 불공평한 사회구조 때문이라 여겨 외부로 향한 강한 분으로 표출합니다. 분노가 가져다주는 역기능에는 어떤 것이 있는가?

물론 의분도 있다. 의분이라 불리는 분노가 사회와 역사의 발전을 가져오고 정의를 세우기도 한다. 그러나 많은 경우에 의분보다 감정상 자신의 분노를 조절하지 못해 일으키는 역기능적인 분노를 터뜨린다. 분노는 단순한 분노만으로 끝나지 않고 많은 문제를 일으킨다. 사탄은 인간의 분노 속에 집을 짓고 그 분노를 통해 하나님과의 관계를 차단한다. 인간관계를 깨뜨린다. 오늘날 분노를 조절하지 못하는 이들이 많다. 분을 못 이겨 욕설 등의 고함을 지르거나 폭력을 휘두르는 등 타인과의 마찰을 일으키고 타인을 위해 하거나 생명을 빼앗기도 한다. 폭행, 강도, 살해가 대부분 분노에서 시작한다. 얼마 전 발생한 신림역 묻지마 살인 사건의 피의자는 "자신은 불행한데 다른 사람이 행복해 보여 화가 났다"고 했다. 정신적 장애인 사이코패스(psychopath)나 사회적 인격 장애자 소시오패스(sociopath), 사회 불만자는 죄지으면 처벌받을 것이라는 생각이 없다. 끔찍한 죄를 저지른다. 분노, 화, 혈기를 잘못 처리하면 자신에게도 해가 되고 독이 된다. 분노는 위장장애, 눈, 관절 등 건강에 해를 끼친다. 사람의 정신과 신체를 망치게 한다. 분노 상태에서 아기에게 먹이는 젖은 독이 들어가더라는 연구 결과가 있다. 조절되지 못한 분노는 사회에 악영향을 준다(잠 27:4, 19:19).

그러면 분노를 어떻게 극복할까? 우리가 분노의 감정을 가질 수 있으나 그것을 어떻게 처리하고 극복하느냐가 문제다. 1) 자신의 상처받은 감정과 불쾌감, 분노의 감정을 인정하고 수용하라. '아, 내가 분노하고 있구나' 하며 들여다보라. 어떤 일 때문에 자신이 분노하고 있는지 알아보라. 2) 대부분의 분노와 원한 감정의 밑바닥에는 고집스럽고 굴복하지 않는 자아, 채워지지 않는 자신의 욕망이 깔려 있음을 알아야 한다. 왜 자신이 분노하고 있는지 이성적으로 판단해 보아야 한다. 3) 타인의 잘못이나 타인에 대한 불평과 불만이 쌓일 때 대개 타인을 끌어내림으로써 자신을 끌어올리려고 하는 습성이 없는지 깊이 생각해야 한다. 4) 자신이 분노와 원한을 가진 일에 대하여 다른 사람에게 정당한 이유가 있는지 살펴보라. 대신 우리가 우리 속의 열기를 표출하기보다 정성과 열의와 열성으로 하나님을 찬양하고 기도하는 시간에 바치면 나를 이기고 환경 문제거리에서 능히 승리할 것이다. 5) 무엇보다 주님 앞에 나의 마음을 아뢰고 드리라. "하나님 속상해요. 나는 화가 나고 분노가 일어납니다." 나의 감정과 상황을 하나님께 아뢰며 내가 분노를 일으키게 한 대상과 상황을 두고 주님의 도우심을 간구하라 6) 성도는 주님의 용서를 받은 나 자신을 돌아보며 주님의 용서에 따라 상대방을 이해하고 용서하는 것이다. 용서는 분노를 해결하는 가장 성경적인 방법이다. 주님의 십자가의 은혜만이 우리의 분노를 치유한다. 주님만이 우리의 치료자이시다(마 8:17). 7) 우리가 연약할 때 도우시는 성령님의 인도하심에 내어 맡기라. 성령님은 우리를 도우시는 보혜사이시다. "주여 나로 나의 속사람을 강건하게 하소서(엡 3:17)"라고 기도하라. 우리의 속사람을 강건하게 하시는 주님으로 인해 승리해야 한다. 속사람을 강하게 하고, 믿음 그릇이 강화돼야 한다. 하나님께서 성령으로 분노를 조절하게 해 주시고 파괴적, 비생산적 역기능적인 분노와 혈기를 이기고 극복하도록 도와주실 것이다. 잠 14:29를 보라.

우울감(절망감)을 어떻게 극복할까

건강보험공단에 따르면 2020년 기분장애로 병원을 찾은 환자는 101만 6,727명이라 한다. 보건사회연구원 몇 년 전 조사에 따르면 우리나라 성인 8.6%가 우울증 경험하고 한 해 동안 자살자 7-80%인 6000여명이 우울증으로 스스로 목숨을 끊었다고 한다. 우울감은 어린이를 포함, 모든 연령층에 작용하며, 알 수 없는 슬픔을 일으키고, 예고 없이 찾아와서는 때로 짧게는 한두 주로 끝나지만, 수개월 그 이상 지속되어 치료를 요하기도 한다.

1. 우울증의 여러 증상들

심리적 감기라고 하는 이 우울증의 증상이 다양하다. 어린이나 젊은이나 어른, 노인 할 것 없이 나타난다. 그리스도인이 영적으로 거듭났다고 해서 우리의 기본적인 성품에 속한 기질이 변화되지 않는다. 우울증에 빠지면 1) '마음이 스산해요'. 비애감, 공허감, 슬픔감정, 공허감이 수주일 이상 지속된다. 2) '멀리 떠나고 싶어요.' 중압감에서 벗어나고 싶고 혼자 있고 싶어하고 무력감, 무기력증, 자괴감이 들고 매사 짜증이 나며 자신이 하는 일뿐만 아니라 만나는 사람마저도 싫어진다. 3) '모든 것이 내 탓이에요.' 지나치게 죄책감에 괴로워한다. 죄책감, 불안감은 정상적인 생활을 방해한다. 4) 내 몸이 예전 같지 않아요. 사람은 유기적 존재다. 마음이 병들면 몸에도 이상이 온다. 우울증은 사람의 마음뿐 아니라 육체에도 지대한 영향을 준다. 5) '영원히 잠들고 싶어요.' 우울 증이 깊어지면 증세가 깊어질수록 점점 극단적 사고와 행동으로 나아간 다. 우리나라에 매년 1만 명 이상 자살하는데 그중 80%가 우울증을 앓 고 있었다고 한다. 6) '죽고 싶다.' 그동안 고마웠다, 언제까지나 날 기 억해줘, 사랑해, 미안해 등 안하던 이야기를 심각하게 한다. 엘리야 선 지자도 "오 주여 내 생명을 취하옵소서"(왕상 19:4)라고 했다

  2. 우울증의 다양한 원인들

  우울증 원인은 복잡 다양하다. 원인이 상호 복잡하게 연결되어 있다. 뇌의 신경 화학적 이상이다. 부모로부터 받은 유전적 체질적 요인, 사 회 환경이나 개인의 심리적 기질적 요인, 신체적 질환이나 약물 등의 영 향이 원인이기도 한다. 생에 대한 반작용, 삶에서 경험하는 많은 상실 에 대한 반작용이다. 영적 문제로 우울증에 빠지기도 한다. 창세기 3장 에 아담과 하와가 타락한 후 일반적으로 내면에 자리잡은 증세다. 마음 속에 죄책감이 들었고, 불안감과 수치심이 몰려왔다. 책임을 타자에 전 가시킨다. 어떤 이는 양심이 지나치게 예민하므로 무엇이든지 꼭 해야 하고 잘해야 한다는 감정에 사로잡혀 있거나 항상 불안감, 근심, 그리고 정죄감 때문에 고통을 받는 경우가 있다. 자신의 환경, 내면, 삶에 불만, 또한 여러 문제들이 자신의 잘못 때문에 일어났다는 어렸을 때에 받은 상처와 그 자국을 어른이 되어서도 깊이 갖고 있어서 그렇기도 하다.

  3. 그리스도인의 우울증 극복

  우울증을 위해 약물치료가 필요할 때가 있다. 한편 그리스도인으로서 극복하는 길이 무엇인가? 1) 우리는 신체, 정신, 영적인 면에서 한계가 있다. 삶을 균형있게 살아야 한다. 충분한 수면을 취하고 규칙과 규모

에 맞게 생활해야 한다. 균형 잡힌 식사가 중요하다. 2) 홀로 있지 말고 함께 하라. 사람들은 우울한 마음, 분노, 실망, 자존심 상한 일이 찾아오면 하나님을 원망하고 책임을 타인이나 환경에 돌리고 자신을 숨기려고 한다. 억지로라도 다른 사람과 함께 있도록 하라. 참여하라. 예배에 참여하라. 교제에 참여하라 3) 다른 사람과 소통하라. 당신에게 기쁨을 가져다주는 환경과 친구를 찾으라. 그래서 자신의 문제를 솔직하게 내보이라. 신앙의 동지와 친구가 중요하다. 4) 하나님을 찬양하고 감사하라. 찬양을 통해 하나님의 임재하심을 느낄 수 있고 진정으로 하나님께 감사하며 기도할 수 있다면 하나님의 치유와 회복을 경험할 것이다. 모든 것에 감사한 마음을 갖기 시작하면 막힌 것이 열리고, 죽을 일도 살 일이 생긴다. 감사함으로 받으면 버릴 것이 없다(딤전4:4) 5) 하나님의 말씀의 능력에 깊이 의존하라. 포기와 절망, 고독의 감정들을 자신이 현재 감정으로 받아들이고 그것을 하나님께 대한 나의 믿음과 소망으로 표현하라. 시42:5하를 읽어보라. 6) 주님의 치유와 성령의 임재하심을 확신하라. 우리가 가진 우울증에 관한 감정을 솔직히 시인하면 내가 가진 그와 같은 감정을 하나님께서 이미 알고 계신다. 하나님이 능히 도우신다 (히2:18). 주님은 나와 함께 하시며 나의 마음을 이해하고 도우신다. 예수께서 채찍에 맞음으로 우리가 나음을 받았다(벧전2:24). 마 8:17을 내 것으로 하라. 성령님이 우리가 연약할 때 도우시는 분이시다. 성령님의 임재와 내재하심을 믿으라. "우리의 연약함을 도우시나니"(롬8:26). 가장 깊은 우울증 가운데 빠지게 될 때에도 당신이 느끼는 감정과 상관없이 그가 당신과 함께 하신다는 것을 확신하라. 요14:27을 보라.

열등감(낮은 자존감)을 어떻게 극복할까?

"열 길 물속은 알아도 한 길 사람 속은 모른다."라는 말이 있듯이 사람은 복잡한 내면을 가지고 있다. 사람 개개인의 겉으로 드러난 것은 물 위의 빙산의 일각처럼 일부분이고 나의 내면에 잠재된 무의식은 복잡하고 무겁게 자리 잡고 있기 때문이다. 사람은 누구든지 열등감, 죄책감, 버림받은 마음, 사랑의 굶주림, 우울감, 불안, 분노 혈기 등의 문제를 다소 갖고 있다. 누구에게나 있을 수 있는 열등감(낮은 자존감)을 어떻게 벗어날까?

1. 열등감은 어디서 왔는가?

창 3장에 나오는 인간 창조와 타락 과정을 통해 우리는 인간의 마음의 원리를 찾을 수 있다. 인간의 마음은 하나님의 말씀에 불순종하여 타락하고 죄를 짓고 병들기 시작했다. 아담과 하와는 선악을 알게 하는 나무의 실과를 따먹고 눈이 밝아 자신들을 알아보게 된 것이다. 그래서 그들은 자신의 몸을 가렸다. 그러나 이것은 외적인 현상일 뿐 내적으로는 어떤 일이 일어났는가? 내적으론 자신의 벗은 모습 곧 피조물 본래의 유한하고 열등하고 부족한 모습을 그대로 보았을 것이다. 죄는 바로 이러한 자신의 모습을 보게 하고 이로 말미암아 부끄러워 자신의 마음도 가리게 되는 것이다. 그리고 자신들 속에 있는 죄를 보게 되므로 하나님의 낯을 피하여 동산 나무 사이에 숨는다. 하나님과 상대방에게 변명과 투사를 통해 자기의 죄의식을 경감시키고 감추려는 인간의 모습을 보게 된다. 인간의 본질적 열등감과 죄의식으로서의 이에 대한 반응은 수치와 가림이다. 곧 죄책감, 열등의식의 시작이다. 우리는 외부적 환경이나 조건들에 있어서 신체조건, 가정형편, 배움, 소유, 자신의 능력 등으로 인해 열등감을 느낀다고 생각하지만, 성경적으로 볼 때 인간은 이전부터 누구나 근원적인 열등감과 죄의식을 가지고 있다. 이것이 모든 인간의 내면이다. 자신을 정죄하고 죄책감에 빠진다.

2. 열등감은 어떻게 나타날까?

상한 감정의 치유의 저자요, 상담심리 전문가 데이빗 시맨즈(David A. Seamands)는 열등의식이 주는 폐해를 아래와 같이 말하고 있다. 1) 낮은 자존감은 잠재력을 마비시킨다. 열등감이 내게 있는 잠재력을 손실을 주어, 마치 물이 밑바닥으로 새나가는 것 같은 삶을 살게 하고 주어진 금광과 같은 은사와 능력과 가능성을 활용하지 못하게 만든다. 2) 낮은 자존감은 꿈(이상)들을 파괴시킨다. 다만 성령님은 우리로 하여금 담대한 꿈들을 꿀 수 있게 도와주시며, 하나님이 우리 안에서 우리를 위하여, 특히 우리를 통하여 이루기를 원하시는 것이 무엇인지에 관한 이상을 보게 하신다(행 2:17, 잠 29:18). 3) 대인관계를 해친다. 자신과 하나님과 관계에서 스스로 열등하거나 가치 없다고 여기며 하나님은 자신을 사랑하지 않고 돌보지 않는다고 생각한다. '나를 싫어하나 봐', '나에게는 관심이 없나 봐' 등. 하나님과 사람에게 나쁜 생각을 갖고 상처를 주고 상처를 쉽게 받는다. 그것이 깊어지면 강박관념, 피해망상으로 발전한다. 누군가가 나에게 욕하고, 비방하고, 손가락질한다고 느낀다. 감정은 감정일 뿐이다. 자신의 부족한 것만 보인다. 자신은 못났다고 여긴다. 연민 의식이다. 대인관계에서 자신감이 결여되고, 고개를 숙인다. 4) 낮은 자존감은 하나님을 위한 자신의 사역을 방해하는 장애물이다. 그리스도의 몸으로 지어진 우리 각 사람이 지체역할을 감당하지 못하게 하는 가장 큰 장애물이 낮은 자존감이다.

3. 열등감을 어떻게 극복할까?

열등의식은 자신 내면에 충실하기보다 끝없이 타인을 의식하게 하여 불안과 초조함을 지속하게 한다. 무엇보다도 자신의 소중함을 알아야 한다. 자신의 가치를 알고 인정하고 소중하게 여기는 것이다.

열등감을 극복하기 위해 건전한 자화상이 필요하다. 머리스 와그너는 《가치 있는 사람이 되는 느낌》에서 건강한 자화상을 구성하는 세 가지 요소로 1) 사랑을 받고 있다는 소속감. 누군가가 자기를 원하며, 용납하며, 돌보아주며, 즐기며, 사랑한다는 것을 단순히 느끼는 것이다. 2) 자신의 가치와 중요성을 느끼는 것. 내적인 믿음과 감정을 의미하며 나는 가치가 있어, 내게는 뭔가 내어놓을 만한 게 있어 라고 생각한다. 3) 자신감. 느낌으로부터 나는 이 일을 해낼 수 있어, 나는 어떤 상황에서든지 잘 처신해 나갈 수 있다고 생각하며 삶의 의미를 찾는 것이다.

무엇보다 그리스도인은 자신이 하나님에게 속했고 하나님이 나를 받아 주시고 나를 가치 있게 여겨주시고 어떤 일이든 잘 처신하게 도와주신다는 의식을 갖는 것이 중요하다. 왜냐하면, 그리스도인은 성령이 거하는 전이요(고전 3:16), 예수님의 피 값으로 사신 자(고전 6:20)로 세상 어떤 무엇과도 바꿀 수 없는 최고가의 존재이기 때문이다. 누가복음 19장에 나오는 삭개오는 예수님 만나서 회복되고, 구원받고 새사람이 되어 의미 있는 인생을 살게 되었다. 자신이 존재감 있는 인생임을 깨닫게 되었다. 우리가 예수님 만나면 그런 은혜를 받게 되어 있다.

죄책감의 문제를 어떻게 해결할까?

죄책감은 사람이 죄를 범함으로 인해, 혹은 자신의 양심과 이성적인 원칙에 어긋나 양심의 가책이나 책임감을 느낄 때 생기는 정신적, 감정적 고통이다. 이 죄책감은 고통스러운 감정이기 때문에 자신도 모르게 숨기려고 하고 또 생각조차 하지 않으려고 한다. 죄와 죄 문제의 해결은 기독교 신앙의 본질적인 문제다. 죄 때문에 하나님과 멀어지게 되었으나 이를 해결하기 위해 예수께서 이 땅에 오셔서 목숨을 희생하심으로 죄 문제를 해결해주셨다. 그러나 예수님의 공로로 죄 사함 얻고, 구원 얻었다 해도 죄책감에 빠질 수 있다. 죄를 품고 죄의식으로 죄를 거듭 짓거나 죄책감의 마음의 문제로 괴로워하는 이도 있다. 이 문제를 어떻게 해결할까?

1. 죄책감이 어디서 왔는가?

심리적 죄책감은 인간의 근원적 죄로부터 발생한다. 아담과 하와가 하나님의 말씀을 거역하여 선악을 알게 하는 나무의 실과를 따먹음으로 인해 죄가 시작되었고 동시에 죄책감이 들어왔다. 그래서 아담과 하와는 하나님을 피하여 나무 뒤에 숨었다. 죄책감 때문이다. 무엇보다도 자신이 죄를 저지르고 불법과 비양심적인 행위를 함으로 죄책감을 느끼게 된다. 심리학에서는 죄책감은 대체로 어린 시절의 경험으로부터 시작된다고 본다. 죄책감의 뿌리가 어린 시절 부모에게 비난을 받은 경험으로부터 시작된다는 것이다. 다음으로 죄책감은 정서적 횡포와 조종으로부터 유래한다고 본다. 유다가 며느리와 동침한 사건으로 다말이 죄를 덮어쓸 상황에서 유다가 자신의 죄를 인식함으로써 다말의 죄책감은 해결되었고 유다가 책임지는 행동을 하게 되었다(창 38:2-26). 또한, 비합리적인 사고가 죄책감을 낳는다. 자신이 완벽해야 부모의 사랑을 받을 수 있다고 생각하는 아이처럼 열심히 수고해야 인정받는다는 생각에서 하나님과의 관계에서도 동일하게 죄책감을 가질 수 있다. 죄책감은 생각이나 행동이 이상을 좇아가지 못할 때 생긴다. 부모로부터 '이것을 해라', '저것을 해라'는 식의 교육을 받는 중에 이상에 도달하지 못하는 자신을 보며 마음속에 죄책감을 느낄 수 있다.

  2. 죄책감은 어떤 반응을 일으키는가?

  사람들은 죄책감으로 네 가지 중 한 가지 태도를 취한다(Bruce Narramore & Bill Counts, Guilt and Freedom, 권명달 역, 죄책감으로 고통받는 이를 위하여). 첫째는 부인이다. 자신의 실패나 죄악을 합리화함으로써 그것을 부인하는 경우이다. 둘째로 분노다. 이 경우는 '어디 두고 보자'라는 생각을 갖고 반항하는 것이다. 심리적으로 분노가 내재되어 있다. 셋째는 타협이다. 타협은 피상적인 자기 고백으로 모든 죄책감이 사라지고 아주 편안함을 느끼며 하나님께서 용서해주신 것 같이 느끼도록 만든다. 넷째는 자포자기이다. 죄책감을 다루는 데 있어 가장 쉬우면서도 가장 큰 고통이 따르는 방법이 자포자기하면서 침울해지는 것이다. 자신을 매우 형편없는 인간이라고 여긴다. 육신의 병이 후유증을 남기듯 죄책감도 여러 결과를 낳는다. 삶의 에너지를 고갈시키고 육체적 정신적 영적으로 병들게 하여 마음의 상처를 남긴다. 다섯째는 두려움이 생긴다. '하나님이 나를 벌하시지나 않을까?'하고 걱정한다. 여섯째는 하나님과의 교제를 막는다. 하나님으로부터 버림받지 않을까 하는 걱정과 고민, 열등감과 자학으로 인해 하나님의 은혜를 받아들이지 않고 거부하게 된다. 병적인 죄의식으로 생산적이고 활력있는 삶을 영위하지 못하는 것이다.

3. 죄책감에서 자유하는 길은 무엇인가?

죄책감은 현실이다. 사람이 느끼는 죄책감은 죄가 있기 때문이다(약 2:10). 죄책감은 보편적인 현상이다. 물론 민형사상 죄를 짓고 법에 저촉되면 죗값을 치러야 한다. 그러나 잘못된 죄책감은 버려야 한다. 잘못된 죄책감은 회한, 자기연민, 자기 정죄의 늪에 빠지게 한다. 하나님은 인간이 죄책감으로 인한 저주 아래 머물러 있기를 원치 않으신다. 예수께서 죗값을 치르시고 죄의 대가에서 인간을 놓아주셨다(요 8:34-36). 예수님은 우리를 죄에서 자유케 하기 위해 오셨다. 죄에서 자유케 되는 것은 은혜다. 율법은 우리를 정죄하지만, 은혜는 용서다(요 8:2-11). 죄책감에서 자유하기 위해서는 '일상적인 생활 방식'을 넘어서서 하나님께서 우리를 은혜로 죄에서 자유케 하셨다는 '은혜의 생활 방식'으로 살 필요가 있다. 율법은 과거 초점, 정죄, 두려움, 우리의 노력, 처벌, 비난, 비극, 손해 등의 개념이지만 은혜는 미래 초점, 용납, 감사, 사랑, 성령의 은혜, 구원, 영원한 용서, 상급 등의 개념이다.

그리스도인에게 죄 용서받는 길이 있다(요일 1:8-9, 엡 1:7). 하나님의 사랑, 예수님의 보혈로 죄에서 자유함을 얻는다. 그런즉 죄책감에 눌려 살 것이 아니다(시 32:1-2). 죄책감에서 해방되어 죄 사함과 구원의 은총에 감사하는 자가 죄를 이기고 의의 열매를 맺을 수 있다

완벽주의를 어떻게 치유할까?

완벽주의는 높은 기준이나 목표를 정해놓고 추구하는 과정에서 실패에 대한 염려나 두려움을 가지는 강박적 경향이다. '마땅히 그래야만 한다'는 내면의 명령으로 모든 것을 통제하는 것이 완벽주의의 핵심이다. 실제로 완벽은 인간으로서 불가능한 것인데 완벽이라는 비현실적 목표를 설정해 놓고 추구하기 때문에 심리적으로 갈등이 생기며, 자신의 가치를 생산성과 업적으로만 보기 때문에 자기 파괴적인 현상이 생긴다. 완벽주의자들이 자신의 완벽주의로 가장 많은 고통을 받는 영역은 직장, 그다음은 가정과 인간관계, 취미생활, 문제 해결방식, 사고방식, 다른 사람에게 하는 말들, 부부생활, 사교모임, 쇼핑, 소속단체, 학교생활 등이다. 그 외에도 체중과 신체 컨디션을 포함한 외모, 시간 관리, 자동차, 영적 생활 등에도 영향을 준다.

1. 완벽주의의 원인이 무엇인가?

1) 이상적 자아추구: 인간은 실제적 자아와 이상적 자아, 의무적 자아를 가지고 있다. 인간은 이 세 가지 사이의 불일치를 느끼게 될 경우, 이 불일치를 줄이기 위해 노력하게 된다. 이 과정에서 완벽주의가 싹틀 수 있다. 불일치가 크면 클수록 인간은 더 많은 정서적 고통을 느끼게 되므로 완벽주의자들의 부정적 정서가 생겨나게 된다.

2) 부모의 양육 태도: 부모의 완벽주의적 태도다. 이런 부모는 우수한 일을 위한 보상으로 사랑과 승인을 이용한다. 아이가 실수나 실패를 하면 이런 부모는 불안해하거나 실망하게 되며, 아이는 이것을 거절로 받아들이게 되는 것이다.

3) 불완전에 대한 두려움: 창세기에 사람들이 자기들의 '이름을 내기' 위해 바벨탑을 쌓아 하늘에 닿게 하려고 애썼다(창 11:4). 종교는 거룩함을 바탕으로 죄와 악에 대한 해결책을 추구하는 반면, 비종교는 초인간성을 바탕으로 하나님께 대항하는 방법을 강구한다. 인간의 밑바닥에는 하나님과의 경쟁이라는 반역의 씨앗이 자리하고 있다(사 14:14). 에덴동산의 경험이다.

4) 사회의 요구: 조직화되고 거대화된 현대사회는 효율성과 신속성을 강조하는 경쟁 사회요 다원화된 사회, 자본주의 사회로 정신적 가치보다 물질적 가치를 강조한다. 이런 사회 속에서 인간은 자기중심적이고 이기적일 수밖에 없다. 남들보다 유능해져야 살아남는다는 의식이 있다.

2. 완벽주의가 갖는 증상이 무엇인가?

1) 무엇을 아주 잘해야 한다는 생각으로 인해 늘 스스로 피곤하게 한다. 완벽주의자들은 자신과 타인의 일에 대해서 필요 이상의 높은 기대를 가지고 있다.

2) 완벽주의는 자신이 완벽하지 않은 것을 실패로 간주하고 다른 사람들로부터 거절당할 것을 예견하여 다른 사람으로부터 자신을 멀어지게 한다. 자신과 타인에게서 실수를 찾는다.

3) 미루는 습관이다. 완벽주의자는 완벽해야 한다는 강박적인 생각 때문에 시간적 여유를 갖고 일을 하는 것에 큰 정서적 고통을 느낀다. 압박감을 느끼는 상황에서 일을 잘한다.

4) 다른 사람들을 정죄한다. 다른 사람들은 옳고 그른 것을 판가름하지 못한다고 스스로 결정한다. 다른 사람들은 아무 생각도 없이 막 산다고 생각한다.

5) 완벽주의자들은 스트레스 사연에 민감하여 더 쉽게 우울해진다. 완벽주의자들은 높은 목표를 세워놓고 거기에 도달하지 못하면 무능함을 느끼게 되고 낮은 자존감으로 연결되어진다. 완벽주의자는 목표에 도달할 때마다 그것을 재조정한다.

3. 완벽주의를 어떻게 극복할 것인가?

1) 왜곡된 사고를 바꾸라: 완벽주의가 제시하는 약속은 근본적으로 거짓이다. 완벽주의는 모든 상황으로 볼 때 불가능하다고 판단됨에도 완벽하게 처리될 수 있다고 약속한다. 완벽주의를 치료하기 위해서는 자신에게 있는 왜곡된 사고를 발견하여 합리적이며 성경적인 사고로 바꾸도록 해야 한다. 자신에게나 타인에게나 완벽함의 기준을 합리적 판단으로 조정하는 것이다.

2) 탁월성을 추구하라: 완벽해지고자 하는 기준은 누가 부과하느냐를 생각해 보라. 타인 중심적 완벽주의보다 스스로가 정해놓은 높은 기준이 주는 성취동기, 긍정적인 정서인 보람, 즐거움, 자부심을 기대하라. 비생산적 완벽주의를 버리라. 완벽주의의 문제는 타인에게 인정받으려는 병적인 집착일 수 있다. 타인에 의한 인정욕구보다 자기 삶의 주도성을 추구하라. 나를 존중하라.

3) 율법주의를 버리고 은혜를 구하라. 높은 목표를 달성해야 한다고 생각하는 완벽주의자들은 율법주의를 만들어낸다. 그들은 '나는 늘 유능해야 한다,' '나는 내 자신의 모든 욕구를 충족할 수 있어야 한다.' 완벽함만이 납득할 수 있는 기준이다. 그래서 황폐된 자기상을 가지고 비

현실적 목표를 부과하고 자신과 타인에게 실망하고, 에너지가 약화된다. 하나님의 사랑을 의지하라. 율법주의적 신념을 버리고 하나님의 은혜를 구하고 자신의 연약함을 알라. 자신을 사랑하라.

중독의 문제를 어떻게 치유할까?

1. 중독이 무엇인가?

중독(addiction)은 어떤 행동이 자기 자신에게 또는 다른 사람에게 피해를 준다는 것을 알면서도 행동에 대한 충동을 받거나 유혹을 받을 때 견디내지 못하고 그 행동을 실천하는 것을 말한다. 중독의 라틴어 어원은 '양도하거나 굴복하는 것'이라는 의미를 가지고 있다. 고대 로마 법정에서, 중독자(addict)는 잡혀서 감금된 노예나, 주인에게 넘겨진 노예를 의미했다. 현대적 의미에서 중독은 유전적이고 환경적인 요인들의 결과로 무언가에 노예가 되는 것을 말한다. 이것은 중독자 본인이 의도하지 않은 것이고, 통제하기도 힘든 것이다. 현대의 대중문화는 그 자체가 광범위한 중독적 체계를 가지고 다양한 모습으로 중독 현상을 강화하고 있기 때문에 많은 이들이 중독에 빠져있고 벗어나지 못하고 있다. 중독은 크게 두 종류로 나눌 수 있다. 첫째는 알코올, 약물과 마약, 음식 등 우리 몸 안으로 섭취하는 물질중독, 둘째는 성, 도박, 쇼핑, 인터넷, 종교 등 구체적인 일련의 행동들과 상호 작용들의 과정에 빠져들기 쉬운 과정중독이다. 중독은 속박을 당하는 것으로 이런 속박은 날이 갈수록 더 심해진다. 신학적으로는 물질중독의 근저에는 대부분 과정중독이 숨어 있으며, 과정중독의 근저에는 타락한 인간의 본성에서 비롯된 죄의 역동성이 숨어있다. 모든 중독이 죄 때문은 아니지만 끊을 수 없는 습관

속에는 타락한 욕망, 신비한 초월성의 환상, 실존적 불안감과 공허함이 숨어있다. 육신의 정욕, 안목의 정욕, 이생의 자랑에 취해 세상을 사랑하는 사람(요일 1:15-16)은 중독의 덫에 걸릴 수밖에 없다.

2. 중독의 유형

1) 생활 중독: 혼란과 무질서로 살아가는 이들은 가족, 친구, 직장 동료들과 충돌을 겪는다. 미리 계획하는 일 없어 소동이 생긴다.

2) 쇼핑중독: 정서적 혹은 성적인 성취감의 결핍을 보완하기 위해 강박감에 사로잡혀 쇼핑에 빠지는 경우가 있다.

3) 일중독: 숨겨진 중독 가운데 가장 널리 퍼지는 것 중 하나로 일 중독자는 일하려는 신경증적 욕구를 가지고 있다. 병적 증상이다.

4) 종교중독: 종교 활동에 집착하는 것이다. 종교 행위 집착이 자극이나 긴장 완화의 형태로 쾌락을 제공한다면 집착이 중독된다.

5) 관계 중독: 특정 사람이나 특정한 관계에 만족을 찾고자 하고 이성을 잃을 정도로 강렬하게 빠져든다.

6) 약물중독: 의학적, 경제적, 법적으로 좋지 않을 결과가 뒤따름에도 불구하고 현실의 고통을 피하기 위해 혹은 약물의 효능(흥분 도달)을 맛보기 위해 지속해서 약물을 복용하고자 하는 강박적 욕망을 말한다.

7) 도박중독: 이는 병적 도박으로 '충동조절장애'라고 말한다. 본능적 욕구가 갑자기 분출하여 행동하게 되는 조급함, 무분별성이 특징이다.

8) 사이버중독: 현실의 고달픔과 괴로움을 잊기 위해 인터넷, 핸드폰 등 가상공간 속에서 안식을 찾는다. 몽롱한 환각 증세, 무기력감, 만성적 피로감을 느끼고 가정생활, 사회생활에 제대로 적응하지 못하는 증세를 보인다.

9) 동반중독: 애착이 일어나는 과정에서 주위의 사람들, 특히 가족이

연루된다. 상호 의존성이 관계 중독이 되고 심화되는 중상이다.

10) 기타: 조급증 중독, 음식 중독 등이 있다. 무언가 하고자 하는 강한 중독, 아직 미치지 않은 일에 대한 강박관념이다.

3. 중독을 어떻게 해결할 것인가?

중독자는 외부의 중독물질을 통제하고 극복하려고 노력하나 내적 통제능력의 상실로 중독을 극복하지 못해 자기혐오와 증오심과 괴로움 속에 빠진다. 중독의 순환과정에 있어 죄책감과 끝없는 자기 처벌의 욕구를 갖고 쉬 중독에서 벗어나기 힘든 경우가 많다.

회복을 위해는 단계가 있다(김병오,《중독을 치료하는 영성》). 첫째는 깊은 절망감을 경험하는 단계이다. 막다른 골목에 이른다. 둘째는, 겸손의 단계다. 중독자들이 스스로 통제할 수 있다는 거짓 망상을 갖고 있다가 중독이 죄이면서 영적인 질병이라는 사실을 겸손하게 인정한다. 셋째는 자포자기의 단계이다. 자신의 중독을 자신의 의지로 어떻게 해결할 수 없다는 것을 인정한다. 내적갈등이 사라지고 마음에 평화와 고요함을 경험하고 타인과 관계가 회복된다. 넷째는. 오직 하나님을 의지하는 단계이다. 자기를 죽이고 하나님께 무조건 순복하는 것이다. 다섯째, 은혜를 경험하는 단계이다. 회심 경험과 동일한 것이다. 중독을 치료하는 힘은 영적인 데서 나온다. 자신의 힘으로 중독을 이겨내려는 것을 포기하고 오로지 하나님의 은혜를 구하는 회심을 통하여 진정한 자유를 누릴수 있다. 자신이 힘과 통제력에 대한 환상을 하나님 앞에서 완전히 포기해야 한다. 하나님의 은혜를 경험하는 영적 각성이다.

중독치료를 위한 인간의 노력은 한계가 있다. 스스로 해결하기가 어렵다. 그것을 먼저 인정해야 한다. 그 치료는 하나님의 말씀으로 채우고, 예수 진리로 채우고 성령의 도우심으로 가능하다.

이수부 칼럼6집

보내지 않아도 떠나가는 봄꽃 세상

초판 1쇄 발행 2025. 05. 08.

지은이   이수부
펴낸이   방주석
펴낸곳   베드로서원
주 소   10252 경기도 고양시 일산동구 고봉로 776-92
전 화   031-976-8970
팩 스   031-976-8971
이메일   peterhouse@daum.net
등 록   2010년 1월 18일
창립일   1988년 6월 3일

ISBN 979-11-91921-36-6 03230